21 世纪高职高专规划教材·旅游酒店类系列

中国旅游地理

（修订本）

何丽芳　编著

清华大学出版社
北京交通大学出版社
·北京·

内容简介

本教材以中国特定地域为研究对象，全面分析我国旅游资源形成的环境和特征，阐述了各旅游区域的地理环境、旅游资源、旅游交通、旅游线路、主要旅游城市和旅游景区及景点。本教材的主要内容包括中国旅游资源地理环境与特征、中国自然旅游资源、中国人文旅游资源、中国旅游交通地理、中国旅游地理区划、八大旅游区的旅游地理特征和主要旅游景区及景点介绍。

本教材既重视旅游地理学科内容的系统性与实用性，又突出了旅游地理学本身的时代性和开放性，吸收了最新的有关旅游地理的信息，有较多的景区及景点介绍，从而增强了教材的实用性。

本教材适合高职高专院校旅游类专业使用，也可作为旅游行业人员培训和职业资格考试参考用书，还可作为旅游者的旅行参考书。

图书在版编目（CIP）数据

中国旅游地理/何丽芳编著．—修订本．—北京：清华大学出版社；北京交通大学出版社，2008.1（2021.2 修订）
（21 世纪高职高专规划教材·旅游酒店类系列）
ISBN 978－7－81082－989－2

Ⅰ．中…　Ⅱ．何…　Ⅲ．旅游地理学－中国－高等学校：技术学校－教材　Ⅳ．F592.99

中国版本图书馆 CIP 数据核字（2007）第 192785 号

中国旅游地理
ZHONGGUO LÜYOU DILI

责任编辑：张利军
出版发行：清 华 大 学 出 版 社　　邮编：100084　　电话：010－62776969
　　　　　北京交通大学出版社　　邮编：100044　　电话：010－51686414
印 刷 者：北京时代华都印刷有限公司
经　　销：全国新华书店
开　　本：185 mm×230 mm　　印张：17.75　　字数：410 千字
版 印 次：2019 年 1 月第 1 版第 1 次修订　2021 年 2 月第 8 次印刷
印　　数：14 001～15 000 册　　定价：38.00 元

本书如有质量问题，请向北京交通大学出版社质监组反映。对您的意见和批评，我们表示欢迎和感谢。
投诉电话：010－51686043，51686008；传真：010－62225406；E-mail：press@bjtu.edu.cn。

出版说明

高职高专教育是我国高等教育的重要组成部分，它的根本任务是培养生产、建设、管理和服务第一线需要的德、智、体、美全面发展的高等技术应用型专门人才，所培养的学生在掌握必要的基础理论和专业知识的基础上，应重点掌握从事本专业领域实际工作的基本知识和职业技能，因而与其对应的教材也必须有自己的体系和特色。

为了适应我国高职高专教育发展及其对教学改革和教材建设的需要，在教育部的指导下，我们在全国范围内组织并成立了“21世纪高职高专教育教材研究与编审委员会”（以下简称“教材研究与编审委员会”）。“教材研究与编审委员会”的成员单位皆为教学改革成效较大、办学特色鲜明、办学实力强的高等专科学校、高等职业学校、成人高等学校及高等院校主办的二级职业技术学院，其中一些学校是国家重点建设的示范性职业技术学院。

为了保证规划教材的出版质量，“教材研究与编审委员会”在全国范围内选聘“21世纪高职高专规划教材编审委员会”（以下简称“教材编审委员会”）成员和征集教材，并要求“教材编审委员会”成员和规划教材的编著者必须是从事高职高专教学第一线的优秀教师或生产第一线的专家。“教材编审委员会”组织各专业的专家、教授对所征集的教材进行评选，对所列选教材进行审定。

目前，“教材研究与编审委员会”计划用2 3年的时间出版各类高职高专教材200种，范围覆盖计算机应用、电子电气、财会与管理、商务英语等专业的主要课程。此次规划教材全部按教育部制定的“高职高专教育基础课程教学基本要求”编写，其中部分教材是教育部《新世纪高职高专教育人才培养模式和教学内容体系改革与建设项目计划》的研究成果。此次规划教材按照突出应用性、实践性和针对性的原则编写并重组系列课程教材结构，力求反映高职高专课程和教学内容体系改革方向；反映当前教学的新内容，突出基础理论知识的应用和实践技能的培养；适应“实践的要求和岗位的需要”，不依照“学科”体系，即贴近岗位，淡化学科；在兼顾理论和实践内容的同时，避免“全”而“深”的面面俱到，基础理论以应用为目的，以必要、够用为度；尽量体现新知识、新技术、新工艺、新方法，以利于学生综合素质的形成和科学思维方式与创新能力的培养。

此外，为了使规划教材更具广泛性、科学性、先进性和代表性，我们希望全国从事高职高专教育的院校能够积极加入到“教材研究与编审委员会”中来，推荐“教材编审委员会”成员和有特色的、有创新的教材。同时，希望将教学实践中的意见与建议，及时反馈给我们，以便对已出版的教材不断修订、完善，不断提高教材质量，完善教材体系，为社会奉献更多更新的与高职高专教育配套的高质量教材。

此次所有规划教材由全国重点大学出版社——清华大学出版社与北京交通大学出版社联合出版，适合于各类高等专科学校、高等职业学校、成人高等学校及高等院校主办的二级职业技术学院使用。

21世纪高职高专教育教材研究与编审委员会

2019年1月

前言

“中国旅游地理”作为旅游类专业的基础课，在提高导游人员导游水平，提高导游词的科学和文化内涵，帮助管理人员掌握旅游资源及旅游开发知识等方面，都是其他课程不可替代的。因此，这门课程具有实用性强的特点，其所讲授的内容为导游和旅游管理从业人员所必备的基本知识。

本教材立足于区域旅游地理知识的基本原理与逻辑联系，以介绍中国的旅游资源为主，介绍有关旅游地理学的基本理论知识为辅，并使两者有机地融合，从而增强了实用性。本教材主要突出了旅游地理分区的特色，每个旅游大区从其旅游地理环境、旅游资源特征入手，按省区介绍主要旅游景区及景点的分布、特点，以及旅游枢纽城市与旅游交通等内容，从而可以较好地满足高职高专院校旅游类专业的教学需求。

本教材由湖南女子职业大学的何丽芳老师编写。本教材在编写过程中参考了许多相关教材，在此向各位作者表示感谢与致意。由于编者水平有限，错误和疏漏在所难免，敬请有关专家、学者及广大教师和读者批评指正。

编　者

2019 年 1 月

目 录

第0章 绪 论

第1章 中国旅游资源的地理环境与特征

第 2 章　中国自然旅游资源

第 3 章　中国人文旅游资源

第4章 中国旅游交通地理

第5章 中国旅游地与旅游地理区划

第6章 东北旅游区

第7章 京津冀旅游区

第8章　黄河中下游旅游区

第9章　长江中下游旅游区

第10章 华南旅游区

第11章　西南旅游区

第 12 章 西北旅游区

第 13 章 青藏旅游区

第0章 绪论

0.1 旅游地理学的概念

旅游地理学是随着现代旅游业兴起和发展起来的，它是地理学的一个分支学科，是地理学在旅游活动中的应用。

1. 旅游地理学的产生

地理学是一门研究人类活动与地理环境相互关系的科学。旅游作为人们的一种暂时性空间置换生活，无不以旅游者在旅游环境中的空间流动为基础，因此旅游与地理环境是紧密联系在一起的。现代地理环境既包括由各地地形、气候、水文、生物等自然要素构成的自然地理环境，又包括人类社会自身历史过程中形成的各地居民、城乡聚落、风俗民情、政治军事等方面构成的人文地理环境，还包括由各地工农业、交通运输业、商贸与服务业等产业活动形成的经济地理环境。这三种地理环境又在地域上和结构上相互重叠和相互联系，从而构成了各地区综合性、差异性很强的整体地理环境。而各地区地理环境的差异正是旅游活动产生的最基本的外在动力。

旅游是在不同地理环境下的审美性经历与体验。随着人类旅游活动的大众化，其对人类社会经济活动极其赖以生存的自然地理环境产生的影响越来越明显，许多地理学家开始运用地理学的理论与方法，对这一人类社会经济现象进行了分析研究，如人类旅游活动的产生、发展及分布的时空规律，旅游与地理环境之间的联系与制约关系，旅游对人类社会经济的影响。这样，在20世纪20年代，地理学与旅游学交叉的学科——旅游地理学出现了。20世纪30年代，美国地理学家克·麦克麦里发表的《娱乐活动与土地利用关系》一文，被世界地理学界公认为是第一篇关于旅游地理研究的论文。1976 年在莫斯科召开的第 23 届国际地理学大会上，第一次把旅游地理列为一个专业组，从此旅游地理学作为地理学的一个分支被确立下来。

2. 旅游地理学的概念

从旅游地理学的产生过程可以归纳出旅游地理学的概念，即旅游地理学是研究人类旅游与地理环境、社会经济之间关系的科学。

从这一概念中，可知旅游地理学研究的对象是人类的旅游活动，它包括旅游的三大要素，即旅游活动的主体（旅游者）、旅游活动的客体（旅游资源及旅游环境条件）、旅游活动的媒介（旅游业）。旅游地理学研究的重点是“旅游与地理环境、社会经济发展之间的关系”。旅游地理学研究的最终目的是促进旅游业与社会经济的发展。

很明显，旅游地理学是直接服务于旅游业的，属于应用学科，具有较强的实用性，特别是用来指导旅游业的经营管理，因而它具有强大的生命力。

0.2 中国旅游地理学的产生与发展

1. 中国旅游地理学的产生

我国旅游地理学起步较晚，但是旅游与地理的行为却并非是从现代才开始的。它们甚至可以上溯到人类文明的早期。早在《易经》中就出现了“地理”一词，《左传》中则有“观光上国”之语。据考，这便是后来的“观光”一词的由来。

20 世纪 30 年代，我国学者发表了关于风景区的文章，这是我国旅游地理研究的开始。旅游地理在中国的产生以 1979 年中国科学院成立旅游地理组为明显标志。

2. 中国旅游地理学的发展

我国旅游地理学的发展可大致分为如下 3 个阶段。

1）*初创阶段*（1979—1985 年）

1979 年，中国科学院地理研究所组建旅游地理学科组，是中国旅游地理学进入系统研究的标志。以后，不少学者发挥地理学综合性、区域性和实践性的特点，同旅游开发实践相结合，使旅游地理学在实践中逐步形成和发展起来。其中郭来喜、陈传康是中国旅游地理学的开拓者，同时也是最富成效的实践者，大大推动了我国旅游地理学的发展。由郭来喜等编写、北京旅游学院印行的《中国旅游地理讲义》（1981）是我国最早的一部旅游地理教材。1985 年李旭旦主编的《人文地理学概论》首次列入了旅游地理学条目，标志着旅游地理学正式成为地理学的一门分支学科。

2）*发展阶段*（1986—1992 年）

这一阶段的旅游地理学主要侧重于参与旅游资源方面的开发和规划实践，在大量个案经验的基础上，对区域旅游开发规划理论和模式也已有了初步总结，其中卢云亭的《现代旅游地理学》是一本代表性著作。

3）深化阶段（1993年以后）

旅游地理学在各方面都取得了很大的进展，原有理论在实践中得到进一步验证和提高，旅游地理学研究的领域和内容也逐步扩大和深入，旅游可持续发展思想受到了旅游地理学界的高度重视，并贯穿于开发实践中。技术应用也呈多样化和现代化，传统技术方法得到革新，定性与定量相结合的方法得到普及，高新技术（如RS、GIS、GPS等技术）也在资源普查和规划中得到运用。

0.3 中国旅游地理研究的主要内容

旅游地理学是围绕着旅游的主体、客体和媒体三个方面，研究人类的旅游与地理环境之间的关系的。其研究的主要内容包括以下几个方面。

1. 旅游者地理研究

包括旅游者形成的地理背景，旅游客源和客流的地理分布、动态变化及其形成原因，旅游客源市场的未来发展趋势等。

我国在这方面的研究起步较晚，但近年来进展较快，取得了重要理论成果。预计旅游行为和市场的分析将成为我国旅游地理学的一个热点研究方向。

2. 旅游资源地理研究

包括旅游资源的类型划分、地域分布、形成条件，旅游资源评价与开发规划，旅游资源保护与环境容量。

我国关于旅游资源的分类方法有很多，常见的是分为自然旅游资源和人文旅游资源两大类，其主要依据是《中国旅游资源普查规范》。郭来喜、吴必虎等据此提出了一个旅游资源分类分级修订方案，将旅游资源增加为自然、人文、服务等三大系。旅游资源评价到目前还没有公认的标准，主要有经验评价法、单因子评价法、数学模型法。旅游环境容量研究主要集中在旅游环境承载力、旅游承载力指数（TBCI）及运算模式、生态安全格局方法等方面。

3. 旅游业地理研究

包括旅游区划，旅游地方特色定位与营造，区域旅游业发展战略与规划，旅游线路设计，区域旅游网络构建，旅游业各主要组成要素的空间结构与合理布局，区域旅游影响等。

我国对旅游地系统的研究还很缺乏。区域旅游开发与规划研究却是我国旅游地理学界研究最多，也是取得成绩最大的领域，但总体上还是偏重于经验归纳，缺乏对旅游规划理论进行深入而系统的研究。

4. 旅游地图研究

包括各类旅游地图的编制及使用。

思考题

1. 什么是旅游地理学？
2. 旅游地理的研究对象及研究重点是什么？
3. 分析旅游与地理学的关系。
4. 中国旅游地理学经历了哪几个阶段？
5. 中国旅游地理学研究的主要内容是什么？

第1章 中国旅游资源的地理环境与特征

旅游资源作为旅游活动的对象，是一个国家或地区发展旅游业最基本的前提。旅游与人类其他生产和生活活动一样，既不能超越也不能脱离地理环境。地理环境是一个具有二重性的客观存在，一方面作为“环境”而存在，另一方面也同时作为“资源”而存在。它包括山川、气候等自然环境，也包括社会、经济、政治等人文环境。地理环境的地域差异性是旅游资源形成的基本条件。中国旅游资源的形成及其特征与中国所处的地理环境是紧密相连的。

1.1 中国旅游资源形成的自然地理环境

自然地理环境是由地貌、水体、气候、植被、动物等因素组成的自然综合体，具有明显的地域差异现象。自然条件的地域差异是引起居住在不同地区的旅游者旅行动机的自然基础。

1.1.1 辽阔的疆域

我国位于亚欧大陆的东部，东南濒临太平洋西岸，向西北绵延深入亚洲大陆内部，为世界海陆兼备的国家。

我国领土北起北纬53°33′的黑龙江省漠河黑龙江主航道中心线，南抵北纬4°附近的海南省南海南沙群岛的曾母暗沙，南北纵跨纬度49°多，直线距离约5 500千米；西起东经

73°40′的新疆乌恰县以西的帕米尔高原，东至135°05′的黑龙江与乌苏里江汇合处，东西横跨经度61°25′，直线距离约5 200千米，东西相差4个时区。我国陆地面积960万平方千米，约占世界陆地面积的十五分之一，仅次于俄罗斯和加拿大，居世界第三位。北回归线横穿我国南部，约90%的国土位于四季分明的亚热带和温带，约8%的国土位于热带，具有赤道带、热带、亚热带、暖温带、中温带和寒温带等6个温度带，并呈现出相应的热带雨林与季雨林、亚热带常绿林、暖温带落叶阔叶林、中温带针叶林与落叶林、寒温带针叶林植被景观。

我国陆地边界长达2.28万千米，是世界上陆地边界最长的国家之一。陆上与朝鲜、蒙古、俄罗斯、哈萨克斯坦、吉尔吉斯斯坦、塔吉克斯坦、阿富汗、巴基斯坦、印度、尼泊尔、不丹、缅甸、老挝、越南等国家相邻。大陆海岸线全长1.8万千米，北起中朝交界的鸭绿江口，南到中越交界的北仑河口。

我国隔海与日本、韩国、菲律宾、印度尼西亚、文莱、马来西亚等国家相望。我国近海面积470多万平方千米，其中领海面积38万平方千米。领海从北至南有渤海、黄海、东海、南海，以及台湾东岸的太平洋海区，其中南海面积约占我国近海总面积的74%。海上岛屿约有6 500多个，其中85%分布在杭州湾以南的大陆近海岸及南海之中。岛屿海岸线总长约1.4万千米。

由于我国领土跨经纬度多，各地自然景观的差异大，从而造就了丰富多彩的自然风景旅游资源。辽阔的国土与多样的自然地带是影响中国旅游资源形成与分布的最基本的地理背景。

1.1.2 复杂的地貌

地质地貌是构成地理环境的有形的自然骨架基础。我国地貌轮廓的基本特点有两个：一是整体地势西高东低，呈阶梯状分布；二是地貌类型多样，以山地为主。

1. 地势：西高东低，呈阶梯状分布

中国地势在总体上是呈西高东低的三级阶梯分布。我国整个地势以西部青藏高原为最高，自西向东逐级下降，由两条山岭组成的地貌界线，明显地把大陆分成三级阶梯。

西面一条山岭由昆仑山—祁连山—岷山—邛崃山—横断山脉组成。山岭以西是第一级阶梯。地形以“世界屋脊”青藏高原为主体，面积约250万平方千米，平均海拔4 500米，由极高山、高山、大高原及其间的河谷平原和盆地构成，如昆仑山脉、冈底斯山—唐古拉山脉、喜马拉雅山脉、横断山脉、羌塘高原、拉萨河谷平原、雅鲁藏布江河谷平原等。

东面一条界线是大兴安岭—太行山—巫山—雪峰山组成。两条界线之间为第二级阶梯。地形主要是由一系列高山、高原和盆地组成，平均海拔1 000～2 000米，包括阿尔泰山脉、天山山脉、秦岭山脉、准噶尔盆地、塔里木盆地、四川盆地、内蒙古高原、黄土高原和云贵高原等。我国著名的四大高原和四大盆地都分布在西部第一、二级阶梯上。

东部界线以东为第三级阶梯，地形主要由低山、丘陵和广阔的平原组成，海拔多在500米以下，平原海拔低于200米，丘陵海拔多在500米以下。自北而南分布有东北平原、华北平原和长江中下游平原，丘陵有辽东丘陵、山东丘陵、江南丘陵、两广丘陵和闽浙丘陵等。

自第三级阶梯以东是中国大陆向海洋延伸的大陆架，其水深大多在200米以内，岛屿星罗棋布，也可称为第四级阶梯。

2. 地形：复杂多样，以山地为主

我国地形地貌类型齐全，山地、高原、丘陵、平原、盆地五大类都具备，而且以山地、丘陵和高原为主，合占全国国土面积的69%，海拔1 000米以上的山地、高原超过全国土地面积的一半以上，西部的山脉甚至都在3 500米以上，特别是青藏高原周围的山脉，海拔超过6 000米。

我国不仅是世界上山地最多、分布最广的国家，而且也是世界上地势最高、高差起伏最大的国家。青藏高原号称“世界屋脊”，是世界上最高大的高原，有海拔超过8 000米的高峰9座，其南缘的珠穆朗玛峰海拔8 844.43米，为世界最高峰。而位于我国西北地区的吐鲁番盆地的艾丁湖却在海平面以下155米。

我国地貌有各种特殊的地貌类型，如流水地貌、岩溶地貌、冰川地貌、黄土地貌、风沙地貌、火山地貌、丹霞地貌、海岸地貌等类型，其中黄土地貌和岩溶地貌发育尤为完美，从而构成了中国错综复杂的地貌格局。

我国的地势特征使得来自太平洋的湿润气流能够深入内地腹地，并沿山地高原抬升，形成东部季风区充沛的降水，而降水又受地形的控制，形成包括世界级大川长江、黄河在内的众多江河，以及星罗棋布的湖泊。在地势作用下，我国的大河、大江主要是呈“一江春水向东流”的趋势，并在一些地势阶梯交接地带穿切山地，形成了世界级大峡谷景观，如长江三峡、雅鲁藏布大峡谷。

我国地形的复杂性加剧了生物种类的多样性和独特性，并且有利于珍稀生物的保存。山地高原的阻碍，不仅造成了自然环境非地带性差异，而且还间接制约了交通的发展，从而又形成了人文地理环境的差异及民族种类的多样性。

我国地貌的基本特征极大地影响着我国经济也包括旅游业发展的空间格局，形成了东西部的明显差异。东部地区地势相对较低，自古以来经济发达，人口稠密，旅游业基础较好，发展较快；西部地区经济发展水平相对较低，交通条件较差，限制了旅游业的发展，旅游业发展较慢，但西部独特的自然风貌，对旅游者更具有吸引力，旅游业发展的潜力很大，前景广阔。

1.1.3　多样的气候

我国地域辽阔，气候带俱全，再加上地形复杂，山多而高，气候的垂直差异复杂，故形成了气候的多样性。

1. 季风气候明显

我国位于亚欧大陆东部，濒临太平洋西岸，由于海陆位置的影响，形成了中国特有的季风环流，即夏季盛行由低纬度海洋而来的偏南气流，冬季盛行由高纬度内陆而来的偏北气流。同时，由于我国大部分疆域位于中纬度，故形成了春、夏、秋、冬四季分明的温带大陆性季风气候的基本特征。

季风区地势大部分在海拔500米以下，以平原、丘陵和低山为主，河湖水系发达，开发历史悠久，面积为国土面积的47.6%，人口却占全国人口的95%，是我国农、林、牧、渔及工商业与城镇集中分布的地区。季风区又以秦岭—淮河一线为界，分为南方和北方。南方气候温暖湿润，北方主要地处温带半湿润地区。

非季风区深处内陆，远离海洋，受青藏高原的巨大隆起的影响，与同纬度地区相比，冬季气温偏低，夏季气温偏高，气温年差和日差都较大，降水集中在夏季，约占全年总雨量的60 %～80 %，雨热同期。由于降水较少，河流多为内流河，光照与热量条件较好，农业生产以畜牧业为主。非季风区以青藏高原北缘为界，又分青藏高寒区与西北干旱区。

2. 气候类型多样

我国地域辽阔，从南到北，包括热带、亚热带、暖温带、中温带和寒温带，气候带俱全；从东到西，包括湿润、半湿润、半干旱和干旱地区；再加上山多而高，气候的垂直差异复杂，故形成了气候类型复杂多样的基本特征。

由于呈纬度地带性分布的温度带和略呈经度地带性分布的干湿地区的组合，加上垂直地带性与非地带性的地形等因素影响，形成了我国各地不同特色的自然景观，如森林、森林草原、草原、半荒漠和荒漠等。在地貌格局的作用下，山区普遍存在着气候及植物垂直地带性差异，尤其以横断山区为典型，从而形成了“一山有四季，十里不同天”、“山前桃花山后雪”的气候现象。

我国气候的特征不仅孕育了多姿多彩的各种自然与人文旅游资源，而且形成了多种旅游环境，极大地丰富了中国旅游的内涵，增强神秘的色彩和旅游吸引力。

1.2 中国旅游资源形成的人文地理环境

人文地理环境是指人类社会各种文化现象，如历史文物、民族风情、城乡风貌、文化艺术等因素组成的社会人文综合体，具有明显的民族性、地方性、历史性及创造性。中华民族在数千年的历史发展过程中，创造了独具特色的人文地理环境，从而形成中国丰富多彩的人文旅游资源。

1.2.1　灿烂的历史文化

1985 年，在长江三峡地区发现的巫山人化石，距今 204 万年，是迄今为止所发现的史前时期我国最早的古人类化石。从原始社会氏族公社的三皇五帝传说算起，中国约有 5 000 年历史，是目前世界上最大的文明古国。在漫长的历史时期，勤劳智慧的各族人民创造了辉煌绚丽的民族文化和中华文明，给后人留下了浩如烟海的历史文化古迹，由此形成了我国在规模上、数量上和历史文化价值上都为世界任何国家不可比拟的文物古迹旅游资源。

1．丰富的历史遗迹

从我国发现的史前时期古人类文化遗址来看，中华民族主要发祥于古地理环境优越的长江流域和黄河流域。在旧石器时代早期，我国就形成了华北和华南两大文化体系，其中包括著名的元谋文化、蓝田文化、许家窑文化和丁村文化等。到距今 9 000 ～ 4 000 年前的新石器时代，我国已形成了旱地农业、稻作农业和狩猎采集三个史前文化区。其中距今 7 000 ～ 4 600 年的河南渑池仰韶、陕西西安半坡、山东泰安大汶口和章丘龙山、浙江余姚河姆渡等古文化遗址，都是人类文明的史证。

有史以来，黄河流域成为古代世界人类发祥地之一，是中华民族政治、经济、文化活动的重心地区。在几千年的历史发展中，这一重心又大体经过了东迁南移的地域扩展过程，由此形成了以黄河中下游地区陕西、山西、河南、山东、河北、北京五省一市，以及四川、重庆、湖北、湖南、江苏、浙江等长江中下游地区省份和东南沿海福建、广东等省份为主，不同朝代的历史文化古迹较集中的地区。

2．独特的文化艺术

我国有文字记载的历史是从夏朝开始的，发现于河南殷墟的商代甲骨文是现代汉字的祖先。春秋战国时期产生的儒、墨、道、法家文化，奠定了我国传统思想文化深厚的根基。我国传统的史学、唐诗宋词、国画书法、戏曲杂技等，均是世界上独具魅力的民族文化艺术。此外，我国特有的医学、烹饪、武术均为世界所瞩目。

3．杰出的物质文明

从物质文明的角度看，原始社会就开始发展的制陶、冶铜、漆器、烧瓷、丝织等，都是我国著名的传统工艺技术。其中丝绸和瓷器曾在历史上作为东西文化交流的重要媒介而享誉世界。古代的造纸术、印刷术、指南针、火药等四大技术发明，深刻地影响过世界历史发展的进程。我国古代的园林、建筑与石刻等实体艺术，以及万里长城、京杭大运河为代表的众多杰出古代工程，都是古代物质文明的代表。

1.2.2 多彩的民族民俗风情

我国拥有56个民族。各个民族由于所处的地理环境的差异，或经历的不同历史发展进程，形成了各自鲜明独特的风俗民情。早在汉代就有“千里不同风，百里不同俗”的说法。

1. 地域特色的汉族民俗风情

汉族占全国总人口的90%以上，主要分布于东部季风区，由于受自然环境和历史发展过程的影响，各地汉族在生活、生产习俗上也不相同，尤其表现在南北方的差异上。自古以来即有“南床北炕”、“南船北马”、“南稻北麦”的南北生活习惯分野。北方大平原、大高原及骄阳暴雨、狂风雪野、金戈铁马、皇城大殿的环境气概，与南方山重水复、雾纱绵雨、轻舟盈桥、民居小楼的环境情调，还对各自居民的性格及语言与文学艺术风格有着深刻影响。

2. 多姿多彩的少数民族风情

我国少数民族人口比重虽然小，但分布面积却占到全国一半以上，主要分布在内陆边疆和山地高原为主的大西南、大西北及东北和部分南方地区。全国共形成西藏、内蒙古、新疆、宁夏、广西等5个省级少数民族自治区。云南省的世居少数民族达20多个，是我国少数民族种类最多的省份。由于疆域的广阔性和自然地理环境的复杂性，使得各地的民族风貌具有了强烈的地域特色和民族特色，特别表现在各地多姿多彩的民族服饰、民族建筑、民族艺术、民族节庆和民族生活习俗上。而且，我国少数民族大多能歌善舞，从而使得民族风情成为中国人文地理环境中最富活力的景观。

1.2.3 近代以来的社会变革与强烈的新旧对比

自1840年鸦片战争以来，中华民族先后经历了反对帝国主义和封建统治者的新旧两个阶段的民主革命。这段近代革命史中，留下了相应的历史轨迹，形成了众多近代历史纪念地和名人故居，尤其以广东、上海、江苏、浙江为代表的东南沿海地区，湖北、湖南、江西、广西、四川、重庆为代表的南方地区，以及京津冀辽地区和陕西、山西等省为多。同时，也正是这一时期，产生了殖民主义色彩浓厚的上海、广州、香港、天津等近代工商业大都市。

中华人民共和国建国以来，特别是1978年改革开放以后，城乡风貌发生了巨大的变化。以首都北京为代表的古城换新貌的建设成就，深圳、珠海、海南等经济特区的崛起，上海浦东的开发，重庆作为西部内陆直辖市的兴建，以及一批水利、交通、国防、高科技项目和城市项目的建设，如新安江水电站、龙羊峡水电站、南京长江二桥、葛洲坝水利枢纽、长江三峡大坝、西昌卫星发射中心、上海东方明珠电视塔、青藏铁路等，形成了众多当代社会的旅游资源。随着旅游业的发展，以深圳华侨城为代表的一批现代人造主题公园也应运而生，形成了一批现代休闲旅游资源。

1.3 中国旅游资源的基本特征

由于特定的自然地理环境和人文地理环境的影响，我国旅游资源具有以下基本特征。

1.3.1 种类数量的多样性

我国特有的自然、历史、文化和社会等地理背景孕育了极为丰富多彩的各类旅游资源，山川河流、峡谷瀑布、湖泊涌泉、沙滩礁岛、峰林溶洞、雪原冰川、沙漠戈壁、珍禽异兽、奇花异草、历史古迹、文化遗产、园林建筑、风土民情、工艺特产和风味佳肴等旅游资源，均可排列世界前列，堪称世界上原生性旅游资源最为丰富的国家。

1.3.2 空间分布的集中性

我国旅游资源分布非常广泛，仅就国家级的旅游资源而言，就遍及全国各个省级行政区。而受自然地带、自然地理环境结构、人类地域空间活动及其历史地理过程等因素的影响，使得各地旅游资源也迥然不同，表现出显著的地域性且具有分布的相对集中性。

我国的山水名胜主要集中在东部季风区；壮阔的冰川雪域、沙漠戈壁、草原草甸基本集中在西部和北部地区。历史古迹主要集中于黄河流域和长江流域；民族风情则主要体现于大西南、大西北及南方部分山地和东北边陲。皇家建筑、帝王陵寝以北京、西安为代表；山水园林风光以苏州、杭州为代表。现代建筑成就和人造吸引物，以位置优越、经济发达的沿海地带为集中，如京津地区、长江三角洲地区、珠江三角洲地区为集中；较原始的自然风光与民族风情主要分布在西部地区，尤其是青藏高原东缘和四川、云南两省西部的横断山区，堪称原始自然旅游资源最富集的地区。

1.3.3 时间分布的季节性

我国地域辽阔，但大部分国土位于季节变化明显的亚热带和温带地区，四季交替，景象更迭。自然旅游资源中的气候、植物及水体等因素，其季节性特征最突出。一些具有自然特色的旅游资源只在一定的季节出现，如冬季松花江的天然滑冰场、夏季大连的海水浴场等。

人文旅游资源中一些节庆活动也受到自然季节的制约，如哈尔滨的冰雕节、潍坊的风筝节、大理白族的三月街、南方水乡的端午节赛龙舟等。同一旅游资源实体在不同季节也会表现出不同的风姿与魅力，如：杭州西湖十景中的苏堤春晓、曲院风荷、平湖秋月和断桥残雪就是四季景观的生动写照；“童话世界”九寨沟风光，冬季银装素裹，春夏碧水青山，秋日五彩斑斓；钱塘大潮只在中秋前后出现。

1.3.4 景观表现的互补性

由于我国南北跨越多个气候带，地理环境的绝对差异性与旅游资源的极端广涵性，同时也孕育了旅游资源的广域性，从而使得不同特色的旅游资源共存。如当北方的黑龙江还是冰天雪地、冰雕树挂时，南方的海南岛仍是阳光灿烂、花果飘香。受垂直气候变化的影响，高山地区也出现“一山共四季，十里不同天”的现象，从山麓到山顶更迭出现从热带到极地的景观。

由于地域组合特色突出，我国旅游资源无论是在南北之间还是在东西之间，也无论是在自然旅游资源还是在人文旅游资源方面，各地都有很强的对比性和互补性。

1.3.5 文化内涵的深远性

我国历史悠久，文化古老。中华民族五千年的文明史，不仅创造了众多历史与文化价值很高的人文旅游资源，而且还赋予了不少自然旅游资源以丰富的文化内涵。历史上形成的名山胜水，几乎都留下了历代的诗文、题刻、碑碣，以及亭台楼阁、寺庙宫观、文化书院等胜迹。

我国自古就有崇山近水的民族文化心理。五岳正是由历代帝王的祭祀活动而形成。早在秦王朝，秦始皇就通过封禅泰山的祭祀活动，开创了碑刻记游的传统。古代先哲还通过游览山水得出修身养性的感悟，如孔子曰：“仁者乐山，智者乐水”。魏晋以来兴起的山水文学艺术之风，使文人墨客得以借山水诗、山水赋、山水游记、山水神话及山水字画、山水音乐等形式，留下了极为丰富的名山胜水审美抒怀作品，使不少名山胜水成了“诗山辞海”。更有僧人、道士与文人墨客结伴，以庙宇、宫观和摩崖石刻等点缀和强化风景名胜地的建设，佛教名山和道教名山也应运而生。正是由于如此，中国不少风景名胜成了历史文化、宗教文化、审美文化的载体，也正因为如此，中国不少名山、名湖、名泉、名瀑都具有深厚的文化积淀，具有自然与人文的双重审美价值。

到2009年6月为止，我国列入联合国“世界自然与文化遗产”名录的已有38项，其中文化遗产26项，自然遗产7项，文化和自然双重遗产4项，文化景观遗产1处，另有4项被列入“人类口述和非物质遗产”，详见表1－1。

表 1－1 中国世界遗产名录

名称	批准时间	遗产种类
长城	1987. 12	文化遗产
明清皇宫（北京故宫、沈阳故宫）	1987. 12、2004. 7	文化遗产
陕西秦始皇陵及兵马俑坑	1987. 12	文化遗产
甘肃敦煌莫高窟	1987. 12	文化遗产
北京周口店北京猿人遗址	1987. 12	文化遗产
山东泰山	1987. 12	文化与自然双重遗产
安徽黄山	1990. 12	文化与自然双重遗产
湖南武陵源国家级名胜区	1992. 12	自然遗产
四川九寨沟国家级名胜区	1992. 12	自然遗产
四川黄龙国家级名胜区	1992. 12	自然遗产
西藏布达拉宫（大昭寺、罗布林卡）	1994. 12	文化遗产
河北承德避暑山庄及周围寺庙	1994. 12	文化遗产
山东曲阜的孔庙、孔府及孔林	1994. 12	文化遗产
湖北武当山古建筑群	1994. 12	文化遗产
江西庐山风景名胜区	1996. 12	文化景观遗产
四川峨眉山—乐山风景名胜区	1996. 12	文化与自然双重遗产
云南丽江古城	1997. 12	文化遗产
山西平遥古城	1997. 12	文化遗产
江苏苏州古典园林	1997. 12	文化遗产
北京颐和园	1998. 11	文化遗产
北京天坛	1998. 11	文化遗产
重庆大足石刻	1999. 12	文化遗产
福建武夷山	1999. 12	文化与自然双重遗产
四川青城山和都江堰	2000. 11	文化遗产
河南洛阳龙门石窟	2000. 11	文化遗产
明清皇家陵寝：明显陵（湖北钟祥市）、清东陵（河北遵化市）、清西陵（河北易县）、十三陵（北京昌平）、明孝陵（江苏南京市）、清盛京三陵（辽宁沈阳、新宾）	2000. 11、2003. 7、2004. 7	文化遗产
安徽古村落：西递、宏村	2000. 11	文化遗产
昆曲	2001. 5	人类口述和非物质遗产
山西大同云冈石窟	2001. 12	文化遗产
云南三江并流	2003. 7	自然遗产
中国古琴艺术	2003. 11	人类口述和非物质遗产
高句丽王城、王陵及贵族墓葬	2004. 7	文化遗产
澳门历史城区	2005. 7	文化遗产

续表

名称	批准时间	遗产种类
新疆维吾尔木卡姆艺术	2005.12	人类口述和非物质遗产
蒙古族长调民歌	2005.11	人类口述和非物质遗产
河南安阳殷墟	2006.7	文化遗产
四川大熊猫栖息地	2006.7	自然遗产
广东开平碉楼与村落	2007.6	文化遗产
中国南方喀斯特（云南石林、贵州荔波和重庆武隆）	2007.6	自然遗产
江西三清山	2008.7	自然遗产
福建土楼	2008.7	文化遗产
山西五台山	2009.6	文化遗产

思考题

1. 简述我国自然地理环境的基本特征。
2. 简述我国人文地理环境的基本特征。
3. 分析我国旅游资源的基本特征。
4. 请对我国世界遗产名录进行归类。

第2章 中国自然旅游资源

自然旅游资源由地貌、水体、气候、生物等自然地理因素组成，基本上是天然的景观。中国自然旅游资源主要包括地质地貌、水体、气候气象和生物景观4个方面。

2.1 地质地貌旅游资源

由地质作用形成的各种具有旅游开发价值的地质地貌现象，即为地质地貌旅游资源。

2.1.1 地质地貌在旅游中的作用

1. 重要的旅游资源

地质地貌是构成地理环境的有形自然骨架，是旅游资源存在的基础，其本身也是具有观赏价值的旅游资源。由地质地貌引起的地表的差异，构成了千差万别的自然景观及其环境，如平原、盆地、高原、丘陵、山地、沙漠等，都是旅游景观的重要载体。

地势的高低起伏及其基本地貌形态，其本身就具有观赏价值，而且在一定程度上决定了区域性整体景观的架构与特色。如我国北方多宏伟壮丽的高原、广阔的平原，对比强烈，多数山地植被覆盖率较低，故山石多裸露，总体上给人以雄浑博大之感。南方则多中小型山脉，丘陵与小平原、盆地交错分布，多数地区植被覆盖率很高，岩石少裸露，加之雨水较多，使河流纵横，湖泊棋布，总体上给人以纤巧秀丽之感。因此，人们常将我国风景概括为“北雄南秀”。其实，雄、险、奇、幽、秀、旷、野等多种美感的产生，都同地貌有着直接的关系。

2. 重要的旅游开发环境条件

地貌影响旅游资源开发的可通达性和开发条件。我国东部和沿海地区地势平坦，交通方便，经济发达，旅游资源开发历史悠久，旅游业发达。而西部内陆地区，由于山地广泛分布，大山阻隔，交通不便，经济落后，旅游资源丰富而开发较晚，旅游业相对落后。

例如，青藏高原和西南山区有着极其丰富的自然与人文旅游资源，但是由于自然条件的影响，高寒缺氧，生活艰苦，山高谷深，交通十分不畅，目前还无法进行深入系统的旅游开发。但是，由于地理环境条件的封闭，也使得当地民风民俗得以保存，甚至形成当地独特的文化，成为旅游吸引力的核心资源。一旦这种封闭被现代科技所解决，就成为重要的旅游目的地，如四川九寨沟、云南丽江和泸沽湖等。

2.1.2 地质地貌旅游资源的主要类型

我国拥有各种类型的地质地貌旅游资源，其中以花岗岩地貌、岩溶地貌、丹霞地貌、火山地貌和海岸地貌旅游资源最具有吸引力。

1. 火山岩地貌

1）花岗岩地貌景观

花岗岩属于火山侵入岩，往往是形成高大山体的核心。花岗岩经过风化后出露，成为显著的隆起地形，为山体的主峰。花岗岩岩性坚硬，但节理特别发育，受外力侵蚀，重力崩塌的作用，形成各种挺拔险峻、峭壁耸立的山势，气势宏伟，有奇峰、奇石、台地、深壑、石丘、石蛋等千姿百态的地貌形态。

花岗岩是我国最主要的造景岩，分布相当广泛。在我国众多的名山中，由花岗岩构成的景观最多，尤其是在南方，特别是东部沿海地区最为集中。例如，大小兴安岭、泰山、崂山、华山、衡山、九华山、黄山、祁连山等大部分或全部为花岗岩组成，形体雄伟高大。

花岗岩大块岩体常因表面剥蚀风化，形成巨大的球状“石蛋”奇观，即“风动石”，或浑圆多姿的巨石兀立。这类景观地质学上称为“球状风化”，常见于山顶和海边，如厦门鼓浪屿的日光岩、海南三亚的“天涯海角”就是典型代表。

2）流纹岩地貌景观

流纹岩是火山熔岩冷却凝结而成的，在凝结过程中形成具有不同颜色的流纹状构造。流纹岩岩体的节理和裂隙特别发育，易形成奇峰屹立、两峰相对、峭壁幽谷、石柱与石墩等丰富奇特的造型地貌。

流纹岩地貌的造型形象逼真，而且在不同时间，从不同角度观看，常会呈现不同形象，变幻妙极，被称为“变幻造型”。这种地貌景观在闽浙沿海一带分布很广，以雁荡山最为典型，素有“造型地貌博物馆”之称。

3）火山与熔岩地貌景观（火山地貌）

火山岩地貌是指地下岩浆喷出地表，并快速冷凝所形成的各种地貌的总称，如火山口、流纹岩、熔岩洞、火山湖及温泉等自然景观。

火山与熔岩地貌景观（火山地貌）是因火山活动形成的地貌。火山是地下岩浆及碎屑物喷出地表后堆积成的山体。熔岩地貌是指岩浆经火山喷出或地表裂隙溢出，顺着地表流动冷却后形成的各种地貌。

我国邻近环太平洋火山地震带和地中海—喜马拉雅地震带，是一个多火山、多地震的国家，共有800多座火山，大多为死火山和休眠火山，仅有5座活火山分布于台湾和新疆，而富有景观魅力的火山都是休眠火山。我国火山地貌集中分布在三个地带，即环蒙古高原带，如山西大同火山群、黑龙江五大连池；青藏高原带，如云南腾冲火山群；环太平洋带，如东北长白山火山群、台湾大屯火山群。这些地带构成了著名的火山地貌风景区。

火山的喷发奇景，休眠火山的圆锥形体，熔岩流构成的奇异微地貌形态，如火山口湖、熔岩堰塞湖、温泉、熔岩台地，以及其丰富的象形岩体、熔岩洞穴、熔岩隧道等，都是富有吸引力的旅游资源。我国火山和熔岩景观以黑龙江五大连池最具有代表性，被称为“火山地貌博物馆”。

2．沉积岩地貌

1）岩溶地貌（喀斯特地貌）景观

岩溶地貌是地表石灰岩等碳酸盐类可溶性的沉积岩，在特定的地质、气候、水文条件下，受地表水和地下水的溶蚀作用和冲刷作用，形成的山、水、洞相结合的造型奇特的地貌类型。国际上将这种地貌称为“喀斯特”地貌，因近代岩溶研究始于前南斯拉夫西北部的喀斯特高原而得名。

在岩溶地貌发育地区，地面上往往形成岩溶孤峰、峰林、石林、石牙、溶蚀洼地、漏斗、岩溶残丘等，地下则形成溶洞、地下河等。岩溶作用下还形成千姿百态的奇石，如钟乳石、石花、石笋、石幔、石珍珠、卷曲石、石边坝，以及太湖石、上水石等。岩溶地貌形态的多样性和奇异性，为其他地貌类型所难以比拟。此外，岩溶溶洞空气清新，含有大量的空气负离子和微量元素铁、锌、铜等，具有医用价值。岩溶地貌旅游价值十分高，世界上许多岩溶地区都是旅游胜地。

我国岩溶地貌面积130多万平方千米，约占全国总面积的14%，是世界上岩溶地貌分布最广、发育最典型的国家。其中以广西、贵州、云南东部地区分布最广，岩溶发育最完善，而且大面积连片分布，也是世界上最大的岩溶地貌典型发育地区。广东西部、湖北西部、湖南西部、四川南部、重庆、山东、山西等地区分布面积也很广。

因气候和岩石性质的差异，各地岩溶地貌发育程度差异很大，或以地面奇峰为主，或以地下溶洞见长，或以泉水为特色。我国有不少地区由于岩溶地貌发育典型而形成著名的风景区。广西桂林、云南文山及贵州高原是峰丛和峰林地貌发育最典型的地区。云南石林是世界上罕见的特大型热带石林，被誉为“天下第一奇观”。四川松潘黄龙寺五彩池、浙江桐庐瑶琳仙境、广东肇庆七星岩、湖南张家界黄龙洞等都是以岩溶地貌而著称的旅游胜地。

2）丹霞地貌景观

丹霞地貌又称红层地貌，主要是由于气候干热，沉积在低洼盆地的泥沙、砾石等碎屑物，经过强烈的氧化及钙质胶结，形成红色沙砾岩层，层次大体成水平状。在造山运动中，这种红色岩层随地壳隆起整体上升，并产生断裂与节理，经过风化侵蚀、流水切割、重力崩塌等外力作用，形成了以方山、石墙、石柱、奇峰等陡峭峰林地貌及其狭陡巷谷为主要造型的丹崖赤壁丘陵地貌。这种地貌较早（1928年）在广东丹霞山被发现和研究，故被命名为“丹霞地貌”。

我国丹霞地貌主要分布在广东、江西、福建、浙江、广西、四川、重庆、湖南、甘肃、陕西、河北等省区市部分地区，尤其以南方的南岭山地和武夷山地最为集中，其杰出代表为广东丹霞山、金鸡岭和福建武夷山及承德的棒槌山。由于红色沙砾岩有较好的整体性，又可雕可塑，为凿窟造龛提供了理想条件，故大量石窟石刻，如麦积山石窟、云冈石窟、大足石刻、乐山大佛等，均创作于这种沙砾岩地区。

丹霞地貌形成了形态各异的悬崖陡壁、孤峰、峰林、方山、浑圆的峰顶及线条流畅的岩面，同时也易被溶蚀冲刷成洞穴。因其形态类似于岩溶峰林，故有“假岩溶”之说。但是，丹霞地貌与岩溶地貌的根本区别在于岩性的不同，侵蚀方式以物理过程为主。

丹霞地貌景观资源丰富，精巧玲珑，在雨水多的南方，常有“丹山碧水相映”之趣。

3. 侵蚀堆积地貌

1）石英砂岩峰林地貌景观

石英砂岩是一种比较坚硬的砂岩，一般情况下很难被风化侵蚀产生造型地貌。但在湖南西北部武陵源地区却由石英砂岩夹薄层砂质页岩构成了类似丹霞地貌，同时又独具神韵，为举世罕见的“砂岩峰林峡谷地貌”。

武陵源地区沉积着巨厚的泥盆纪石英砂岩，垂直节理极为发育，在地壳稳定上升过程中，岩石经过长期风化和重力作用而发生断裂和崩塌，同时受流水的强烈侵蚀，从而形成了山如石笋、峰如刀削、拔地插天的2 000多座千姿百态的砂岩石峰。其密度之高、规模之大，世之罕见，景色到了出神入化的程度，因此被誉为“自然雕塑博物馆”。

2）荒漠地貌（风沙地貌）景观

荒漠地貌形成于环境恶劣的极端干旱地区，是风力对地表物质的侵蚀、搬运和堆积形成的特殊地貌类型。我国荒漠地貌分布于内陆的西北及北部干旱地区，沙漠、戈壁总面积达128万平方千米，是世界上荒漠地貌面积分布最广泛的国家之一。

荒漠地貌景观分风积地貌和风蚀地貌两大景观类型。浩瀚的沙漠、沙漠中的绿洲、风蚀城堡和风蚀蘑菇等形形色色的荒漠地貌，都是具有吸引力的观光内容。在西北地区，沿戈壁滩和沙漠而行的古代“丝绸之路”已成为现代旅游“热线”。宁夏中卫沙坡头被公认为中国“沙漠公园”的典型代表。

（1）风积地貌——沙漠与沙丘景观。

风积地貌以沙丘为基本类型。沙丘可有许多形态，其中以金字塔沙丘和新月形沙丘最为常见，也最具有观赏价值。金字塔沙丘呈锥状，高50～100米，因形状似金字塔而得名。新月形沙丘呈弧状，如月牙，高20～30米，迎风面缓，背风面陡，多条新月形沙丘相连可构成十至数十千米长的沙丘链。

我国气候最干燥、沙漠面积最大的地区是新疆塔里木盆地。盆地内的塔克拉玛干沙漠面积达33.76万平方千米，占全国沙漠总面积的43%。这里沙丘高大，流动性强，有纵长的复合型沙丘链、纵向沙垄、鱼鳞状沙丘、金字塔形沙丘、穹状沙丘等多种形态。我国沙漠地区流沙中的鸣沙现象世界闻名，以宁夏中卫沙坡头、内蒙古达拉特旗银肯沙丘、甘肃敦煌鸣沙山等三大响沙最为著名。

(2) 风蚀地貌——雅丹地形和风蚀城堡

雅丹地形和风蚀城堡都出现在多大风、干涸的古湖盆或湖积平原和戈壁滩。

荒漠地区的“雅丹地形”是指地表形态主要是风蚀土墩与风蚀凹地，两者相间，排列有序的风蚀地貌。“雅丹”为维吾尔语，其意是“排列有序的土丘”。雅丹地貌以新疆罗布泊洼地西北部发育较为典型。在雅丹地貌景观区内，一场大风过去后，一切都会变样。

风蚀城堡（风城）是指水平岩层经风蚀和暂时性流水冲蚀后，形成的断垣残壁状城堡式山丘。风蚀地形状如城墙、古堡街巷、石亭、石塔，千姿百态；蜂窝石、风蘑菇、风动石、风柱石、摇摆石，古怪嶙峋。狂风起时，沙尘漫天，日月无光，风声轰鸣如鬼哭狼嚎，故被称为“魔鬼城”。其中以准噶尔盆地的乌尔禾及将军戈壁滩最为典型。

3) *海岸地貌景观*

海岸地貌主要是指海岸地带在地质构造运动、海浪与潮汐的冲刷堆积、生物作用及气候因素的共同作用下形成的各种地貌形态。海岸地貌是海岸风光的重要构景内容和海滨旅游活动的重要物质基础，是最富有吸引力的旅游资源之一。

我国海岸地貌包括海岸堆积地貌和海岸侵蚀地貌两种，可细分为岩石、沙砾质、淤泥质及生物海岸地貌，由此构成丰富多样的海岸地貌旅游资源。

(1) 岩石海岸地貌。

岩石海岸地貌主要分布在山地丘陵地带。在海浪、潮汐的强烈冲蚀下，易形成海蚀洞、海蚀崖、海蚀台地、海蚀柱等海蚀地貌景观，大多具有很高的观赏价值，如海南三亚海滨的“南天一柱”、青岛海滨的“石老人”等。

(2) 沙砾质海岸地貌。

沙砾质海岸地貌主要发育于岬角与港湾相间的平阔基岩海岸。在海浪、潮汐和海流的搬运和沉积作用下，形成由沙和砾石堆积而成的沙滩、砾石滩、沙嘴、连岛沙洲等海积地貌。

沙砾质海岸地貌最适宜于开发海滨浴场，其中沙粒细软、沙质纯净的宽阔沙滩地带，是开辟海滨度假旅游的最佳场所，如大连金石滩海滨、秦皇岛北戴河、青岛海滨沙滩、普陀山海滨、昌黎海滨、北海海滨、海南三亚海滨都是有名的海滨沙滩。

(3) 生物海岸。

生物海岸是在热带、亚热带气候条件下，由珊瑚、红树林等生物形成的特殊堆积地貌。

珊瑚主要在福建、广东、海南，尤其是南海诸岛的有些岛礁完全是珊瑚堆积而成，珊瑚海岸往往成为价值很高的潜水旅游胜地。

生长于海岸潮滩的耐盐碱常绿木本植物红树林，根系发达，茂密成林，有利于细粒泥沙沉积，形成特殊的红树林海岸堆积地貌。红树林在涨潮时被海水淹没，退潮时则全部露出水面，碧绿如黛，因此被称为“海底森林”。红树林在海南的文昌、三亚及广东雷州半岛、珠江口和闽南均有分布。

4. 特殊地貌

1）峡谷地貌景观

峡谷一般是指狭而深的河谷，是最富有审美和旅游观光价值的地貌形态之一。河流峡谷是因河流切穿山地高原而形成的，多分布于河流的上游地带。

我国河流众多，长江、黄河、珠江、黑龙江、澜沧江、怒江等名川大江，沿途特别是上游地带都发育有壮观的峡谷，尤其是多河流切割、高差较大的西南地区，多有雄伟壮观的峡谷。长江上游的虎跳峡高差3 000米以上，宽仅20～60米，堪称世界最深、最险的峡谷之一。长江中游三峡景色最壮丽。四川盆地东部和南部的长江干流与支流流经的地区，是我国峡谷最多的地区，其中长江支流大宁河小三峡最为著名。青藏高原东南部的雅鲁藏布大峡谷全长504.6千米，切割深度达5 000米以上，是世界上目前发现的最大峡谷，且具有独特的原始生态环境。

2）黄土地貌景观

黄土地貌是黄土地区发育的一种特殊的沟谷流水地貌。我国黄土地貌分布的广泛性和发育的典型性为世界罕见。黄土地貌主要分布在黄土高原。

黄土高原是指太行山以西，甘肃乌鞘岭以东，秦岭以北，长城以南的广大地区。这一带广泛分布着黄土层，厚度在100～120米，一般认为它是由于风力从西北广大沙漠地区搬运而来的第四纪堆积物，其结构疏松，无层理，富直立性而垂直节理发育，透水性强，易被雨水冲刷和流水切割，形成梁（两条平行沟谷间长条状高地）、塬（面积较广的黄土高地）、峁（孤立的黄土丘陵）等地貌景观。整个高原被切割得支离破碎，千沟万壑。黄土高原以粗犷、豪放的高原面貌，奇特的土柱“峰林”，以及独具一格的黄土窑洞和民俗吸引着游客。

3）冰川地貌景观

冰川是极地和高山地区沿地面运动的巨大冰体。我国冰川面积占亚洲冰川面积的一半以上，也是世界山岳冰川面积最大的国家。我国现代冰川集中在西部雪线以上的高山地带，即喜马拉雅山、昆仑山、念青唐古拉山、横断山、祁连山、天山和阿尔泰山等高山区，多是雪岭横空，冰河四溢。据估计我国西部高山地区现代冰川总面积约有5 600平方千米，其中天山山地冰川约占21.7%，成为我国最大的冰川区。

冰川地貌主要由冰川的侵蚀和堆积作用而形成的地貌。巨厚的冰川在缓慢流动过程中产生很强的刨蚀作用，从而在山体雪线以上形成险峻的角峰、刃脊、冰斗及宽广的U形冰川谷与冰蚀湖盆等冰蚀地形。在冰川末端，受冰川消融的影响形成的冰塔林，与冰蘑菇、冰瀑布等错落相间，构成童话般的“水晶园林”景观。同时，在雪线以下地区由冰川消融形成各种规模大小不一的冰碛物堆积。我国东部的一些中高山地，也有冰川发育的历史，保留着很多的遗迹，如庐山及附近地区有众多的第四纪冰川遗迹。

冰川主要是科学考察的对象，目前也有开发为旅游区的，成为诱人的观光、探险与科考旅游资源。我国最著名的冰川地貌景区是四川甘孜藏族自治州的贡嘎山。贡嘎山在藏语中意为“白色冰川”，海拔 7 556 米，是毗邻中国经济发达地区最近的多冰川极高山。据统计，以其主峰为中心，沿山谷呈放射状的冰川有 100 条以上，规模最大的海螺沟冰川从海拔 7 500多米处一直向下延伸到海拔 2 800 米的森林中，成为我国海拔最低的山岳冰川。1987 年建立海螺沟国家冰川森林公园。甘肃西部祁连山的“七・一”冰川为亚洲距离城市最近的可游览冰川，也是我国开辟为探险旅游的第一个冰川。此外，还有新疆阿尔泰山的喀纳斯冰川湖、天山的托木尔峰等也被作为旅游资源进行了开发。

阅读材料 2-1

中国国家地质公园

中国国家地质公园是以具有国家级特殊地质科学意义、较高的美学观赏价值的地质遗迹为主体，并融合其他天然景观与人文景观而构成的一种独特的自然区域。

为配合世界地质公园的建立，国土资源部于 2000 年 8 月成立了国家地质遗迹保护（地质公园）领导小组及国家地质遗迹（地质公园）评审委员会，制定了有关申报、评选办法。

我国地质公园建设工作在有效保护、合理开发和利用地质遗迹资源，推动地方经济发展，普及地质科学知识等方面，取得了令人瞩目的成果。到 2005 年，我国已批准建立国家地质公园 138 个。

2004 年 2 月 13 日，在法国巴黎召开的联合国教科文组织会议上，我国有 8 家国家地质公园被列入世界地质公园网络名录，即安徽黄山世界地质公园、江西庐山世界地质公园、河南云台山世界地质公园、云南石林世界地质公园、广东丹霞山世界地质公园、湖南张家界世界地质公园、黑龙江五大连池世界地质公园、河南嵩山世界地质公园，成为首批世界地质公园。到 2008 年底，我国有 20 处国家地质公园成为世界地质公园，另外 10 处是浙江雁荡山、福建泰宁、内蒙古克什克腾、四川兴文、山东泰山、河南王屋山—黛眉山、广东及海南雷琼、北京及河北房山、黑龙江镜泊湖、河南伏牛山、江西龙虎山和四川自贡地质公园。

2.1.3 山地旅游资源

山地是指海拔高度在500米以上，大体呈锥形，脊状隆起，轮廓曲折多变的地貌类型。我国是一个多山的国家，山地类型众多，景观内容丰富，其旅游价值也最大。

1．山地资源的旅游价值

山地是风景地貌的骨骼，是风景构成的基本要素。我国的山地是5大基本地貌类型中最富有多样性、组合性造型的自然景观资源。雄、险、奇、幽、秀及其组合变化，是山地地貌的主要审美特征。

特殊的气象气候景观、水体与生物景观组合及良好的自然生态环境、人文建筑景观和历史文化胜迹等方面，构成了综合性很强的山地自然和人文资源，以及旅游生态环境资源，为人们进行观光、休憩、疗养、登高、攀岩、探险、考察等多种旅游活动提供了特殊的条件。

2．山地旅游地类型

我国山地按海拔高度分为极高山（海拔超过5 000米）、高山（海拔3 500～5 000米）、中山（海拔1 000～3 500米）、低山（海拔500～1 000米）、低低山（丘陵）（海拔500米以下）。极高山、高山基本上分布在兰州—成都—昆明一线以西，中低山地基本上分布在兰州—成都—昆明一线以东。我国山地旅游地可以分为3大类型。

1）中低山：游览观赏型山岳旅游地

游览观赏山岳风景，以中低山风景名山为主。所谓风景名山，是指典型的自然美山岳景观和渗透着人文景观美的山地空间的综合体。风景名山遍布全国，形象丰富，南方以黄山、武夷山、武陵源、雁荡山等为代表；北方以泰山、华山、千山等为代表。少数极高山、高山也被开发为此类旅游山地，如云南玉龙雪山等。

风景名山是我国壮美山河的代表，以山体的宏观形态及岩石性质特征的自然景观为基础，同时结合人文特征，可进一步分为花岗岩名山、岩溶名山、丹霞名山、火山名山、其他以自然因素为主要成因的名山、历史文化名山（又可以分为革命纪念地、宗教名山、帝王陵墓、石刻石窟等）等6大类型。

我国东部许多山地之所以成为旅游胜地，主要原因是东部地区多在大河下游，经济开发较早，而该地域的山地海拔高度适中，适合人们的需要，自古便成为游览胜地，留下了许多古迹和传说，从而成为文化名山。加之佛教和道教宣扬远离尘世，故而多在山地建立寺观庙宇，从而成为宗教圣地。

2）低山丘陵：度假休养型山岳旅游地

度假休养型山岳旅游地主要作为休养、疗养、度假，特别是消夏避暑的去处。这类旅游地以低山丘陵为主，分布在东部地区，森林植被与生态环境好，海拔适中，地势比较开敞，如浙江莫干山、江西庐山、河南鸡公山等均是著名的避暑山地。

3）高山和极高山：登山科考型山岳旅游地

登山科考型山岳旅游地属于特殊活动的山地，主要用于登山、探险、科学考察等专项活动。开展这些活动要在五六千米以上的高山、极高山的山峰上进行。

我国为登山探险活动提供的山地很多，特别是青藏高原周围的山地，很多高峰在6 000米以上，全世界海拔8 000米以上的14座高峰全部坐落在喜马拉雅山和喀喇昆仑山地区，我国西部就有9座。世界第一峰珠穆朗玛峰、世界第二峰乔戈里峰分别坐落在西藏与新疆边境。

1980年以来，我国先后开放了10多座极高山，供国内外游客作为登山、探险、考察的专门场所，如西藏的珠穆朗玛峰、新疆的乔戈里峰（属于喀喇昆仑山）、博格达峰（属于天山山脉）、四川的贡嘎山（属于横断山脉）、四姑娘山（属于邛崃山）、青海的阿尼玛卿峰（属于昆仑山）等。

阅读材料2-2

风景名胜区

风景名胜区是指具有观赏、文化或科学价值，自然景观、人文景观比较集中，环境优美，具有一定规模和范围，可供人们游览、休息或进行科学考察、文化活动的地区。

风景名胜资源是国家自然及历史遗产资源的一部分，具有自然生态和文化遗产保护、生态环境、科学研究和旅游发展等多重价值。风景名胜资源非常珍贵，同时又十分脆弱，具有明显的不可再生性。

我国风景名胜区保护工作于1979年启动，1985年国务院颁布《风景名胜区管理暂行条例》，明确风景名胜区保护列入从中央到地方各级政府的工作职责，国家重点风景名胜区从审定、命名到规划审批全部上交国务院，从而确定了风景名胜区保护是国家特殊资源事业的地位。

为了充分体现风景名胜区的多重价值，确立了风景名胜区严格保护、合理开发、永续利用的原则，各地在风景名胜区建立了管理机构，全面负责风景名胜区的保护、规划、建设和管理工作，指导各项事业协调发展。在加强保护和管理的同时，基础设施和接待服务设施日益完善，使旅游环境得到很大改善，为旅游业提供了强大的资源基础；同时，对地方的经济发展和文化建设也起到了积极的推动作用。

为了保护和开发这些极其珍贵的自然和文化资源，截至2004年11月，我国已确定的风景名胜区总数达677处。国务院先后于1982年至2005年批准公布了六批共187处国家重点风景名胜区，各省也确定了省级风景名胜区558处。

2.2 气象气候旅游资源

气象是指地球大气层中发生的各种自然现象，如云、雨、雷、电、雪、雾、霜、雹等。气候是指某一地区多年天气状况的综合特征。气象与气候不仅能直接造景和育景，形成各种景观，而且是各类自然风景和人文风景旅游资源形成和发育的条件和基础，同时还是旅游环境的重要组成。

2.2.1 气象气候与旅游的关系

由于大气的密闭性，以及气象因素的变化性与气候的地区差异性，使得气象气候对自然环境与人类生活的影响无所不在、无时不有。气象气候对旅游的影响主要表现在如下几个方面。

1．气象气候因素对旅游业的影响

（1）形成旅游活动最大的自然背景条件。

云雾雨雪与日月天光等大气现象是自然界最基本而又最富于变化的构景因素。气候条件通过制约生物（尤其是植被）的生长、水体的状况，甚至地貌的特征，形成各地丰富多彩的自然景观，同时还能深刻影响到各地民居建筑及地域的风俗习惯，形成人文景观的地域特征。因此，气象气候的地域差异性造成了自然旅游资源和人文旅游资源的地域性差异规律，成为引发人们产生旅游活动的根本原因之一。

（2）形成旅游业淡旺季的交替变化。

就气温而言，在15℃～18℃时，人才会心情舒畅和精力充沛，即所谓的康乐气候。气温过高，使人感到疲倦，甚至心情窒闷，四肢无力。气候学认为候（气候学上以每5天为一候）均温在10℃～22℃的春季或秋季适宜于旅游活动，为旅游旺季；候均温在10℃以下的冬季，在22℃以上的夏季，是旅游淡季。不过，人对温度的感受还受空气湿度的影响，湿热指数是在不同温湿度组合下，人体实际感觉到的炎热度或凉爽度。由于气候的季节性变化是与人类旅游行为的变化同步，因而就形成了旅游业的季节性变化。

（3）对旅游客流具有决定性的导向作用。

由于气候条件的地域差异性及其分布规律存在着明显的优劣差异，造成了自然地理环境及人文地理环境的差异性，同时决定着自然地理环境，影响着人文地理环境的分布规律，从而影响着游客的旅游目的地的选择。

（4）对旅游交通、旅游资源的规划与开发等方面产生影响。

2．气候对旅游活动的影响

我国典型的季风型大陆性气候，对人们的旅游活动影响很大。

1）气候对旅游活动的有利之处

（1）四季分明，四时景色不同，便于组织适应不同季节条件的旅游活动，使一个地区的活动丰富多彩而不单调。例如江南地区的“春戏桃柳，夏赏荷花，秋临丹桂，冬咏寒梅”；杭州“西湖十景”中的“苏堤春晓”、“曲院风荷”、“平湖秋月”、“断桥残雪”，就是因四时景色不同而著名。

（2）地域辽阔，气候类型多样，因而具有丰富的气候旅游资源。我国从南到北，从沿海到内陆，气候类型复杂多样，还有不同高度的山地气候和海滨气候，因此可以开展多种气候旅游。各地气候的差异性可以开展相应的地方性旅游活动，如东北的冰雪活动、华南的海滨浴场、江南山区的避暑旅游等。

（3）各地自然景观乃至人文景观受气象气候的影响，均具有不同特色的季节性，有特定的观赏季节、时间和方位。同一季节不同地点有着不同的旅游吸引物，如春季河南洛阳的牡丹花会、云南大理的“三月街”；冬季北方的冰雪世界、南方海南岛的热带风光；秋季北京的香山红叶、新疆吐鲁番的瓜果。这种全国范围内的季节推动先后有序，使得大范围的宜人季节大为延长，从而有利于游客从一个地方到另一个地方周游旅行。

（4）大部分地区属于温带和亚热带地区，以气温和湿度为主要因子的气温条件十分优越，温和的气候适宜于旅游活动的开展。

2）气候对旅游活动的不利之处

我国大部分地区冬寒夏热，程度强烈，气温比较适宜的春秋季节只有各两个月左右。旅游淡季较长，旺季相对短促。而且，春季北方和西北地区多风沙，直接影响观赏效果；南方多春雨，给旅游也带来不利影响。还有对旅游产生严重影响的因素，如长江中下游地区夏季的副热带高压持久不移，造成长时间高温；东南沿海夏秋之交常受台风影响，旅游活动被迫中断。只有短暂的秋季，大气层结构稳定，秋高气爽，是大部分地区最适宜旅游的“黄金季节”。

2.2.2 气象气候旅游资源的主要类型

我国的气象气候景观丰富多样，立体气候景观也丰富多彩。大体上，我国气候景观分为东部季风区、西北内陆干旱区和青藏高寒区三大类型区。各类型区内又因温度带和干湿地区组合类型不同，以及地形的差异，形成更为复杂多样的气候景观类型。

1．观光气象气候旅游资源

大气是构景因素中最富于变化的因素，常形成宇宙奇观。日、月、天体和云、雨、雪、雾、露、霜、虹、霞、霓等气象因素与观赏物相结合，构成特有的天气景观，具有形态美、色彩美、动态美等特点，使旅游景观锦上添花。

1）云、雾、雨奇景

云、雾、雨是大气中水汽的凝结物，由这类气象因素构成的气象奇观是温暖湿润地区或温湿季节出现的气象景观。这种气象景观在中国以湿润的南方及东部沿海地区较为普遍，尤其以山区为佳。

登高观看由波状积云构成的云海最为壮观。黄山云海壮丽无比，为黄山一绝。长江三峡的巫山云，受地形影响，表现出强烈的动态美，使巫峡两岸群峰更加奇特壮观。庐山有“云之家乡，雾之海洋”之称，特别是春夏之交，常常云雾弥漫，瞬息万变，时隐时现，故有“不识庐山真面目，只缘身在此山中”之说。峨眉山、齐云山、阿里山的云海也享誉中外。苍山的玉带云、三清山的响云、泰山的云海玉盘都是云中奇景。

轻纱缥缈的雾景常出现在山中、水面。新安江江面的雾景为新安江三绝之一。

蒙蒙细雨也能组成一种特殊、诱人的意境。江南春雨、巴山夜雨、潇湘烟雨、蓬莱“漏天银雨”、峨眉山的“洪椿晓雨”等，都是著名的雨景。又如江南梅雨使得远山近水出现一片空濛、时隐时现的景观，游人置身其中如醉如痴，流连忘返，极富诗情画意。

2）冰雪、雾凇、雨凇景观

冰雪、雾凇、雨凇的奇景是寒冷季节或高寒气候区才能见到的气象景观。我国以冬季的北方，尤其是东北较为普遍，四季分明的亚热带山区的冬季也都有这类美景。它们以纯洁的白色，借助于其他因素构成诱人的景致。

冰雪以其纯洁无瑕而令无数游人喜爱，除了观赏外，还可以用于开展滑雪、雪橇等冰雪体育活动，以及冰灯、冰雕等节庆旅游活动。我国著名的雪景有四川西部海螺沟冰川、长白山林海雪原、台湾玉山积雪等。

雾凇，又名树挂，是在潮湿、低温的气候条件下，雾气在低于0℃的附着物上凝结成的白色松絮状冰粒，漫挂在树丛、树林上，如绽开的繁盛而精致的银花。在东北及一些山区冬季出现较多。吉林市的“江城树挂”是最著名的雾凇奇景，曾与桂林山水、云南石林、长江三峡并称为我国四大自然奇景。

雨凇是由过冷雨滴或毛毛雨落到0℃以下的地物上，迅速冻结而成的均匀而透明的冰层。雨凇在冬季常见于湿润的南方山区，如峨眉山、九华山、衡山、庐山等都是雨凇的多发地。雨凇与云海、日出、夕阳、佛光、蜃景合称为“天象六景”。

3）佛光、蜃景

佛光、蜃景都是大气中光的折射现象所构成的奇幻景观。

佛光，又称宝光，发生在空气潮湿、薄雾弥漫、天空晴朗、无风的早晚期间。以峨眉山金顶佛光最为著名，每年可出现七八十次，以12月至次年2月的冬季为多。此外，庐山、黄山、泰山、五台山也能看到佛光。

蜃景，即海市蜃楼奇景，多在夏季出现在沿海或沙漠地带，山区也时有发生。蜃景出现在无风或微风的晴天。江苏海州湾、山东长岛县和蓬莱阁、河北东联峰山、浙江普陀山等地都可成为观景点，尤其以海州湾出现频率最高。

4）日出、日落与霞

日出、日落是晨昏时刻，太阳于地平线上上升或下沉的两个顺序截然相反的景观变化过程。观日出、日落以晴天为佳，最佳观景点是在海滨或前面无视线障碍的中低山地顶峰，如泰山日出等。

霞是斜射的阳光被大气微粒散射后，剩余的色光映照在天空和云层上所呈现的光彩，多出现在日出、日落的时候。当朝霞和晚霞与周围其他风物景观交相辉映时常构成一幅壮美的画卷。

2. 康乐气象气候旅游资源

康乐气象气候旅游资源是指能为一些专门的户外娱乐与体育活动提供特殊的条件，还能显著作用于人的生理感受 、健康和情绪的气象气候环境。康乐气象气候旅游资源有休养性和活动性两大类型。

1）休养性康乐气候旅游资源

休养性康乐气候旅游资源是指特别趋向于追求舒适宜人、有益于健康的气象气候条件。这类资源可以是常年性的，也可以是季节性的。宜人气候主要分布于中低纬度湿润与半湿润地区，特别是海滨、海岛和一定海拔高度的山地、高原，以及部分湖泊与河流地区。

（1）避暑地：东北地区和青藏高原，由于纬度高、海拔高，长冬无夏。江南一些山地，北方沿海一些地区，夏无酷暑，成为良好的避暑地。

（2）避寒地：海南、云南南部、广东南部、台湾南部等地区，长夏无冬，成为良好的避寒地。三亚是冬季避寒胜地。

（3）四季分明的旅游地：长江、黄河流域的大部分地区，四季分明，景观四季变化也分明。

（4）四季如春的旅游地：云贵高原地处亚热带，海拔较高，冬温夏凉，形成了四季如春的景观。昆明是著名的春城。

（5）“早晚穿棉午穿纱”的旅游地：西北地区远离海洋，深居内陆，午、夜温差大，可以体验“早晚穿棉午穿纱”的民俗风情，形成西北特有的旅游资源。

（6）“一山有四季，十里不同天”的旅游地：我国山区面积广大，特别是西南横断山区，山地垂直气候变化明显，由山麓到山顶可见到四季之景，形成“一山有四季，十里不同天”的独特的气候旅游资源。

2）活动性康乐气候旅游资源

活动性康乐气候旅游资源是指用以进行运动性与体验性康乐旅游及特殊旅游活动的气候条件。冰雪在适当的地形条件的配合下，是开展冬季户外运动的重要旅游资源，而且越来越受到重视。冰雪运动日益成为冬季的旅游热潮，其中滑雪运动成为世界上规模最大的户外大众性运动项目。

我国适宜开展冰雪运动的旅游资源主要分布在东北三省及内蒙古东北部，成为最适宜开展“白色旅游”的地区。目前黑龙江、吉林、内蒙古等省区已开辟了亚布力、松花江、海拉尔等著名滑雪场。北方各省还开辟出众多的冰上游乐活动，如驾乘冰帆、雪橇、冰上摩托、打冰球等。此外，青藏高原和西北山地也是冬季降雪丰富区，冰雪运动具有很大的开发潜力。

冰雪雕塑也是寒冷地区的一种特殊雕塑艺术，为冬季旅游的重要吸引物。哈尔滨“冰雕节”闻名中外，成为世界上以冰雪雕刻旅游著名的地区之一。

除“白色旅游资源”外，以青藏高原为代表的高寒气候和西北内陆盆地的干旱气候，也成为科考探险旅游、特殊体验旅游的重要吸引因素之一。

2.3 水体旅游资源

水体是海洋和陆地上江河、湖泊、冰川、地下水的总称。它是最宝贵的旅游资源，利用它可以观景、航行、游泳、滑雪、冲浪和漂流等。

2.3.1 水体的旅游价值

1. 最重要的构景要素之一

水作为旅游资源是构景的基本要素，在构景中具有声、形、态、色、光、影、味等形象生动的特点。水作为流动的形体，能够增加风景区明媚的活力，即所谓“山无水不活，水无山不媚”，“因山而峻，因水而秀”。因此，水体有“风景的血脉”之称。

同时，许多水景自身极具旅游价值，甚至因此而形成独立的风景名胜区，如冰雪形成的专门冰雕、雪塑、冰雪画等冰雪艺术，成为哈尔滨的地方特色而闻名于世。

2. 最富有吸引力的康乐型自然旅游资源

水在现代娱乐生活中有着重要意义，如游泳、沐浴、滑水、垂钓、水球、舢板、帆船、潜水等，都是在水上进行的。滑雪、雪橇等冰雪运动，也属于利用水体开展的体育运动。一些具有特殊性质的水体，如温泉，还具有特殊的康体疗病作用。可以说，在现代旅游日盛的今天，水体成为了最富有吸引力与普遍参与性的康乐型旅游资源。

3. 对其他旅游资源的形成有深刻影响

水体对于生命有着无法取代的意义，人类的起源和古代文明都记载着河川水域的功绩，现代生活更离不开水，水体因此也往往构成了人文旅游资源分布的基础。水体还可以促进生物旅游资源的产生和聚集，美化环境，更强化了其作为大自然美化师的作用。

2.3.2 江河旅游资源

我国是一个山高水长、河流众多、径流资源十分丰富的国家。山脉是地形的骨架，它控制着河流的走向、流域面积的大小，并影响着河流水量等水文因素。我国流域面积在1 000平方千米以上的河流有1 500多条，广布全国。

1．水系和流域

我国河流按水系划分为外流流域和内流流域。外流流域包括太平洋流域、印度洋流域和北冰洋流域，分布在东部、南部和新疆西北部一带，面积占国土面积的64%。内流流域处于欧亚大陆内部，分布在西部的蒙新干旱地区和青藏高原内部，面积占国土面积的36%。

外流流域中，以太平洋流域面积最广，占国土面积的57.1%，其中以世界级大河长江、黄河、黑龙江、珠江为代表，受地势控制向东流入太平洋。印度洋流域占国土面积的6.5%，分布在青藏高原西南部，其中以雅鲁藏布江、澜沧江、怒江等大河为代表，向南流出国境，经东南亚、南亚地区，最终注入印度洋。北冰洋流域面积最小，只占国土面积的0.5%，分布在新疆西北部，额尔齐斯河流经哈萨克斯坦、俄罗斯等地，注入北冰洋。内流河以新疆的塔里木河为最大。

由于地形和气候的影响，我国水系的分布很不均匀，东南部河流众多，形成庞大的水系，构成基本河流网，而西北部河流稀少，水网不发育。一般说来，河网密度分布是由东南向西北逐渐减少。山区河流的河网密度都较大，在东部季风区，以秦岭淮河为界，南北水文状况有明显区别，北方河流流量较小，流量年变化大，含泥沙，多冬季结冰；南方河流流量大且稳定，含沙量小，冬季一般不结冰。

历史上人工开凿的京杭大运河，南北沟通了海河、黄河、淮河、长江、钱塘江五大水系。

2．江河的旅游价值

江河是地球的血脉，它孕育着文明，往往是人类文明的发祥地，其旅游价值也很大。河谷地带，尤其是中下游地区往往有许多古人类遗迹或文物古迹分布，还有众多的历史名城和现代城市，从而构成了丰富的人文景观。江河与沿岸的山林风光，形成风格各异、魅力无穷的景观游廊。所以，江河有着特殊的观光价值。此外，在江河上还可以开展漂流、游艇、游泳、垂钓等水上探险与康乐度假旅游活动。在我国北方，冬季江河结冰后，还可以开展滑冰、冰橇等冰雪运动。

3．重要的江河旅游资源

我国自然景观和人文景观丰富的河流，主要以长江、黄河及珠江为代表。

1）长江及其景观特点

长江是我国第一长河，是世界第三长河，全长6 300千米，水量远比世界第一长河尼罗河大，而且是世界上唯一的为一国所拥有的最长、最大的河流。长江是我国最著名的江河风景游览区之一，大河上下蕴藏着丰富的自然景观和人文景观，在旅游业中占有重要地位。长江本身又是一条有重大航运价值的交通线，长江支流干流通航里程达8万余千米，货运量占全国内河货运量的60%，客运可由上海直达重庆并上溯到宜宾，素有“黄金水道”之称。

因此，长江成为我国的黄金旅游线之一。

长江发源于青藏高原唐古拉山北麓，干流流经青藏高原、横断山区、云贵高原、四川盆地、巫山山地及长江中下游平原等几个不同地形区域，包括青海、西藏、云南、四川、重庆、湖北、湖南、江西、安徽、江苏和上海等 11 个省市，最后注入东海，为我国河流落差最大、流经省份最多的河流。长江在湖北宜昌以上为上游，宜昌至江西湖口为中游，湖口以下为下游。

长江正源为唐古拉山主峰各拉丹冬峰西侧的沱沱河。沱沱河与当曲会合后称为“通天河”，流经人迹罕至的冰川雪峰与高原草滩、湖泊分布地区，是著名的高山草地景观。青海玉树以下至四川宜宾段称“金沙江”，全长 2 300 千米，云南虎跳峡以其险峻著名。金沙江在宜宾与岷江汇合后始称长江。长江宜宾至宜昌段，习惯上称川江。过万州后，原来两岸山势越来越险峻，到奉节以东，便进入举世闻名的三峡峡谷区，两岸危崖壁立，景色壮丽，闻名中外。现在为著名的高峡平湖——三峡库区，另有一番景致。长江上游既有神秘诱人的江源风光，雄伟幽深的急流、峡谷风光，宽广壮阔的高峡平湖风光，又有殷商旧墟、巴国遗物、秦时栈道、蜀汉古城、屈原故里、昭君旧居，以及众多的神话、传说、典故等人文景观。

长江出三峡后，从枝江到城陵矶一段，通称“荆江”，素有“九曲回肠”之称。尤其是藕池口到城陵矶段，直线距离仅 80 千米，河道却长达 247 千米，由于水流缓慢，泥沙淤积，河床增高，两岸江堤高筑，因此有“万里长江，险在荆江”一说。中游河道宽阔，河湖相连，两岸田园屋舍如织锦，人文景观突出表现在楚汉古迹及古墓、三国古战场、江南三大名楼及葛洲坝水电站和三峡大坝、武汉长江大桥等。

江西湖口以下，江面宽阔，地势低平，湖泊众多，缓丘起伏，孤山时现。镇江以下长江进入三角洲地区，地势更为低平，两岸水网如织，湖泊星罗棋布，一片水乡泽国景象。长江入海口呈喇叭状展开，宽达 80 千米，江海相连，水天一色，视野无比广阔，蔚为壮观。下游地区湖荡棋布的水乡泽国、鱼米之乡、丝绸之府、园林之母，以及繁华的城市景观，尤其是上海浦东新区的城市新貌，更增添了长江旅游现代文化蕴涵。

2）黄河及其景观特点

黄河是我国第二大河，也是世界上著名的大河之一，全长 5 464 千米。发源于青海巴颜喀拉山东麓的卡日曲，流经青海、四川、甘肃、宁夏、内蒙古、陕西、山西、河南、山东 9 个省区，在山东垦利县流入渤海。黄河在内蒙古托克托县河口镇以上为上游，自河口镇到河南孟津为中游，孟津以下为下游。

黄河上游流经 3 000～4 000 米的高原湖泊与草甸区、峡谷区和冲积平原区时。河道迂回曲折，两岸多湖沼、草滩，河水清澈，水流平缓，具有神秘的江源风光。著名景点有星宿海、扎陵湖、鄂陵湖。从龙羊峡到青铜峡的峡谷段，有龙羊峡、刘家峡、青铜峡等 19 个峡谷，峡窄崖陡，水流湍急，拥有丰富的水力资源和观赏资源，在此建有龙羊峡、刘家峡等大型水电站。出青铜峡后，黄河转东北沿鄂尔多斯高原边缘流动，沿途大多是荒漠和半荒漠地带，形成大片冲积平原，即著名的银川平原和河套平原。

自内蒙古河口镇至河南孟津的黄河中游，黄土丰厚，地形破碎，植被覆盖差，又是夏季暴雨区，水土流失特别严重，提供的泥沙相当于黄河总输沙量的90%。黄河泥沙量为世界各大河之冠，形成浑浊黄水，成为名副其实的“黄河”，大量的泥沙由此带入下游地区。著名的景观有壶口瀑布、三门峡和小浪底水利工程。

河南孟津以下的下游河段，流淌在华北平原上。这里河道宽坦，水势缓和，泥沙淤积十分严重，致使河床平均高出地面4～5米，成为举世闻名的“河水在上流，船在天上行”的“地上河”，为世界河流的一大奇观。

黄河发源于大西北，流经高原、山地和平原等各种不同的地貌区，滋润了两岸的土地，曾为古代人类的生存和发展创造了良好的条件，也哺育了高度发达的中原文化。黄河流域是中国早期政治、经济和文化活动中心，形成了咸阳、西安、洛阳、开封等显赫一时的历史古都，形成了以兰州、关中、银川、郑州、齐鲁等为中心的黄河流域文化圈。因此，黄河是中华民族的母亲河，是中华民族的摇篮。黄河是中国古代历史文化景观最丰富灿烂的河川旅游线，众多的古人类文化遗址、古代都城遗迹、帝王园囿和陵墓、不同风格的寺庙宫观和石窟壁画等，是中华民族悠久历史的见证和最为珍贵的人文景观。

3）珠江及其景观特点

珠江又名粤江，全长2 214千米，是华南地区最长最大的河流，流量仅次于长江，约为黄河的七倍。珠江是西江、北江、东江汇流而成的水系总称，以西江为干流。干流西江源出云南东部的南显江，在广西境内称“红水河”、“黔江”和“浔江”，在梧州汇入桂江后，开始称西江。珠江主要流经云南、贵州、广西、广东四个省区，最后注入南海。

珠江以支流众多，水道纷纭而著称，珠江大部分流经石灰岩山地丘陵，沿途景色秀丽，河流含沙量很少，支流流经地段不乏峡谷急流、伏流、喀斯特湖等，是中国各大江河中最为秀丽的一条大江。

西江中上游流经云贵高原和广西丘陵盆地的岩溶地区，形成不少峡谷、急流、瀑布、溶洞、暗河。贵州黄果树瀑布、云南大叠水瀑布、广西大藤峡峡谷、漓江岩溶山水风光、肇庆的羚羊峡，都在西江流域内。北江两岸层峦叠嶂，林木葱茏，其中武水谷地和清远飞来峡等处都是壮丽的峡谷地带，景色雄险而清秀。东江源出南岭山地东段，两岸青松翠竹，风景迷人。西、北、东三江在珠江三角洲汇合后，分汊漫流，形成崖门、磨刀门、横门、虎门等多处入海口，注入珠江口的伶仃洋。其中虎门是中国人民反抗外来入侵的一个重要地点。

2.3.3 湖泊旅游资源

湖泊是指陆地蓄水面积比较宽阔的天然凹地。

1. 湖泊的旅游价值

湖泊素有“大地明珠”之称，许多国家和地区的湖沼水泊地带往往都有兴旺的旅游业。

湖泊作为旅游资源，与动态的河流不同，其美感首先在于静态的湖光山色。湖泊风景区，以水面为中心，突出水在大自然中具有声、形、光、影、色、味等形象生动的特点，形成观赏游览娱乐区域。湖泊与周围山地、气候、植被等自然要素组合，呈现出多姿多彩的景观。湖泊普遍适合垂钓、划船、滑水、游艇、帆船等水上运动，以及冬季冰上运动。由于水体的性能，湖泊水面还有调节湖区气候的功能，湖区的气候往往也适合休闲度假，尤其是在夏季。

湖泊具有比河流更为集中的旅游功能，水面多岛屿的大湖旅游价值更高。有人工湖泊之称的大型水库原是因发展灌溉和电力等目的而建的，兼有自然的清新秀丽和人文工程的雄伟壮观，往往比天然湖泊更能使人增添游兴。

2. 湖泊的分布

我国是湖泊众多的国家，全国天然湖泊总面积达7万多平方千米，其中面积在1平方千米以上的天然湖泊有2 800多个，在100平方千米以上的大湖泊有124个，此外还有为数众多的人工水库。根据湖泊成因和水文特征，全国湖泊主要集中分布在以下5个区域。

1）青藏高原湖区

湖泊面积近31 000平方千米，占全国湖泊面积的41%，是我国湖泊分布密集地区之一。这里的湖泊主要是由于构造运动和冰川作用形成，大部分为内陆咸水湖和盐湖。湖水补给主要靠高山冰雪融水，由于高原气候影响，许多湖泊日益缩小。青藏高原湖区的主要湖泊有青海湖、纳木错、班公错、扎陵湖、鄂陵湖等。

2）东部平原湖区

湖泊面积约22 000平方千米，占全国湖泊面积的29%，是我国淡水湖最密集的地区，也是我国湖泊密度最大的地区。这里的湖泊在成因上多属于河迹湖。我国五大淡水湖（鄱阳湖、洞庭湖、太湖、洪泽湖、巢湖）都分布在这里。

3）新疆和内蒙古高原湖区

湖泊面积占全国湖泊面积的21%。在成因上多属于风蚀湖、风积湖。这里的湖泊湖水浅，多为咸水湖或盐湖，受气候影响，湖形多变，如罗布泊等。

4）东北平原湖区

湖泊面积占全国湖泊面积的7.5%。这里的湖泊在成因上多属于构造湖和火山湖，如镜泊湖、五大连池、长白山天池等。

5）云贵高原湖区

湖泊面积仅占全国湖泊面积的1.5%，大部分为构造湖和岩溶湖。其中湖水深、面积大的为构造湖，如滇池、洱海等；湖水浅、面积小的为岩溶湖。

3. 湖泊的类型

我国湖泊按水质分，可分为淡水湖、咸水湖和盐湖。外流湖以淡水湖为主，主要分布在东部季风区，面积约占全国湖泊总面积的45%。咸水湖和盐湖主要分布在非季风区，为内陆湖。我国湖泊按形成的原因大体可分以下几类。

1）构造湖（断层湖）

因地壳运动产生断裂凹陷注水而成的湖泊，即因地球内力作用所形成的湖泊，称为构造湖。这种湖的特点是湖形狭长，湖水较深，常常断续成串分布，如长江中下游的洞庭湖、鄱阳湖及山东西部北起东平湖至微山湖等所谓北五湖和南四湖，大小湖泊成带状分布。云贵高原的洱海、滇池等大小几十个湖泊都是断陷湖。青藏高原的众多湖泊也属于构造湖，多达1 500多个，占全国湖泊面积的五分之二。这类湖周围一般有峻峭的山地，如青海湖与日月山、滇池与碧鸡山、洱海与点苍山等，构成湖光山色相映成趣的景观。

2）火山湖

火山湖是因火山喷发后遗留的火山口，或熔岩高原的喷口被堵塞后积水而成的湖泊。这种湖的特点是：一般湖岸陡峭，湖水较深，面积较小而多成圆形。这类湖犹如高居山巅的一面明镜，风光独特迷人。例如长白山主峰顶上的天池，最大水深为373 米，为中国已知最深湖泊。

3）堰塞湖

堰塞湖是因山崩、熔岩流或冰川阻塞河流的河道而形成的湖泊。这类湖泊与奇特的火山熔岩构景，极具美学价值和科学价值。

东北地区多火山堰塞湖，如牡丹江上的镜泊湖和黑龙江讷漠尔河支流上的五大连池。镜泊湖是火山熔岩堵塞牡丹江下游河道而形成的我国最大的火山堰塞湖。新疆天山天池是典型的因冰川停积构造陷落带而形成的冰川堰塞湖。

4）潟湖（海迹湖）

由于河道泥沙在浅水海湾堆积起来的沙堤把大片水域与海洋隔开而形成的湖泊，称为潟湖。这类湖一般浅山环抱，绿水盈盈，富有诗情画意，如太湖、杭州西湖。

5）河迹湖

河迹湖是由河流泥沙淤积河道，河流自行裁弯取直后分割水域而成的湖泊，又称牛轭湖。这类湖经常成为河流的自然调节水库，水质一般为淡水。我国东部平原及东北松嫩平原的湖泊多属于此类，如华北平原的白洋淀。

6）岩溶湖

岩溶湖是石灰岩地区因水的侵蚀作用，岩溶洼地积水而成的湖泊。这类湖一般较小、较浅，多呈圆形或近似圆形。这类湖泊与奇特的岩溶山水珠联璧合，富有迷人色彩。在云南东南部、贵州西南部、广西西部有密集的岩溶湖群，其中以贵州西北部的草海最为典型。

7）风沙湖

风沙湖是因强风侵蚀，形成洼地积水而成的湖泊，主要分布在西北干旱和半干旱地区，与沙丘戈壁等风蚀、风积地貌景观构景，风韵独特。这类湖多为小湖，大湖则水量变化较大，水面位置不定，而且容易干涸。著名的罗布泊曾被称为“游移湖”，现已完全干涸。全国最著名的风沙湖是甘肃敦煌鸣沙山下的月牙泉。

8）冰川湖

冰川湖是因冰川冲击作用形成的洼地积水而成的湖泊。西部山地冰川活动区都有冰蚀湖或冰溃湖分布，著名的喀纳斯湖就属于这类湖泊。

9）人工湖

人工湖即水库，是由于人们兴修水利而形成的湖泊。水库景观与山区湖泊无异，因而同为自然旅游资源。水库遍布全国，并纷纷被开发为旅游区，如长江三峡水库、新安江千岛湖、黄河小浪底水库、汉江丹江口水库、松花江松花湖、北京郊区的密云水库与官厅水库等。

4. 湖泊的景观类型

我国湖泊风景名胜遍布南北，旅游名湖风姿各异，具有特色。从景观上来看，湖泊可分以下类型。

1）平原大湖

这类湖泊主要分布在东部平原，给人以壮阔浩渺之感。同时，又因为其具有开展水上运动和捕捞鱼虾、采集莲藕之类劳作的功能，从而形成生动和活跃的水乡景观，如五大淡水湖、湖北的洪湖、河北的白洋淀，以及黑龙江的兴凯湖等。尤其是洞庭湖，已成为我国湖泊旅游文化的典范。

2）山地秀湖

这类湖泊主要分布在南方、东北及西北山区。山地丘陵之中的湖泊，远山近水，青山、雪峰倒映，风景格外清秀，如天山天池、长白山天池、台湾日月潭、四川九寨沟的海子等，以及众多的人工水库。

3）高原旷湖

这类湖泊主要分布于青藏高原、内蒙古高原和云贵高原。这类湖泊远山近草、蓝天白云倒映，兼具山地秀湖与平原大湖的美感。

这类风景湖泊有较大的旅游开发潜力。西藏纳木错为世界最高的大湖（海拔4 718米），青海湖是我国最大的咸水湖（面积4 635平方千米），内蒙古的呼伦湖是我国第二大高原湖泊。在青藏高原和内蒙古高原的不少湖泊周围都是水草肥美的牧场。云贵高原上的滇池、洱海、泸沽湖、草海、红枫湖均是著名的风景湖泊。

4）内陆盐湖及咸湖

这类湖泊主要分布于西北内陆干旱地区。在干旱气候条件下，新疆的艾比湖、乌伦古湖、玛纳斯湖等著名大湖均为典型的咸水湖，沿岸多盐碱、碱池和沙丘。青海的柴达木盆地多盐湖，由盐类沉积的巨大盐盖如岩石，十分坚硬。其中察尔汗盐湖面积达5 800平方千米，是我国最大的盐湖，呈现奇特的银色世界奇观。

5）园林风景湖

这类湖泊是在城市内部或周边地区，以天然湖泊为基础加以历代人工改造，或完全由人工建设而成的公园性质的湖泊。湖泊一般较为娇小玲珑，人文特征突出，它起到活化景区、美化环境的重要作用。以杭州西湖和北京颐和园昆明湖最具有代表性。此外，还有北京的北海公园的太液池、南京的莫愁湖和玄武湖、济南的大明湖、肇庆的星湖、扬州的瘦西湖等。

2.3.4　瀑布旅游资源

瀑布是从悬崖或河床纵断面陡坡倾泻而下的水流。瀑布是陆地上最引人注目的常态自然动景，又可构成陆地上最壮观的水景。

1．瀑布的旅游价值

瀑布是自然山水结合的产物，由溪流、跌水和深潭组成，具有形、声及动态的景观特点。瀑布的大小、气势主要取决于地势落差和水量。有常年性的，也有间歇性的，或随季节更迭而产生节律性变化。由于其形成原因不同、所处的环境各异，其景观也各具特色：有的如银河倒挂，巨大的水帘似大海狂奔，声如雷鸣，气势磅礴；有的灌藤掩映，幽曲媚秀；有的层层叠叠，姿态多变；有的似蛟龙出世，分道盘旋。瀑布与蓝天、白云、青山、深潭及文物古迹等自然人文景观构成有动有静、有声有色的画卷，为令人叹为观止的景观。

2．主要的瀑布旅游资源

在我国有水源的山区，几乎都可以形成瀑布。尤其是秦岭—淮河以南地区，由于地形的特点，以及湿润的气候，形成较多的瀑布。特别在雨季，江南山区常可见到“山中一夜雨，处处挂飞泉”的胜景。我国瀑布主要分布在南方山地、云贵高原、横断山区与喜马拉雅山南麓及东北长白山区。最具旅游意义的瀑布风景主要包括以下两类。

1）河湖宏瀑

河湖宏瀑，宽流急泻、匹练悬空、声如雷鸣、气势磅礴，常成为主要旅游吸引物。贵州黄果树瀑布、黄河壶口瀑布、黑龙江吊水楼瀑布是我国著名的三大名瀑。四川九寨沟的诺日朗瀑布，落差约 30～40 米，宽达 140 余米，无数股细流织成一道白绢似的水帘，堪称我国最秀美的阔瀑。此外，云南巴江上的大叠水瀑布，贵州赤水风溪河上的十丈硐瀑布等都是著名的瀑布景观。

2）山岳瀑布

我国名山几乎都有名瀑。山间瀑布，飞流直下，如银练高悬、玻帘珠挂、轻纱飘逸、白龙嬉戏，平添了山景的活力与秀气，常成为山地风光的重要兴奋中心。庐山、雁荡山的瀑布自古享有“天下奇”之誉。台湾山地是我国瀑布最多的地方之一，其中嘉义的蛟龙瀑布最著名。吉林的长白山的白头山天池缺口的瀑布则是我国地势最高的瀑布，其瀑头海拔约 2 155米。此外，黄山的九龙瀑、百丈瀑和人字瀑，台湾南投县的合欢瀑布，河南云台山瀑布，崂山的潮音瀑布等都是有名的瀑布。

2.3.5 泉水旅游资源

地下水的天然露头称之为泉。泉为人类提供了理想的水源，许多河流和湖泊水来源于泉，因此泉有“河源”之称。同时，泉也能构成许多观赏景观和旅游商品资源。

1. 泉的分类和分布

我国是世界上多泉的国家，泉的分布相当广泛，种类也十分丰富，估计总泉数在10万以上，其中名泉不下数百。

1）泉的分类

泉按温度一般可以分为温泉和冷泉。温泉是指高于当地平均气温的泉水。通常将温泉细分为微温泉（20℃或25℃～33℃）、温泉（34℃～37℃）、热泉（38℃～42℃）、高热泉（≥43℃）、沸泉（达到当地沸点温度）。冷泉一般指低于或等于当地平均水温的泉水，一般以水质清醇甘冽而供饮用或作为酿酒的水源。

泉按矿化度一般可以分为矿泉和一般泉。矿泉是指泉水中含有矿化成分和气体，矿化度在1克/升以上，对人的肌体显示良好的生理作用。

泉按理疗作用又可以分为饮疗泉、浴疗泉、饮浴疗泉。

2）泉的分布

我国泉分布遍及全国，按地理分布集中程度划分为三大区。一是西藏。该区集中了600余处，由南向北分布有四个明显地带：喜马拉雅带、狮泉河—雅鲁藏布江带、班公错—怒江带和藏新接壤处的火山区。这里地热资源丰富，除一般温泉外，尚有热泉、沸泉、水热爆炸等。二是云南。该区有400多处，遍及全省，主要集中分布在横断山区和腾冲一带。本区火山活动和地震较多，故多热泉和沸泉，其中以安宁碧玉泉最负盛名。三是闽、粤、台。该区集中500多处，以温泉为主，福州温泉向来以水质佳、温度高而著称海内，因此有“温泉城”之称。

2. 主要泉水旅游资源

我国有旅游价值的泉数以千计，这些地下水资源越来越多地被作为旅游资源利用，建成各类温矿泉疗养区或旅游区。

1）沐浴性温泉

温泉主要是受近代火山与岩浆等地热活动影响，由地表水经深度循环出露地表而形成。我国温泉分布上有两个特点：一是数量多，目前已发现的温泉有2 000多处；二是分布不均，主要分布在台湾、云南、西藏、广东和福建五省区，占全国温泉的一半以上。温泉终年具有舒适的沐浴、游泳与保健疗病等康乐度假旅游功能。

我国以温泉为中心的著名风景旅游度假疗养地，主要有陕西临潼骊山、广东从化、云南安宁、南京汤山、重庆南北温泉、北京小汤山、台湾的四大温泉（北投温泉、阳明山温泉、关子岭温泉、四重溪温泉)。

2）康体性矿泉

矿泉的一大功能是沐浴，是具有医疗或保健价值的温泉，含有康体疗身的有益成分，同时又具有水温、水压与浮力等理疗作用。我国具有显著医疗价值的代表性矿泉有：鞍山的汤岗子温泉、黑龙江五大连池药泉、内蒙古阿尔山温泉等。

矿泉的另一功能是直接用作饮料——天然矿泉水，或者作为原材料制作矿泉水或酿酒。我国以保健作用为主的饮用矿泉各地繁多，其中以青岛崂山矿泉水最为著名。闻名天下的绍兴黄酒，其质量高低与产地水质有关，一般认为，因绍兴水质矿化度恰到好处而质量特优。

3）品茗性淡水泉

淡水泉，化学上称为“软水”，矿化度和温度都不及矿泉、温泉标准的普通泉水，同样具有直接饮用和制作饮料的功能。这种纯净淡水一般水质清冽甘醇，适宜冲泡茶水。我国自唐代以来，即盛行“好茶须有好水煮”的茶风，由此评出了不少天下名泉，形成了以茶肆为中心的旅游点。

4）观赏性奇特泉

我国有许多性状奇特的泉，具有特殊的观赏价值，能引起游人兴趣，尤其是由较强的地热活动所形成的温泉动势，如济南的趵突泉，一些地方的“珍珠泉”，西藏羊八井及云南腾冲的沸泉、气泉更是世界级胜景。还有云南的蝴蝶泉、安徽寿县的喊泉、四川广元的羞泉、湖南石门的鱼泉、广西桂平西山的乳泉、台湾关子岭的水火温泉等都是较奇特的观赏性趣泉。

2.3.6　海洋旅游资源

蔚蓝的大海，以其无比的浩瀚，给人自由的畅想、深沉的依恋和强烈的归宿感。海陆交互作用的迷人港湾、沙滩、礁石，各种优美的海岸、海岛风光，包括浅滩、沙滩、奇岩怪石、港湾、岛屿、海底景观，以及海上日出、海上观潮等自然海岸景观，都成为了重要的海洋旅游资源。

1．海洋的旅游价值

海洋旅游主要是在海岸带开展。海岸带是海洋与陆地接触地带，包括海岸、潮间带和水下岸坡，处于水、陆、生物和大气相互作用之中。由于受波浪、海流、潮汐、海水面运动、入海河流、生物等因素的作用和影响，形成了特有的海岸带地貌。海岸带旅游是指在海岸带以内，包括海洋、海滨、海滩进行观赏、游览、休闲，以及各种海上娱乐活动。

海岸带作为旅游地是从海水浴的普及开始的。18世纪英国最早开始海水浴，以后逐渐向欧洲大陆发展，并从海水浴发展到海景欣赏和以海岸为舞台的形形色色的旅游活动，如海水浴、帆船、游艇、舢板、冲浪、滑水、垂钓等。凡有海域和海岸线的国家，就具有发展海洋旅游的基本条件。自20世纪60年代后期以来，全球出现了前所未有的海洋旅游热，海滨休闲度假几乎成了旅游的代名词。国际上把海洋旅游简称为“3S”，即阳光（Sun）、海水（Sea）、沙滩（Sand），是最具有吸引力的旅游资源。

2. 主要的海洋旅游资源

我国属于世界主要海滨旅游资源大国之一，目前由南向北，开发了数以百计的海滨度假胜地。根据海洋的地理位置和特点，我国海洋风景有如下几种类型。

1）气候宜人的海洋景观

如北方海滨形成避暑休养观景胜地，以大连、北戴河、青岛为代表；南方海滨形成避寒娱乐胜地，以广东深圳、福建厦门、海南为代表。

2）适宜海上运动的海洋景观

如游泳、帆板、冲浪、滑水等。

3）亚热带、热带海洋的海底景观

目前我国已在广东的放鸡岛、湛江硇洲岛和海南的三亚等地建立了海底风景游览点。

4）海潮景观

主要以钱塘观潮为代表。

阅读材料 2-3

国家水利风景区

国家水利风景区是对各类水库风景资源进行旅游开发，形成的滨水旅游地，由国家水利部统一管理。

为了规范和促进该类风景地的管理，扶持和指导各级水利行政主管部门加强对水利风景区的建设，不断提高景区管理、服务质量，建设秀美山川，满足人民日益增长的旅游需求，国家水利部组建了中国水利部水利风景区评审委员会，对申报的水利风景区进行评审。2001 年 9 月 27 日，水利部公布了 18 个水库为首批国家水利风景区。到 2008 年底，我国已有 314 个国家水利风景区和近千个省级水利风景区及一般水利风景区。

2.4 生物旅游资源

动植物是自然界中最活跃和最具生机的因素。它们是自然生态环境的主体，也是自然景观的主要标志。地带性植物及其栖息的动物，是各类自然风光富有生气的组成部分，它们以其自身的生命节律周期性所表现出的形态、色彩变化，构成了风景资源的实体，具有多种旅游功能。我国幅员辽阔，许多的动植物资源对旅游者有着巨大的吸引力。

2.4.1　生物资源的旅游功能

1．观赏

动植物通过生命过程中表现出的形、态、声、色、香等审美因素，在风景中起着不可替代的特殊构景作用。地球上的动植物种类纷繁，形态万千，绚丽多彩。

植物的基调——绿色，象征着生命，充满了永恒的魅力；植物的枝、叶、花、果实、种子，以其特有的五彩缤纷的颜色、千变万化的形态、妩媚诱人的芳香，构成自然山水风景的肌肤，其观赏价值很高。古人云“山得草木而华”、“山以草木为毛发”、“山借树为衣，树借山为骨”，充分体现了植物与地貌形态之间相依相存的关系，以及植物对风景的重要性。因此，人们常以“青山绿水”来形容风景的美好。我国北方的干旱半干旱地区山色之所以不及南方秀美，主要原因就在于植被较为稀疏。

动物以其体形、体态、色态、鸣叫等不同特征，使景观生动活跃，富有情趣。另外，我国一些特有的珍稀动物，如大熊猫、金丝猴、东北虎、扬子鳄等，有其特殊的旅游观赏价值，为旅游者增添了丰富的观赏内容。

一些代表性的动物、植物，是一个地区自然环境特征的重要标志，构成一个地区的主要风光特征。正是由于生物，特别是植物的自然美感，人们除了努力保护和美化自然环境外，还着意培养和发展生物景观，造就公园园林等各种人工生物环境，其中最主要的是植物园和动物园。这是动植物“造园功能”的具体表现，也是它们观赏功能的进一步发挥和延伸。

2．保健疗养

动植物对人类具有保健和疗养功能，以森林和草地为代表的绿色植物区最为突出。

绿色植物在阳光下吸收二氧化碳，放出氧气，成为名副其实的造氧厂，起到极大的空气净化作用。根据生物学家测算，1 公顷阔叶林，1 天可以吸收二氧化碳 1 000 千克，放出氧气 750 千克；同样面积的草地，1 天可以吸收二氧化碳 900 千克，放出氧气 600 千克。据统计，1 亩森林每天可吸收 67 千克二氧化碳，制造 49 千克氧气，足够 65 人呼吸之用。

此外，森林和草地还吸收二氧化硫、氯化物、氨气及各种含铅、含汞的有害气体和尘埃，并能杀灭病菌。据测，森林外部每立方米空气中有细菌 3 万～4 万个，林内仅有 300～400 个，差别竟达百倍之多。树木和森林还能减弱噪音强度，一个 90 米宽的林带，可降低噪音 6 个分贝。森林和绿化程度高的地区，不仅尘土不扬，而且空气中富含阴离子，能促进人体新陈代谢，使人进入森林便产生一种舒适感。据测，脉搏可减少每分钟 4～8 次，高血压者的血压也相应降低。因此，近年来，森林旅游、绿色旅游、滑草、森林浴等“回归大自然”的旅游活动兴起，意在由自然环境调节精神，解除疲劳，抗病强身，有利于保健。

3．文化意义

人与生物的休戚相关、和谐共处，形成了一种生物文化。自古以来，人们将动植物人格化，赋予各种寓意。

在古代，人们把松、竹、梅三种植物视为“高洁”的象征，称为“岁寒三友”。松象征坚贞不屈，竹象征清雅高洁，梅象征傲骨忠烈，荷花象征洁身自好，兰象征隐逸君子，桂象征才华冠群，菊象征谦谦君子，牡丹象征荣华富贵等。不同的动物也有其寓意，鸽象征和平，龟与鹤象征延年益寿，虎象征王者威严，狮象征勇猛无比等。

正是由于这种文化意义，近代以来，世界各地、各地区和城市纷纷将某种或几种花草树木、珍禽异兽定为“国树”、“国花”、“国兽”、“市树”、“市花”、“市兽”，作为自己国家或地区城市的象征。我国的国树为银杏，国兽为大熊猫。

由于动植物的文化意义，在各地的旅游节庆活动中，花草树木、飞禽走兽等扮演着重要的角色，甚至成为主角，如广州的迎春花市、漳州的水仙花会、洛阳的牡丹花会。

4．求知

大自然生态系统的复杂多样，其间奥秘无穷，趣味无尽。在生物界，会不断有新奇的东西被发现，也会不断地产生新的认识。因此，生物天地具有吸引人们去求知、探奇、科考的旅游功能。

2.4.2 生物资源的基本特征

1．种类丰富且多珍稀品种

我国在复杂多样的地形、气候等自然因素的作用下，具有生物种类丰富和生物群落多样的特点，我国生物多样性程度位居世界第八位。加之在第四纪冰川期，我国许多地方未被冰川覆盖，为大陆上的物种和生物群落的生存、发展提供了理想的场所，我国各地不同程度地保存了不少珍稀的古老孑遗植物。

我国有植物王国之称。植物种类仅次于巴西，居世界第二位。裸子植物240余种，占世界总量的30%。被子植物有25 000种，乔木树种有2 800多种，其中品质优良、经济价值极高的乔木有1 000多种。此外，还有一批古老和稀有的孑遗树种，如水杉、水松、银杉、金钱松、银杏、珙桐、台湾松等，被称为“活化石”。我国天然草地面积达4亿公顷，包括温带草原、干旱荒漠草原和高寒草原，其中温带草原面积广阔，形成许多优良的牧场。除此以外，各地还普遍栽培着数以千计的花卉植物，观赏名花达600多种。

我国动物种类多，数量大，仅脊椎动物就有3 700多种，其中哺乳动物兽类420种，占世界的11.2%，鸟类有1 770多种，占世界的19.6%，两栖类及爬行类520多种，占世界的8%。我国动物中不少是世界上所特有的，如大熊猫、金丝猴、白唇鹿、扭角羚、中华鲟、野马、野生双峰驼、丹顶鹤、扬子鳄、白鳍豚、羚牛等。全球共30种濒危野生动物，我国占16种。大熊猫形象已成为世界野生生物基金会标志。

2. 地域差异明显

我国的植物分布有着明显的水平地带性和垂直地带性。受地形、气候等因素的影响，植被从东南至西北依次为森林、草原、荒漠三大基本区域：大致从大兴安岭经黄土高原东南边缘到横断山脉止于藏南，此线以东为森林区域；从内蒙中部以西、青藏高原以北为荒漠区域；两线之间为草原、高山灌木丛和草甸区域。东部森林区随气候、降水的变化，呈现明显的纬度地带性分布。从北而南有寒温带落叶针叶林、中温带针叶阔叶混交林、暖温带落叶阔叶林、亚热带常绿阔叶林、热带季雨林和热带雨林等。山地随海拔的升高，形成植被的垂直地带谱。一般说来，纬度越低，山地越高，相对高差越大，垂直地带谱也越完整，植物组成也较复杂。东部山地基本上以各种类型的森林为主，西北山地一般为荒漠、荒漠草原、山地灌木草原或草甸草原等。

动物在地区分布上也有较大的差异。我国东部地区属于耐湿动物群，蒙新地区是耐旱动物群，青藏高原是耐寒动物群。东北地区森林茂密，多野生动物，主要有东北虎、紫貂、熊、丹顶鹤等；南方热带和南亚热带森林区有长臂猿、亚洲象、猴、孔雀等；长江中下游地带水域辽阔，产有我国特有的珍稀动物白鳍豚、中华鲟、扬子鳄等；横断山区是世界著名的珍贵动物大熊猫、金丝猴、白唇鹿、扭角羚等的原产地；西北地区的动物以骆驼、马、羚羊、黄羊为主；青藏高原的代表性动物是牦牛、藏羚羊、野牛等。

2.4.3 生物旅游资源

我国动植物旅游资源大体可分为森林景观、草原景观、古树名木、奇花异草、珍奇动物等类别。

1. 森林景观

森林具有浓茂葱郁的美。不少地方的成片纯林给人以蔚然一体的特有风姿，如新疆天山的冷杉林、河北围场的桦木林、海南岛的椰树林等。以东北山区和西南山区为代表的原始林区，往往地形复杂，交通不便，动植物种类保存完好，在科学考察、探险探奇及采集狩猎方面的旅游价值极高。而在交通条件相对便利的广大东部次生林区及部分原始森林边缘地区，则更适合开展大众观光、休闲度假及科普求知性旅游活动。

我国森林面积居世界第五位。森林大体上可分为原始林、次生林和人工林3大类，一般把前两者称为天然森林。我国天然森林植被分5种类型。

1）寒温带落叶针叶林

分布于北纬47°以北的大兴安岭部分山区，除落叶松外，还有云杉等常绿针叶树种。

2）中温带针叶阔叶混交林

主要分布于小兴安岭和长白山，由以红松为代表的常绿针叶林与落叶阔叶林混交而成。

东北地区的中温带与寒温带森林是我国主要的原始森林分布区。其中长白山森林是国家自然保护区。

3）暖温带落叶阔叶林（夏绿林）

散布于东北平原以南和秦岭淮河以北的北方山地区域，如太行山、燕山、恒山、大别山、泰山等。以落叶林占优势，基本上为次生林。

4）亚热带常绿阔叶林

分布于秦岭—淮河以南、南岭以北的广大亚热带山区。树种非常丰富，主要树种有山毛榉、樟、松、杉、柏等。其中川滇西部的横断山区和藏东南地区是我国又一原始森林的重要分布区，代表树种有云杉、冷杉、红杉、云南松等。长江中下游地区的山地丘陵森林也较集中，以次生林为主。

本地带的福建武夷山、广东鼎湖山、西藏墨脱、贵州梵净山、重庆金佛山等，都是以森林植被为主要内容的国家自然保护区。

5）热带季雨林和热带雨林

主要分布于海南省及两广、福建、台湾、云南等省区的南部地区。本地带树种繁多，森林层次可多达6～7层，高大树木枝干上多附生藤蔓植物，林中四季花开花落，繁花似锦，以云南西双版纳国家自然保护区为突出代表。

阅读材料 2-4

森林公园

森林公园是为了保护我国自然森林生态系统的多样性和完整性，促进林木资源的保护和持续利用，而在一些森林生态资源丰富和独特的地区设立的区域。大多数森林公园是在原有的国有林场的基础上转轨组建而成的。森林公园分为国家森林公园、省级森林公园和市（县）级森林公园，均设有专职管理机构。

1982年，我国第一个森林公园——张家界国家森林公园建成，至1990年每年批建的森林公园数量很少，9年中只批建了16个，其中包括张家界、泰山、千岛湖和黄山国家森林公园等。这阶段国家对森林公园建设的投入较大，但行业管理较弱。

1991年开始，森林公园数量快速增长，从1991年至2000年的十年中，共批建国家森林公园328个。森林公园的行业管理开始走向法制化、规范化和标准化。1992年7月，原林业部成立了“森林公园管理办公室”，各省（市、区）也相继成立了管理机构。1994年1月，原林业部颁布了《森林公园管理办法》，同年12月，又成立了“中国森林风景资源评价委员会”，规定了国家森林公园的审批程序，制定了森林公园风景资源质量评价标准。1996年1月，原林业部颁布了《森林公园总体设计规范》，为森林公园的总体设计提供了标准。

到2008年底，我国先后建成各类森林公园2 277处，总面积1 629.83万公顷，其中国家级709处，国家级森林旅游区1处，面积1 143.26万公顷。

2. 草原景观

草原具有旷柔兴盛之美。我国草原主要分布于西部半干旱地区及高寒地区，主要包括内蒙古、青海、西藏、新疆天山四大草原。

内蒙古草原属于典型的温带草原，干湿季变化大，其中以呼伦贝尔大草原为主的东部草甸草原草高可达1米，形成一派“天苍苍，野茫茫，风吹草低见牛羊”的典型牧区美景。在内蒙古高原周围的东北、华北地区也有局部温带草原。青藏地区的两大草原均属于高寒草原，草类矮小，但面积辽阔，有雪山、湖泊映衬，风光旖旎。天山草原分布在天山南北坡森林带上下，上为高寒草原，下为温带草原，大斜坡上的高山草原别有一番令人陶醉的风光。此外，川滇部分高山高原及南方的高山地区，还有局部亚高山草甸分布。靠近经济发达地区的这类草场往往具有较大的旅游开发价值。

3. 古树名木

我国古树名木多分布于寺庙、陵园、古宅及风景名胜地，成为这些景观的重要组成部分。我国各地具有特殊观赏价值和历史价值，树龄达数百年至千年的名木古树也很多见。例如，广东江门市新会区天马河的一棵古榕树占地达1公顷，树上栖息着数以千计的白鹤和灰麻鹤，被称为“小鸟天堂”；相传为黄帝亲手栽植的黄帝陵前的“轩辕柏”大树，树龄大约4 000～5 000年，有“柏树王”之称；曲阜孔林占地200公顷，树龄多在数百年至2 000多年，堪称我国最大的名贵古树园。此类有历史意义的名贵古树在我国不胜枚举，仅北京地区树龄在100年以上的古树就数以万计。

4. 奇花异卉

我国是著名的花卉之邦，拥有名贵花卉近600种，约占世界的四分之三。梅、菊、兰、荷、牡丹、芍药、山茶、杜鹃、腊梅、桂花、月季、报春花等，均是由我国传播到世界各地。

我国赏花、育花的历史达3 000年之久，而且人们根据花姿、花色、花香、花韵评出我国十大名花，如表2－1所示。此外，还形成了我国著名的赏花旅游地，如洛阳、菏泽每年举办的牡丹花会，成为一年一度规模很大的旅游节庆盛会。

表2－1　我国十大名花一览表

花　名	誉　称	栽培历史/年	主要旅游景区与产地
牡丹	花中之王	1 500	洛阳、菏泽
芍药	花中之相	2 000	菏泽、扬州
月季	花中之后	1 000	北京、石家庄、常州
菊花	花中隐士	3 000	北京、上海、开封等
兰花	空谷佳人	2 000	广州、福建等
荷花	花中君子	3 000	杭州、北京、武汉、白洋淀等
海棠	花中仙女	1 000	成都、昆明
山茶	花中妃子	2 000	昆明
水仙	凌波仙子	1 000	漳州
梅花	雪中高士	3 000	杭州、无锡、南京、武汉等

5．珍禽异兽

观赏珍禽异兽已成为游人很感兴趣的旅游活动之一。动物以其体形、色态、动态、鸣叫等不同特征，使景观生动活跃。大型天然动物园更能为游客增添野趣。当前狩猎与垂钓旅游已形成世界潮流。目前我国已开辟的猎场有黑龙江伊春市桃山猎场、玉泉野生动物饲养猎场、连环湖小禽猎场，河北围场猎场，湖南郴州五盖山猎场等。由于历史或自然原因，我国某些地区形成了独特的动物天堂，成为著名的野生动物栖息地。

1）禽鸟类栖息地

我国许多湿地是禽鸟栖息地，也是重要的观鸟旅游地。例如，黑龙江扎龙自然保护区为驰名中外的鹤乡，有丹顶鹤、白鹤、天鹅等200多种水禽；青海湖鸟岛自然保护区是高原湖泊鸟类王国，每年约有10万只鸟来此，以斑头雁、棕头鸥、鱼鸥等为主；江西鄱阳湖候鸟保护区是世界最大的白鹤越冬栖息地。

2）猴类栖息地

四川九寨沟县白河自然保护区，以保护金丝猴为主；海南南湾自然保护区，以保护猕猴为主。此外，还有海南猴岛（陵水猴），峨眉山、武陵源观赏逗乐性猴群栖息地等。

3）蛇类栖息地

以大连蛇岛自然保护区最为著名。

4）蝴蝶谷

以台湾高雄的美浓黄蝶翠谷和六龟形蝴蝶谷最为有名。此外，云南大理、福建、香港也有蝴蝶谷。

阅读材料 2-5

自然保护区

自然保护区的名称源自于世界自然保护联盟（IUCN），联合国教科文组织（UNESCO）则称之为人与生物圈（MAB）自然保护区。我国对自然保护区的定义是：对有代表性的自然生态系统、珍稀濒危野生动植物物种的天然集中分布区，有特殊意义的自然遗迹等保护对象所在的陆地、陆地水域或者海域，依法划定一定面积予以特殊保护和管理的区域。

自1872年美国建立世界第一座国家公园，也是世界最早的自然保护区——黄石公园以来，各国陆续建立了许多自然保护区，以拯救濒危物种。1956年，我国建立了第一个自然保护区——广东肇庆的鼎湖山自然保护区。20世纪70年代以来，我国自然保护区开始迅速发展。到2008年底，我国已建立各级各种自然保护区2 538处，总面积14 894.3万公顷，其中国家级自然保护区265处，面积9 120.3万公顷，分别占全国自然保护区总数和总面积的11.9%和61.2%。有28处自然保护区加入联合国教科文组织“人与生物圈保护区网络”，有20多处自然保护区成为世界自然遗产地组成部分。这些自然保护区遍布全国各省市自治区，地跨寒温带、中温带、暖温带、亚热带和热带，分布比较均衡，基本上形成了一个全国的自然保护区网。它们不仅起到保护自然环境和自然资源的重要作用，同时也为旅游者提供了更丰富的观赏对象和旅游地。

思考题

1. 比较花岗岩地貌、流纹岩地貌和火山地貌景观的特征。
2. 什么是岩溶地貌？在景观上有什么特点？
3. 丹霞地貌是怎样形成的？在景观上有什么特点？
4. 我国有哪三大鸣沙？
5. 海岸地貌有哪几种类型？我国著名海滨旅游风景区有哪些？
6. 我国山地旅游地有哪几种类型？分布怎样？
7. 气象和气候因素对旅游业有什么影响？
8. 分析我国气候对旅游活动的影响。
9. 气象气候旅游资源主要有哪些类型？

10. 简述长江和黄河的旅游价值。
11. 我国湖泊按成因分有哪几种类型？试各举一例。
12. 我国湖泊景观有哪几种类型？
13. 我国有哪三大著名瀑布？
14. 我国生物资源有什么特点？其旅游功能表现在哪些方面？有哪几种大景观类型？
15. 根据我国气候和海岸特点，分析我国海洋旅游资源的开发方向。

第3章 中国人文旅游资源

人文旅游资源是指对旅游者具有吸引力的古今人类精神和物质文明，包括古今建筑、文化遗存、民族风情、名人故居、文学戏曲、音乐舞蹈、人造乐园等方面的内容。我国的人文旅游资源内容丰富，形式多样。

3.1 古人类遗址旅游资源

古人类遗址是人类祖先生存的地方，反映了从人类产生到有文字记载以前的人类历史遗迹，为人文旅游资源中年代最古老的景观，主要以各种住所类型、古人类化石及各种石器和出土文物为旅游吸引因素，人们从中可以获得原始、粗犷的奇特感和人类的起源知识。

3.1.1 人类的演化

人类的出现与进化是地球发展到近二三百万年以来的最大事件之一。人类的远祖是类人猿，在距今140万年至200万～300万前，猿类中的一部分开始向人类演变。这个演变过程经历了猿人、古人、新人、现代人等四个发展阶段。

考古学界将原始社会分为旧石器时代和新石器时代两个阶段。旧石器时代是指原始社会初期；新石器时代大约开始于10 000年左右至5 000年以前。最初的猿人及古人同属于旧石器时代，最突出的特征是劳动工具为打制石器。这段时期非常漫长，大约从距今200万～300万年到距今4万年。进化到旧石器时代晚期及中石器时代的人类称为新人，这段时间是从距今4万年到距今1万年前，所使用的工具为磨制石器。大约距今1万年前，人类演化进入现代人阶段，为新石器时代、青铜时代和铁器时代，这一时期的原始社会所使用的陶器有很大进步，出现了彩陶，红铜器也开始出现，人类从母系氏族社会向父系氏族制过渡。

3.1.2 我国著名的古人类遗址

我国大部分地处温带，适宜人类生活，是世界上古人类发源地之一。从远古时代起，古人类在这片土地上繁衍生息，连绵不断，无论在北方或南方都发现了大量古人类化石及他们的生产工具、生活用品，同时也是原始艺术文化的代表——石器。我国著名的古人类遗址有以下一些。

1）猿人遗址

猿人遗址是指旧石器时代早期的原始人群遗址。我国发现的猿人遗址有：距今 204 万年前的重庆巫山人化石，是目前发现最早的遗址；距今 170 多万年前的云南元谋人化石；距今 100 万年的陕西蓝田人化石；距今 69 万年前的北京周口店北京人化石等。其中以北京人最有代表性。

2）古人遗址

古人遗址是指旧石器时代中晚期（距今 30 万～4 万年）的原始人群遗址。这一时期的人类已经能够加工并制造定型的石器，更重要的是能人工取火，能适应各种复杂的气候和自然环境的变化。我国发现的古人化石很多，著名的有陕西大荔人、广东韶关的马坝人、湖北长阳的长阳人、山西襄汾的丁村人等遗址。

3）新人遗址

新人遗址是指中石器至新石器时代中晚期（距今 4 万～1 万年）的古人类遗址。著名的有北京山顶洞人、广西柳江人、四川资阳人、内蒙古河套人等遗址，以距今 18 000 年的北京山顶洞人遗址为典型。

4）现代人遗址

现代人遗址是指距今 1 万年的新石器时代晚期，包括距今 4 000 年前的古人类遗址。这一时期有原始村落和原始农业的产生。现代人遗址有河南渑池的仰韶文化遗址、浙江余姚的河姆渡遗址、陕西西安的半坡遗址、山东的大汶口文化遗址、湖北的屈家岭文化遗址等。其中半坡遗址反映了黄河流域母系氏族公社的繁荣时期，河姆渡遗址反映了长江流域母系氏族公社的繁荣时期。

我国目前影响较大，已经开放的古人类遗址为北京周口店北京猿人与山顶洞人遗址、西安半坡遗址等。

3.2 古代建筑旅游资源

古代建筑是指一定区域内的民族，在某一历史时期所创造的建筑物，具有鲜明的地域性、民族性、时代性、科学性和艺术性特点。它综合反映了一个民族在一定历史时期所达到的科学技术和文化艺术水平，是当时物质生产和精神文明的标志。古代建筑不仅是历史研究的重要实物资料，也是观赏性很强的人文景观资源。

我国古建筑具有历史悠久、源远流长、丰富多彩、规模宏大、技术精湛等特点，形成了独特的体系和风格，是我国文化遗产的重要组成部分。作为重要的旅游资源，古代建筑以其独有的魅力，为旅游服务提供了观赏的对象和休憩的场所。我国古代建筑旅游资源主要包括陵墓建筑、工程建筑、城镇建筑、宫殿建筑、园林建筑、宗教建筑等。

3.2.1 古代陵墓建筑旅游资源

古人认为，人死以后，肉体已殁，但灵魂永存，并祸及子孙，于是产生了祭祀的观念。从商代开始盛行厚葬之风，使古墓葬数量高居世界之冠，仅皇陵就有175座，从而构成了我国丰富的古墓葬旅游资源。

1. 陵墓的旅游价值

古代陵墓，特别是帝王陵寝对游人有很强的吸引力，在人文旅游资源中占有重要地位。陵墓资源的旅游价值主要体现在以下几个方面。

(1) 建筑富丽堂皇。

帝王陵寝仿照皇帝宫殿形制修建，雄伟壮观，豪华富丽。

(2) 具有较高的科学研究价值和历史文化价值。

古墓葬的丰富文物不仅能使参观者大饱眼福，更为考古学者了解当时的社会状况、生产水平、文学艺术、科学发展水平等提供了重要的实物依据。例如，河南安阳殷墟出土的大量甲骨文，为研究商周历史和中国文字发展史提供了重要依据；贵州、四川、长江三峡、福建武夷山区等地保存的各种具有上千年，甚至数千年的悬棺葬、悬墓葬及干尸等，富有奇特、神秘、奥秘的科研价值和旅游吸引力。

(3) 环境优美，风景秀丽，具有避暑、休憩的功能。

我国的帝王陵墓多选址于“风水宝地”。所谓“风水宝地”，无非就是山水形胜壮观、林茂草密、空气清新、环境幽雅静谧的地方。这种环境加之富丽堂皇的陵寝建筑，融自然景观与人文景观于一体，共同构成美好的游览、赏景、避暑、休憩旅游环境。

2. 主要的陵墓旅游资源

1) 历代帝王陵寝

我国众多的古陵墓中，尤以帝王陵墓具有代表性，是我国陵墓旅游资源中最具有吸引力的一种。由于帝王陵墓形象地反映了我国历史文化，又藏有稀世珍宝和珍贵的艺术品，所以已成为中外旅游者向往的游览胜地。这些帝王陵墓主要集中在洛阳、西安、北京、遵化等地。

秦始皇陵是中国古代最大的一座帝王陵墓，位于陕西临潼。西汉帝陵集中在咸阳北原和西安附近，约30处。东汉帝陵集中在洛阳邙山。唐帝陵集中分布于西安以北的渭北黄土高原上，共有18处，雄伟壮观。北宋陵集中于河南巩义市洛河南岸台地上。明清帝陵设集中陵区，布局严整。明孝陵在南京，明十三陵在北京昌平天寿山。清朝帝陵共分三处。清入关前福陵、昭陵在沈阳，永陵在辽宁新宾县。清入关后的皇陵分东陵和西陵。东陵位于河北遵化昌瑞山南麓，清西陵位于河北易县。

2）历代名人墓

历史上的功臣、名相、文臣武将和著名的政治家、科学家、思想家、文学家及诗人，以及近代的伟人、烈士等历史人物，他们都对历史的发展有重要贡献，或在某方面有过杰出的贡献和巨大的业绩，颇受后人的崇敬和怀念。人们为纪念他们的功绩而建墓或立祠庙，作为后人瞻仰凭吊的场所。

我国历代名人墓遍及全国各地，旅游价值很大，如山东曲阜的孔林、湖北秭归的屈原墓、陕西韩城的司马迁墓、河南洛阳的关林、陕西西安的霍去病墓、浙江杭州的岳飞墓，以及近代的中山陵、毛泽东纪念堂等。曲阜孔林为孔子及其子孙墓地，其延续时间之久（2 400多年），墓葬数量之多，保存之完好，为世界罕见。

3）特殊墓葬

这是指因墓室建筑特殊，或技艺高超，或藏有珍贵文物和艺术精品，受到重视的墓葬，如山东沂南县画像墓室、河南南阳画像墓室、长沙马王堆汉墓、成都王建墓、湖北随州曾侯乙墓等。

4）纪念陵

主要是指对原始社会末期传说中的人物进行纪念的陵园，如黄帝陵、炎帝陵、尧陵、舜陵、禹陵等。这些陵墓都是后世根据传说而建，同一人物常有多处陵地。著名的纪念地有陕西黄陵县桥山的黄帝陵、湖南炎陵县的炎帝陵、山西临汾的尧陵、湖南永州九嶷山的舜陵、浙江绍兴的禹陵。此外，还有其他的纪念性陵墓，如内蒙古的成吉思汗陵和昭君墓等。

3.2.2 古代伟大工程旅游资源

古代伟大工程是指历史上为生产、交通、水利、军事、科技等需要而兴建的，对我国政治、经济、军事和科学技术曾经或仍在产生重大影响的，与国计民生关系密切的重大建设工程。我国旅游价值较高的伟大工程主要有军事工程、水利工程及桥梁工程等。

1．伟大工程的旅游价值

1）明显的时代性

不同时代的伟大工程，往往都能反映出某一个社会和某一发展时期的社会状况，反映了历史进程和时代风貌，成为历史的见证和载体，是人们研究社会发展的实物资料。

2）突出的科技性

这类工程大都规模宏大，科技含量高，技术难度大，都是劳动人民智慧的结晶，是其时代科技成果和发展水平的标志，在人类发展史上曾经甚至迄今仍在发挥着重大作用。研究和利用它们有着科学和现实价值，更增加了它们作为旅游资源的价值。

2. 主要的古代伟大工程

1）古代军事防御工程

我国古代最重要的军事防御工程是城池和长城。

（1）古城池。

城池是指包围城市的城墙和周围的护城河。我国早在殷商时就已出现城市。早期的城市，特别是京都，一般都具有完整的城防体系，包括瓮城、子城、牙城、皇城等不同功能的建筑。

我国历史上有3 000多座城池遗址，留下了大量的城防建筑。现存城墙大多为明代所筑砖砌城墙。其中，保存较完整的有江苏南京城、陕西西安城、山西平遥城、辽宁兴城、湖北荆州城、云南大理城、广东潮州城和肇庆城等。

（2）长城。

万里长城是我国古代军事防御体系中最大的工程建筑，堪称世界奇迹的伟大工程之一。它是古代中原政权为防御北方游牧部落向南侵扰而采取的军事防御措施之一。作为中华民族的象征，长城堪称我国人文旅游景观的第一景。

长城的修筑最早始于公元前7世纪西周时期的齐楚等诸侯国。春秋战国时，各诸侯国为了提防相互侵扰，纷纷修筑长城，主要有齐、楚、燕、韩、赵、魏、秦、郑等国的长城。此后有秦、汉直至明朝，共有14个朝代修建过长城，延续了2 700多年，分布于17个省市自治区，总长度超过5万千米。其中，内蒙古自治区保留的长城遗址达15 000千米，是国内保留长城最多的地区。

我国的长城修筑有3次高潮。秦朝是我国修建长城的第一次高潮。秦统一中国后，将原秦、赵、燕等国的长城连接起来，西起甘肃临洮，东到辽东，长达5 300多千米，为我国万里长城之始。目前保存下来的遗址有山西大同北部一段、呼和浩特包头附近一段和临洮一段。汉朝是修建长城的第二次高潮，汉朝为了防卫北部匈奴的侵扰，保护“丝绸之路”的畅通，在秦长城以北修筑了一条外长城。外长城西起新疆罗布泊，东北延至鸭绿江，长达7 000多千米。汉朝长城是我国历史上最长的长城，其遗存有玉门关一段残址及数百座烽火台。明朝是我国修筑长城的第三次高潮，现存长城多系明长城遗址。明朝大规模修建就有18次之多，明长城西起嘉峪关，东至鸭绿江边，总长6 300多千米。

长城主要旅游点有北京八达岭、慕田峪，河北山海关、古北口、金山岭、老龙头和角山，天津蓟县黄崖关，山西雁门关，甘肃嘉峪关等处。其中，八达岭长城近在京郊，建筑雄伟，游客最多，影响最大。

2）古代水利工程

水利在我国具有非常特殊的地位。历史上的水利工程以都江堰、灵渠、京杭大运河、坎儿井及海塘最为重要。它们是古代因地制宜、科学地利用和改造自然的产物，对地区乃至全国的经济、政治发展曾起过或仍在起着重大作用。

(1) 都江堰。

都江堰位于四川成都都江堰市境内的岷江，是战国末期秦国蜀郡太守李冰父子主持兴建的，至今已有2 200多年历史，是世界上最古老、至今仍造福一方的多功能大型水利工程。

都江堰全工程有鱼嘴、飞沙堰、宝瓶口三部分组成。鱼嘴将岷江分为内外二江，外江为正流，内江由宝瓶口与飞沙堰共同调节水量，同时，飞沙堰又起到减少泥沙的作用。水过宝瓶口由总渠再入各支渠，灌溉着数百万亩田地，使岷江水害变为水利，由此川西平原成为天府之国。

(2) 灵渠。

灵渠又称湘桂运河，位于广西兴安县境内，是秦始皇为统一岭南而派史禄等人开凿的。它沟通了长江与珠江两大水系，促进了中原与岭南的经济与文化交流，并成为秦至唐时由中原进入岭南的重要通道。

(3) 京杭大运河。

京杭大运河建成于隋朝，北起北京，南至杭州，南北贯穿北京、天津、河北、山东、江苏、浙江六省市，沟通了海河、黄河、淮河、长江、钱塘江五大水系，全长1 790多千米，是世界上开凿最早、路线最长的人工运河，成为南北交通大动脉，在促进南北经济和文化交流中起了重要的作用。

(4) 坎儿井。

坎儿井是分布于我国新疆干旱地区的特殊水利工程。它充分利用有限的地下水资源，为发展绿洲农业起到了有效的作用。坎儿井由地上明道、竖井和地下渠道构成，历史上总长度逾万千米。现存1 100多条，总长约3 000千米，以吐鲁番为最多，是一项可与长城、运河媲美的伟大工程。

3）古道路、桥梁工程

(1) 古道路工程。

我国历史上曾修筑过驰道、驿道、栈道。这是人们用聪明智慧战胜高山峻岭、深峡幽谷、高原荒漠和戈壁旷野的伟大创举。

史载秦始皇时修“驰道”，供帝王出巡之用，又筑直道、新道、五尺道等，形成以咸阳为中心的四通八达的道路网。汉唐时期，随着疆域的开拓，国际交往的增多，开辟了举世闻名的丝绸之路、唐蕃古道。唐朝有7条重要道路，最长的3条分别通往地中海海滨、印度半岛和广州。驿道供邮递之用，规格较低，长度在驰道之上。汉朝驿道可通达西南少数民族地区，唐朝有驿道通达北方突厥，金有驿道通达上京（今黑龙江阿城），元有驿道通达西藏。随着时代的发展，这些古代道路大多已被废弃，或湮灭，或改观，成为历史遗迹。但其沿途众多的历史古迹及有关历史故事和传说，仍吸引着不少旅游者沿古道探古、寻幽、览胜。例如著名的西北丝绸之路及秦汉时开凿的沟通秦蜀咽喉的蜀道，都是颇具特色的旅游线路。

栈道多见于悬崖峭壁处，在长江三峡、峨眉山、华山等地留下不少遗址，如长江三峡的栈道，与高峡湍流相映生辉，使游人惊叹不已。

（2）古桥梁工程。

我国幅员辽阔、江河纵横，几千年来劳动人民在长期的实践中，根据各地的地形地貌和各种需要，曾修建了数以百万计的各式各样的桥梁，形成了自己独特的桥梁风格。到13世纪至16世纪，我国的建桥技术和桥型艺术已达到世界先进水平。

这些遗留下来的各式各样的古桥梁，以其本身的造型和工艺极具观赏价值，所以是颇受人们喜爱的人文景观。其中著名的桥梁有河北赵县安济桥（赵州桥）（世界上现存最古老的敞肩式石拱桥）、北京卢沟桥（北京地区最古老的桥梁）、福建泉州洛阳桥（我国第一座海港大石桥）和安平桥（我国现存的古代第一长桥）、广东潮州湘子桥（世界上最早建成的开合式桥梁）等。

4）天文建筑

我国古代天文、历法研究成就卓著，建有不少观测设施，称为“观星台”或“观象台”，科学意义重大。现存的主要有河南登封县周王观星台、元代观星台和北京古观象台。

河南登封，古为夏都阳城，被视为“地中”、“天心”，自古即为天文观测中心。相传周王曾于此设土圭测日影，唐代刻石圭代之，即为现在的周公测景台。

元代，郭守敬于此建观星台，制《授时历》。观星台本身是一座巨大的测量仪器，可根据日影投射的位置确定季节。它是我国现存最早，也是世界上重要的古代天文建筑之一。

北京古观象台是明朝正统七年（1442年）修建的，台体高14米，总高度17.79米，台上安放着8件青铜铸造的天文仪器，为当今世界所罕见。

3.2.3　宫殿旅游资源

在我国古建筑中，级别最高、最豪华、最能体现古建筑艺术构思和水平的，是宫殿建筑，它是我国古建筑的精华。宫殿是皇帝居住和处理朝政的地方，历代统治者为了显示其至高无上的尊严与权威，为了满足其穷奢极欲的享受，不惜倾举国之财力，集国内外之能工巧匠，为自己修建富丽堂皇的豪华宫殿。所以，宫殿建筑皆为一代建筑之精华，其特点是豪华壮丽，加上极其丰富珍贵的收藏物和与此相关的重大历史事件等，使宫殿充满了神秘的色彩，是重要的人文旅游资源。

我国历史上曾经修建过许多规模宏大、豪华无比的宫殿，如秦咸阳的阿房宫，汉长安的未央宫、建章宫，唐长安的大明宫、兴庆宫等。由于我国宫殿多为木结构建筑，大多已毁于历代交替更换的战火中，现在可以供旅游参观的只有北京明清故宫和沈阳清初故宫，以及皇家园林中保存的一些行宫。拉萨的布达拉宫也是一种有特色的少数民族宫殿。

3.2.4 礼制建筑旅游资源

礼制建筑主要是作为对天地和祖先、先哲、名人的崇敬和感恩，举行各种祭祀活动的场所。这类建筑无论从规模、形制和建筑技术而言，都是高标准的。除了祭天、祭地等活动外，礼制建筑往往还与礼制代表人物，甚至历史名人的纪念有关，这就是遍布全国各地的祠庙。"庙"和"祠"就是纪念名人的场所。"庙"的级别比"祠"要高，往往是十分重要人物的纪念地，如孔庙（文庙）、关庙（武庙）、岳飞庙等。有代表性的礼制建筑所在地基本上都是我国重要的旅游中心。

坛庙是历代皇帝祭祀天地、祖先的场所，有北京天坛、地坛、日坛、月坛、先农坛、社稷坛、太庙，以及以泰山为代表祭祀天地的五岳、四镇等处庙宇。由于祭天为"五礼之首"，使得天坛成为坛庙建筑中规模最大、艺术成就最高的精品。泰山岱庙是历代帝王举行封禅大典和祭祀泰山神的地方。

大多祠庙是纪念历代名人、礼制代表人物的场所。孔庙、关帝庙、杭州岳飞庙、湖南汨罗屈子祠、开封包公祠、成都武侯祠、广西柳州柳侯祠、四川眉山三苏祠、海南五公祠等，均是纪念历史人物的著名祠庙。其中孔子是"万世师表"，全国各地均设有孔庙祭祀，具有明显的官方性，而其他祠庙则更具有民间性。山东曲阜孔庙是历代祭祀孔子的最大祠庙，号称"天下第一庙"。

3.2.5 古都名城旅游资源

城市是社会进步的产物，是人类文明智慧的结晶。它以适宜人们的多种需要而形成，其发展又有力地推动了整个社会经济、科学、文化的进步，并使城市逐渐成为全国或地方的政治、经济、文化、交通中心，成为某一历史阶段或长期历史进程的缩影。在漫长而不间断的历史进程中，我国曾出现了众多的古都名城，仅古代都城就有300多座，目前那些保留下来的古都名城或者部分遗址，都成为极有吸引力的旅游热点。

1. 古都名城的旅游价值

1）人文景观突出

古都名城往往是当时的全国或地方的政治、经济、文化、交通中心，集中了全国或某地区的人之俊杰，物之精华，还保存了大量的文化遗迹和文物珍品，而且又是许多重大历史事件的策源地和发生地，从而形成了独特的人文景观。

2）自然环境优越

古都名城多选址于自然条件较为理想的地方，如优越的交通、充足的水源、优美的环境、宜人的气候等，使得这些古都名城不仅拥有丰富的人文景观，而且往往兼具山水之胜，自然风光也十分突出，形成了人文内容与自然景观相互交融、相得益彰的特点。

2. 七大古都

古都是历史上帝王的统治中心，安阳、西安、开封、洛阳、杭州、南京、北京通称为七大古都。安阳是商代后期的都城，历时 250 多年。而西安、开封、洛阳、杭州、南京、北京因建都朝代多、时间长、建筑宏伟而被称为历史上的六大古都。它们保留的文物都较其他地方更为重要，旅游价值尤为显著。

3. 其他历史文化名城

历史文化名城是指具有悠久的历史，在政治、军事、经济、科学和文化艺术等某一方面具有独特的地位，并积淀和保存了众多的文物古迹的城市。到目前为止，确定为国家历史文化名城的城市有 103 座。这些历史文化名城是我国珍贵的历史文化遗产的重要组成部分，也是我国重要的旅游资源。

3.2.6 古园林旅游资源

园林是人们模拟自然环境，利用山石、水体、生物、建筑等构景要素，按一定的艺术构思而建成的人工生态环境，是融建筑、雕塑、绘画、文学、书法、金石等艺术于一体的综合艺术品，具有观赏游览、休憩娱乐、读书养性、陶冶情操的功能，达到了自然美与艺术美相互融合的完美境界。

我国古典园林的高度艺术造诣，对世界园林产生了深远的影响，西方公认中国是“世界园林之母”。它与国画、烹饪、京剧一起并称“中国文化四绝”。

我国古典园林属于自然山水园林，源于自然，高于自然，以表现大自然的天然山水景色为主旨，布局自由，虽为人作，宛如天成，是人工的自然化，充分反映“天人合一”的民族文化特色。

1. 园林的旅游价值

我国古典园林的旅游功能是与其丰富的文化艺术内涵分不开的。这种丰富多彩的文化内涵和意境深邃的艺术手法，可给游人以完整的自然美、人工美、想像美等美感，从而吸引众多的游客。

1）观赏

我国古典园林本身就是受自然山水启迪，为营造人间美景而创造的高品位风景，其艺术资源观赏功能是最突出的旅游功能。同时，它通过巧妙组织园林景物、文字、雕塑、绘画、艺术，将皇家的威严、宗教的神秘、官宦的富贵、商贾的富有、文人的高雅、市民的实在，以诗情画意的形式贯穿于园林建筑之中，特别是将园林主人的意愿和向往突出地表现出来。古典园林的这种艺术境界，使其观赏内容非常丰富，足以激发游人前往观赏以陶冶心情。

2）求知

我国古典园林是历史与文化的重要载体，是人文旅游资源系统中最能反映我国文化特色的一种类型。皇家园林与帝王活动有密切关系，私家园林也多与历史名人有关，如慈禧发动政变于避暑山庄，陆游、唐婉洒泪于绍兴沈园，薛涛与成都望江楼的关系等。园林中的建筑物多有匾额、楹联，山石多有题刻，表达园主志趣，启发游人思想。其文多源于名人名篇，常含有典故，言辞隽永、耐人寻味。其书法艺术精湛，令人倾倒。通过园林的欣赏，可以提高人们的艺术修养和鉴赏能力，从而获得历史文化知识。

3）休憩

我国古典园林营造的幽雅环境和游憩设施，原本就是为园主提供仿佛置身世外的休憩场所，现在尽管游人逗留的时间短暂，但也可获得园林提供的休闲之乐。

2. 古典园林的类型

由于地域差异的制约，各地的自然景观、民族、宗教、社会风俗，以及审美观点不尽相同，古典园林的风格也出现差别。元代以后，尤其是明清时期，我国古典园林的造园规模和水平走向鼎盛时代，由此形成了以皇家园林为主体的北方园林，以私家园林为代表的江南园林两大主流体系。

1）皇家园林

皇家园林是专供帝王休憩享乐的园林。这类园林多位于北方，其规模宏大，多以自然山水为依托，各种人工建筑体积较大，色彩浓重，往往雕梁画栋、金碧辉煌。此外，还有大量的游憩建筑、公共建筑、祠庙建筑及辅助供应建筑，并有明确的功能分区，目的是要创造各种各样的环境气氛，以满足皇家多样行为的需要。著名园林有北京的颐和园、北海公园，河北的承德避暑山庄等。

2）私家园林

又称“府宅园林”，是供皇家的宗室外戚、王公官吏、富商大贾等休闲的园林。这种园林多为主要建筑物的附属建筑，是在府邸宅院内特辟出来的美化生活环境的部分。这种私家园林由于受到城市环境和个人财力的限制，所以规模较小，常用假山假水，建筑小巧玲珑，淡雅素净。由于精心营建，体现出的艺术水平较高。又因造园全依园主个人志趣，故别具一格。江南园林和岭南园林都是私家园林。江南园林以苏州园林为代表，曲折幽深，明媚秀丽，玲珑素雅；岭南园林分布的珠江三角洲平原，吸收了国外造园的手法，轻巧、通透明快。

3）寺观坛庙园林

寺观坛庙园林是附属于宗教建筑、祭祀场所或陵寝的园林，建于城郊旷野之处，以获得肃穆清净的环境。广植松柏竹类，充分体现主体建筑所需要的特殊气氛，造就肃穆、庄严、神秘的色彩，以达到对人产生强烈感应气氛的目的。宗教园林如北京碧云寺的水泉院、苏州的西园、承德的外八庙、杭州的灵隐寺等；坛庙园林如北京社稷坛（中山公园）、天坛及成都杜工部祠等。

4）湖山胜境园林

我国有许多名山秀水，自然风光明媚，野趣浓郁，历史上已发展成为人们游览观赏、避暑休闲地。在长期的开发过程中，已形成了完整的园林格局，是我国园林艺术的一种重要类型，如杭州西湖、扬州瘦西湖、济南大明湖、绍兴兰亭、昆明大观楼、北京陶然亭等。这些园林实质上就是城市内外的风景点，一般称为“公园”。

3.3　宗教和文化艺术旅游资源

3.3.1　宗教旅游资源

宗教是一种信仰，是一种社会意识形态，它旨在使人们相信并崇拜超自然的神灵，是人类对周围自然力和社会力量的虚构和幻想。宗教产生于原始社会后期，作为一种古老的社会现象，是精神生活的一项主要内容。

1．我国的主要宗教

我国是个多宗教的国家，主要有道教、佛教、基督教、伊斯兰教，它们称为中国四大宗教。其中，道教是我国本土产生的民族宗教。佛教、基督教、伊斯兰教是世界三大宗教，传入中国后，对我国社会、思想文化等方面都产生了一定的影响，其中以佛教的影响最为广泛、深远。

2．宗教的旅游价值

1）*宗教本身是一种民族旅游资源*

所有流行于一定地区的宗教都同产生它的民族文化发展程度和社会经济发展水平等具有密切的联系。它们的信仰内容和崇拜仪式无不具有自身的特点。宗教活动经过长期的历史发展和演变，其本身已构成一种民族旅游资源。即使是佛教、基督教和伊斯兰教这样的世界宗教，在传播到各国各民族时，也在保持某种统一性的同时，被抹上了某些特殊的色彩，呈现出多样化的面貌。

每个宗教都有各自数量可观的信徒。教徒们出于对宗教的虔诚，到寺庙宫观去烧香拜佛、祈祷还愿或到宗教圣地去求法朝圣，形成庞大的宗教朝觐流。如沙特阿拉伯的伊斯兰教圣地麦加，每年都有数百万穆斯林从世界各地云集于此。我国的峨眉山、五台山、普陀山、九华山等佛教名山，龙虎山、三清山、齐云山、青城山、武当山等道教名山和众多的寺观，几乎每天都吸引着大批香客。

宗教活动对广大非教徒游客也有很强的吸引力。游客并非出于对宗教的虔诚，而是因对宗教活动有着新奇和神秘感而到寺庙宫观参观游览。

宗教与文化有着不解之缘。宗教寺庙宫观往往是历代旅行家和文人墨客必到之处。他们的诗词题刻、楹联匾额、书画佳作给寺庙增添了光辉。古来不少文人学士与僧侣结下友谊，留下佳话。

2）宗教建筑的艺术性

宗教虽然是一种崇拜神灵的社会意识形态，但宗教建筑是人类智慧和劳动的结晶，是一个国家民族文化的组成部分，体现了民族文化的特点。宗教建筑及雕塑、壁画等造型艺术都是宗教文化的重要组成部分，也是对游人具有吸引力的主要客观因素。

宗教建筑包括寺庵宫观、殿堂洞窟和塔等，如寺庙、佛塔、石窟被称为佛教三大建筑。宗教建筑一般具有因地制宜，将人工美与自然环境相结合的特点，它们在选址、布局、造型、用材、色彩等方面都能巧妙地利用自然形胜，形成强烈的宗教气氛，给人神秘的感觉，使人们步入寺庙殿堂时，无形中便产生对神的敬畏心理。

出于对宗教的崇拜，著名的宗教建筑几乎都成为当时建筑的典范，又由于人们对神的敬畏，宗教建筑人为破坏较轻，而且后世不断整修，形成各个时期不同的建筑风格，因此很多宗教建筑都成为名胜古迹。

3）宗教艺术的神秘性

宗教艺术包括绘画、雕塑、音乐、书法等，宗教建筑兴起后，因其主体是神，人们便不遗余力地画神、雕塑神，建筑物装饰也都是神与信徒的形象，许多杰出的艺术家都曾致力于宗教题材的创作，并表现出他们卓越的才华而流芳百世。中国历史上著名的宗教画家不乏其人，如顾恺之、张僧繇、吴道子、朱耷、石涛等，他们的艺术造诣很深，各有其独特风格。例如吴道子画的衣袖飞扬，使人物飘然有仙意，被称之为“吴带当风”，吴道子也被后世誉为“画圣”。

东西方宗教艺术对于神像形象雕塑风格不一，西方神像强调与真人一般的体形自然美，以中国为代表的东方各国则一开始便强调想像与夸张，寓意深刻，因而具有极强的艺术感染力。殿堂内有由各种材料雕塑的不同形体的神像，墙壁上有布满多种神话、传说的故事画。从六朝到宋初期间创造的石窟寺佛像雕塑，巧夺天工，壮丽辉煌，造诣最深，足可与古埃及、古希腊石雕艺术争辉，成为我国艺术的宝库。

为了娱神，各种宗教都设计了多种“法事”和祭典，由此产生了不少宗教节日，以及由宗教派生的赛龙舟、武术、气功等娱乐健身活动，还有各种类型的庙会、宗教音乐等，都广泛地吸引各阶层人们参加，成为一项群众性的旅游活动。传统的宗教保佑用品，也被开发成造型优美的各种吉祥物和宗教圣地纪念品，受到旅游者的欢迎。

3.3.2 文化艺术旅游资源

文化艺术是源于生活而高于生活，以非物质形式表现为主的审美性文化产品的统称，包括诗词、小说、散文、游记、传记、书法、绘画、音乐、舞蹈、戏曲、杂技、电影、电视等等形式，其中能产生旅游吸引力的部分就是旅游资源。

文学包括诗词、小说、散文、游记、传记等形式。从反映社会生活的特点出发，文学在某种程度上充当着一部分旅游资源的宣传广告角色；从表达作者思想感情的角度分析，文学赋予众多的旅游资源以美丽和诗意；从文学的内涵和影响来看，文学本身也是一种旅游资源。例如，苏州枫桥的寒山寺就因唐代张继的一首《枫桥夜泊》而千古流传。

艺术包括书法、绘画、音乐、舞蹈、戏曲、杂技、电影、电视等形式，自然与社会为艺术提供了素材，艺术则鼓励人们不懈地进行追求美的努力。例如书法是我国特有的一种艺术，在我国的风景名胜区中，所看到的具有篆、隶、楷、行、草等多种书体的古今匾额、楹联、诗词等，很多都是古今名流涉足时触景生情的作品，它们不但使多姿多彩的景观增添韵味，而且使这些景观点睛、寄情，从而招徕川流不息的游客。

3.4 风土民情和名优特产旅游资源

3.4.1 风土民情旅游资源

风土民情是指各民族在长期历史发展过程中形成的风尚和习惯，具有浓厚的乡土味。一般由自然环境的差异而形成的社会习尚叫“风”，由社会环境不同而形成的习尚称“俗”。

独特的民族风俗，全面反映了一个民族的历史和现实生活，体现了一个民族的理想和感情，是一个民族传统的真实表露，具有传播民族文化、愉悦精神、加强团结的作用。对此，本地人喜闻乐见，热情参加，具有广泛的群众基础。对异族和外地旅游者来说，观赏和参与民风民俗活动，不仅可以满足好奇心理，而且可以扩大眼界、增长知识、开阔胸怀。因此，民族风情有很强的吸引力，是人文旅游资源的重要组成部分。

悠久的历史，众多的民族，使我国拥有非常丰富多彩、生动诱人的民俗风情旅游资源，尤其是少数民族集中分布的西南和西北地区。我国民俗风情的主要形式有民居建筑、服饰、饮食、婚嫁丧葬、传统节日、礼仪礼节等形式。

民俗旅游以比较接近生活中的民间文化为主要观赏对象，其中尤其以民间竞技民俗、民间游戏、民间工艺民俗最具有吸引力。

3.4.2 名优特产旅游资源

旅游购物是旅游者主要的消费项目之一。旅游者在旅游过程中都会产生购物行为，用以作为馈赠亲朋好友或作为旅游纪念，这是一种旅游的乐趣。

购物的首要对象是地方和民族特色浓厚的名优特产。我国地大物博，历史悠久，有许多名优特产、工艺品等风格独特，工艺高超，是旅游者购物的主要内容。

我国著名的购物类旅游资源有陶瓷器、丝绸、茶叶、文房四宝、漆器、名酒、雕刻，还有一些地方土特产品。

3.4.3 风味佳肴旅游资源

饮食是旅游活动的六大要素之一，也是旅游者体验异域风情与文明的重要内容。游客在品尝这些美味佳肴时，体会到当地的人情世故，也感受到生活的丰富多彩。

我国的烹饪在国际上久负盛名，是东方菜肴的代表，仅汉族菜肴因地域差异，历史上就形成有四大菜系、八大菜系之说，加上各少数民族的独特烹饪，以及各地的风味小吃，形成了我国丰富的饮食文化。

3.5 现代人文旅游资源

3.5.1 博物馆或展览馆

博物馆或展览馆是陈列、研究、保藏物质文化和精神文化的实物及自然标本的一种文化教育机构，因而被人们称为反映各国文化的教科书，有巨大的社会作用和不可忽视的价值。它给人以直观的感受和教育，丰富人们的文化生活，对旅游者也有强烈的吸引作用。

我国第一个近代公共博物馆是张謇在 1905 年创办的南通博物苑，到目前全国已有各类博物馆或展览馆 1 500 余座，藏品数百万件。有些博物馆因内容独特，规模宏大，在世界博物馆事业中也占有重要地位，使许多外国游客为之惊叹。

博物馆和展览馆的规模和类型差别很大，可以是综合性的，也可以是专题性和纪念性的；可以是长期的，也可以是定期或临时开放的。而专题性的博物馆按展品内容，大致可以分为以下几种类型体系。

（1）反映中国古代人类历史的博物馆，如中国历史博物馆、地方历史博物馆、北京周口店猿人博物馆、西安半坡博物馆等。

（2）反映中国革命斗争史的博物馆，如中国革命博物馆、中国人民军事博物馆、太平天国历史博物馆、遵义会议纪念馆、中国人民抗日战争纪念馆、地方革命博物馆等。

（3）自然博物馆，如自贡恐龙博物馆、柳州百莲洞洞穴博物馆、地质博物馆等。

（4）墓葬及碑刻文物博物馆，如洛阳古墓博物馆、茂陵博物馆、秦兵马俑博物馆等。

（5）人物传记性博物馆，如北京鲁迅博物馆、山东蒲松龄故居博物馆、厦门郑成功纪念馆等。

（6）民族民俗博物馆，如民族宫、云南民族博物馆、乌鲁木齐民族博物馆、苏州民俗博物馆等。

（7）地方性特色博物馆，如北京古钟博物馆、四川盐业博物馆、天津戏曲博物馆、泉州海外交通史博物馆、景德镇陶瓷博物馆、杭州丝绸博物馆等。

（8）其他专业博物馆，如航空博物馆、农业博物馆、美术馆、火车博物馆、汽车博物馆、邮票博物馆、兵器博物馆、钱币博物馆等。

3.5.2　纪念地

在人类历史上，曾经出现过许多对不同领域，甚至整个历史进程产生重大影响的事件和人物，后人在其发生地建立纪念馆及其他纪念性建筑，以回溯历史、长期纪念，如重大战役纪念馆、纪念地，重大历史事件纪念地，名人故居纪念地或名人工作、生活过的地方纪念地等。

特别是百余年来，在民主革命的过程中，留下了众多的革命遗迹，成为人们瞻仰、凭吊和怀念先烈的地方，也是我国发展旅游的重要资源之一，如广州三元里人民抗英纪念馆、南京中山陵、上海中共“一大”会址、井冈山革命博物馆、韶山毛泽东故居等。

3.5.3　植物园和动物园

植物园是搜集、种植各种植物，以作为科学研究、科普教育及游览观赏的园林。我国综合性的植物园有北京植物园、南京中山植物园和广州华南植物园等；专题性植物园有西双版纳热带植物园、杭州亚热带植物园等。

动物园是专门饲养各种动物供展览观赏，并进行科普教育与科学研究的场所。我国有许多城市动物园，以北京、上海、广州三大动物园规模最大，驯养的动物最多。另有一些专门性动物园，如大连蛇岛、武夷山蛇园、青岛海洋公园水族馆等。

3.5.4　现代都市风貌

随着现代化建设的加速进行，我国城市正以空前的速度改变着各自的风貌。尤其是城市建设飞速发展的东南沿海地区，更能令人感受到扑面而至的现代都市气息。现代都市日新月异的面貌及高速快捷的生活节奏吸引着众多的旅游者涌向不同特色的城市。例如深圳、大连、上海、香港等城市正是以都市风光为主体旅游资源，取得了旅游业发展的巨大成功。

3.5.5　现代建筑与工程

作为现代建设成就的宏大建筑和重点工程，具有强烈的时代感，都可成为重要的旅游吸引物，形成了具有鲜明现代文明色彩的人文景观。例如南京长江大桥、武汉长江大桥、上海东方明珠电视塔、黄河小浪底工程、长江三峡工程等一批宏大工程，已成为展示我国经济建设和地区与城市形象的标志性重点旅游新景观。

3.5.6 现代人造旅游景观

现代人造旅游景观，广义上可包含各类城市公园、游乐场所与休闲康体健美场所，狭义上则指主要为旅游目的而兴建的主题公园。

主题公园是指充分利用现代科学技术，按某一个或多个主题，将历史的、异域的、显示的、想像的等各种可能富有吸引力的自然或人文现象，“移植”融会在一地，以达到娱乐、消遣、增长知识等目的的人造景观。

人造景观除微缩景观外，还有各类模型城、梦幻世界、历史街区、小人国、艺术宫、蜡像馆、电影城、世界各国风情、历史景象、文学名著情景等形式。

我国主题公园的开发起始于1979年建成开放的香港“宋城”，模拟《清明上河图》场景建成。20世纪80年代后期，大陆的主题公园开始起步，自深圳创建“锦绣中华”、“中华民俗村”和“世界之窗”等人造文化景观成功后，全国各地纷纷仿效。比较著名的还有北京的“世界公园”、北京和上海的“大观园”、无锡的“唐城”和“三国城”及“欧洲城”、珠海的“圆明园”、北京十三陵明皇蜡像宫等。

思考题

1. 古陵墓的旅游价值表现在哪些方面？有哪些类型？
2. 简述长城的历史。
3. 我国七大古都指的是什么？
4. 我国古典园林的旅游价值体现在哪些方面？
5. 比较我国皇家园林和私家园林。
6. 宗教的旅游价值体现在哪些方面？佛教建筑艺术有哪几种表现形式？
7. 试分析我国传统文化艺术的旅游功能。
8. 你认为博物馆展览在发挥旅游功能方面有哪些长处和不足？应如何改进？
9. 你认为我国主题公园应如何发展？

第4章 中国旅游交通地理

旅游交通是一个国家和地区发展旅游业的前提条件和必不可少的重要环节，是联系旅游者与旅游对象的纽带，是旅游者抵达目的地的手段，同时也是在目的地内活动往来的手段。旅游交通是促进旅游业发展的重要因素之一。

4.1 旅游交通概述

所谓旅游交通，是指旅游者由客源地到旅游目的地的往返，以及在旅游目的地各处进行旅游活动而提供的交通设施和服务，是旅游经营者为旅游者在旅行游览过程中提供各类交通运输服务而产生的一系列社会经济活动和现象的总和。

4.1.1 旅游交通的作用

旅游交通的任务就是要解决旅游者在定居地与旅游目的地之间的往返，从一个目的地到另外一个目的地，以及在一个目的地内的各地区间便利往来的问题。它是沟通客源地与目的地的桥梁，是旅游行为得以实现的先决条件。旅游交通在旅游业中的作用主要表现在以下方面。

1. 旅游交通是旅游业发展的先决条件

旅游者外出旅游时，首先要解决从居住地到旅游目的地的空间转移问题，通过采用适当的旅行方式抵达旅游地点。而且，旅游业是依赖旅游者来访而生存和发展的产业，只有旅游者能够光临，旅游业的各类设施和服务才能真正发挥作用，才能实现它们的使用价值和价值。因此，只有解决好旅游目的地的可进入性，才能使旅游者能够大量地、经常地前来访问，该地的旅游业才会有不断扩大和发展的可能。现代旅游业之所以有今天这样的规模，其活动范围之所以会扩展到世界各地，一个重要原因便是由于现代交通运输的发展。

2. 旅游交通是旅游业收入的重要组成部分

旅游交通是旅游业的支柱产业之一。交通运输业作为旅游业的重要组成部门，本身也是旅游收入和旅游创汇的重要来源。就国内旅游而言，在任何国家的旅游收入中，旅游交通运输收入都占有突出的比重。如 2003 年，我国国际旅游收入构成中交通收入就占总收入的 25.4%。

3. 旅游交通本身构成富有吸引力的旅游特殊形式

旅游交通不仅解决了旅行的空间转移，同时也丰富了旅游活动的内容。交通工具的多样化使旅游活动的内容更为丰富。尤其是旅游景区景点中的渡船、索道、缆车、轿子、滑竿、马匹、骆驼等特种交通形式，其本身的吸引力有很大的旅游价值，带给人们一种特殊的感受。

4.1.2 旅游交通的类型

1. 铁路旅游交通

火车曾经是人们外出旅游的主要交通工具，对旅游的发展有过重大的影响。20 世纪 50 年代，铁路在提供游客交通方面一直发挥着主要的作用。在我国，铁路旅游至今仍是国内旅游的主要旅行方式。

铁路旅游交通运载能力大、票价低廉，在乘客心目中安全性最强，并能在车厢里自由走动和放松，途中不会遇到交通堵塞，对环境的污染较小。游客在乘坐火车时，还可以浏览铁路沿线的自然风光，开阔视野。

2. 水路旅游交通

水路旅游交通包括内河航运、沿海航运和远洋航运。水路旅游客运业务主要有 4 种，即海上远程定期班轮服务、海上短程渡轮服务、游船服务和内河客运服务等类型。现代水路旅游交通为了提高竞争力，使用了气垫船，大大提高了速度。

水路旅游交通具有运载力大、能耗小、成本低、舒适等优点。大型的游轮一次可以运载数百乃至上千名旅客，远远超过了大型飞机的运载量。在各种旅游交通的价格中，乘坐轮船的价格最便宜。

在水中行驶平稳，船上活动空间大。游客在客轮上可食、可宿、可乐、可健，能够尽情地观赏湖光山色、两岸美景或海上日出。因此，旅游客轮被人们誉为“流动的旅馆”或是“水上浮宫”。

水路旅游交通不利的方面是行驶的速度慢，易受季节、气候和水情的影响，准时性、连续性和灵活性相对较差。所以，自 20 世纪 50 年代以后，随着航空运输技术的发展，固定航线的远程定期班轮服务逐渐衰落。

3. 公路旅游交通

公路旅游交通是最重要和最普遍的短途旅客运输方式。乘汽车外出旅游包括私人小汽车和公共客运汽车或长途公共汽车两种。汽车旅游是世界旅游交通发展的大趋势之一。目前，在西方发达国家由于高速公路网的建立和家庭轿车的普及，乘坐汽车外出旅游的人占据绝对多数。在我国，随着高速公路的修建和轿车进入家庭，汽车旅游也呈现出强劲的发展势头。

公路旅游交通最大的优点是自由灵活，可以随时随地停留，任意选择旅游地点，实现“门到门”的运送。

旅客乘坐汽车旅游有许多优点：一是对自然条件适应性强，一般道路都可以行驶，随时停留，可以任意选择旅游点，把旅游活动扩大到面；二是用途多，既可以代步，又可以捎带简易的炊具、卧具，解决食宿；三是旅游交通线路建设投资少、占地少、工期短、见效快。

汽车旅游交通也有局限性，其运载量小、速度慢、运费高、受气候变化影响大和安全性较差，一般适合于短途旅游。

4、航空旅游交通

20 世纪 50 年代，民用喷气式客机出现之后，航空旅游发展非常迅速。到了 20 世纪 70 年代，宽体客机的发展使得飞机的载客量大为增加，也更为舒适，成为了人们远程旅行的首选。

航空旅游交通是速度最快，线路最长，可以跨越地面各种自然障碍，航行于相距遥远的世界各地的旅游交通方式。乘坐飞机舒适、安全、省时，尤其适用于远程旅行，是现代大众旅游的主要旅行方式之一。就远程旅游而言，航空旅游是比较经济的，特别是考虑到时间时更是如此。

但是，航空旅游交通也有其不足之处：飞机的购置费用太高、能耗大，运量相对小，受气候条件的影响大，只适合远距离、点对点之间运送游客，不适合近距离和面状旅游之用。因为这些弱点，航空旅游交通必须和其他交通工具相互配合，取长补短，共同完成旅游交通服务。

5. 特种旅游交通

特种旅游交通主要是指在旅游景区景点的渡船、索道、缆车、轿子、滑竿、马匹、骆驼等形式的旅游交通方式。

特种旅游交通的优点是便于游客通过一些难行路段，可以辅助老、弱、病、残游客完成旅游，有些还带有娱乐、观赏性质，可以提高旅游价值，招徕游客。

特种旅游交通的不足之处是有些特种旅游交通，如索道、缆车等，其景观与风景名胜的不协调，甚至造成了对风景景观的破坏。

4.1.3 中国旅游交通网

1. 铁路交通网

我国铁路网以北京为中心，由多条纵贯南北的干线和横贯东西的干线交叉组成，再通过无数支线、专用线，构成了全国铁路运输系统。我国的铁路交通网主要有以下干线。

1）南北方向铁路干线

（1）哈大线。北起哈尔滨，南到大连，是纵贯东北三省的南北主要铁路干线。它与滨绥线、滨洲线共同构成东北“T”字形铁路网骨架。滨绥—滨洲线，西起满洲里，东至绥芬河。这三条铁路连接了关外主要城市和对外开放的重要贸易口岸，是关外地区的主要纽带。

（2）京广线。由北京直达广州，纵贯北京、河北、河南、湖北、湖南、广东六省市，是我国南北交通的中枢。

（3）京沪线。由北京到上海，贯穿北京、天津、河北、山东、安徽、江苏、上海七省市，是我国东部沿海的交通大动脉。

（4）京九线。由北京至香港九龙，穿越北京、天津、河北、山东、河南、安徽、湖北、江西、广东、香港九省区，是介于京广、京沪两大南北干线之间的一条交通大动脉。它沟通了华北、华东、中南广大地区。

（5）津沪—皖赣—鹰厦线。它们是华东铁路网的骨干。津沪线北起天津，南达上海，是纵贯东部沿海的交通大动脉；皖赣线北起安徽芜湖，南至江西贵溪，可与陇海、津沪、京九等铁路相连；鹰潭线是我国腹地通往东南沿海的重要干线，北起江西鹰潭，南抵福建厦门。

（6）集二—同蒲—太焦—焦枝—枝柳—黎湛线。它是我国中部地区同京广线平行的南北交通大动脉。集二线北起内蒙古的中蒙边陲城市二连浩特，南抵集宁；同蒲线北起山西大同，南抵陕西孟塬；太焦线北起山西太原，南抵河南焦作；焦枝线北起河南焦作，南抵湖北枝城；枝柳线北起湖北枝城，南抵广西柳州；黎湛线北起广西黎塘，南抵广东湛江。这条南北交通大动脉纵贯内蒙古、山西、陕西、河南、湖北、湖南、广西、广东8省区，它北接蒙古、俄罗斯铁路，可通往莫斯科；南连湘桂线抵凭祥市与越南铁路接轨；在湖北连接襄渝线，为进入四川盆地及西南地区的通道。

（7）宝成—成昆—南昆—昆河线。这是我国最西部的南北交通大动脉，沟通陕西、四川、云南、贵州、广西五省区，开辟西南通道，构成我国西南地区物质进出口的捷径。宝成线北起陕西宝鸡，南达成都；成昆线由四川成都抵云南昆明；南昆线由广西南宁抵云南昆明；昆河线，又称滇越，北起云南昆明，南抵中越边境河口，与越南铁路接轨，是我国西南地区的重要国际铁路。

（8）襄渝—川黔—黔桂线。它是我国西南地区的重要交通通道。襄渝线北起襄樊，南抵重庆，两端与焦柳、汉丹、成渝、川黔等铁路相交，是联系中南、西北和西南的重要干线；川黔线北起重庆，南抵贵州贵阳；黔桂线由贵州贵阳南抵广西柳州。

2）东西方向铁路干线

（1）京沈—京包—包兰—兰青—青藏线。这是联系东北、华北、西北和西南地区的东西交通大干线。京沈线西起北京，东抵辽宁沈阳；京包线由北京抵达内蒙古包头；包兰线由包头沿黄河西行，抵达甘肃兰州；兰青—青藏线自甘肃兰州经青海西宁、格尔木抵达西藏拉萨，是青藏高原上的干线铁路，也是青藏地区与全国各地联系的主要通道。其中，青藏铁路于2006年7月1日通车。

（2）陇海—兰新—北疆线。这是横贯我国北部地区的东西交通主动脉和欧亚大陆桥的东段，东起江苏连云港，西至新疆阿拉山口，对沟通我国东部和西部，沿海和内地，乃至整个欧亚大陆都具有重要意义。这条干线沿途文物古迹众多，是开发“丝绸之路”旅游的重要交通线。陇海线西起甘肃兰州，东抵连云港，沿途与我国所有主要纵向铁路干线相交，是我国铁路网的横轴；兰新线自兰州沿河西走廊，越天山至新疆乌鲁木齐，是内地通往新疆的唯一通道和行经沙漠地区最长的铁路，在吐鲁番与南疆铁路（吐鲁番至喀什）相交；北疆线自乌鲁木齐至阿拉山口与哈萨克斯坦的铁路接轨，开辟了欧亚大陆的最短路径。

（3）沪杭—浙赣—湘黔—贵昆线。这是我国南方的一条东西向铁路干线。沪杭线由上海抵达杭州，与津沪、浙赣等线相交；浙赣线由浙江杭州，抵达湖南株洲；湘黔线由株洲至贵阳，是湖南与西部地区联系的重要通道；贵昆线自贵阳抵达昆明，是云南与东部地区联系的主要通道。

（4）汉丹—襄渝—成渝线。这是华中地区进入四川盆地的铁路交通线。汉丹线自武汉至丹江口，是焦枝铁路的重要分流线，并与襄渝线相连；襄渝线自湖北襄樊抵达重庆；汉丹—襄渝线构成西南地区与华中地区联系的重要通道；成渝线自重庆抵达成都，是西南地区铁路网的中轴。

（5）河茂—广茂—广汕线。这是广东省的重要铁路交通线，横贯广东南部，是我国最南端的横向铁路干线。河茂线自河唇至茂名市；广茂线由广州至茂名；广汕线由广州至梅州再至汕头。

2. 公路交通网

全国公路网由国道、高速公路和省道构成，已实现了县县（除西藏墨脱）通公路。其中国道是全国公路网的主骨架，它贯通北京和各省会城市。

1）国道主干线

国道主干线包括G010（同江—三亚）、G015（绥芬河—满洲里）、G020（北京—福州）、G025（丹东—拉萨）、G030（北京—珠海）、G035（青岛—银川）、G040（二连浩特—河口）、G045（连云港—霍尔果斯）、G050（重庆—湛江）、G055（上海—成都）、G065（上海—瑞丽）、G075（衡阳—昆明）。

2）首都放射线国道

从北京出发的国道命名为101至112线，共12条，包括G101（北京—沈阳）、G102

（北京—哈尔滨）、G103（北京—塘沽）、G104（北京—福州）、G105（北京—珠海）、G106（北京—广州）、G107（北京—深圳）、G108（北京—昆明）、G109（北京—拉萨）、G110（北京—银川）、G111（北京—加格达奇）、G112（北京环线）。

3）南北纵线国道

南北纵向的国道为201至228线，共28条，包括G201（鹤岗—大连）、G202（黑河—旅顺）、G203（明水—沈阳）、G204（烟台—上海）、G205（山海关—深圳）、G206（烟台—汕头）、G207（锡林浩特—海安）、G208（二连浩特—长治）、G209（呼和浩特—北海）、G210（包头—南宁）、G211（银川—西安）、G212（兰州—重庆）、G213（兰州—磨憨）、G214（西宁—景洪）、G215（红柳园—格尔木）、G216（阿勒泰—巴伦台）、G217（阿勒泰—库车）、G218（伊宁—若羌）、G219（叶城—拉孜）、G220（北镇—郑州）、G221（哈尔滨—同江）、G222（哈尔滨—伊春）、G223（海口—榆林东）、G224（海口—榆林中）、G225（海口—榆林西）、G227（西宁—张掖）。

4）东西横线国道

东西横向国道命名为301至330线，共30条，包括G301（绥芬河—满洲里）、G302（珲春—乌兰浩特）、G303（集安—锡林浩特）、G304（丹东—霍林河）、G305（庄河—林西）、G306（绥中—克什克腾）、G307（歧口—银川）、G308（青岛—石家庄）、G309（荣成—兰州）、G310（连云港—天水）、G311（徐州—西峡）、G312（上海—霍尔果斯）、G314（乌鲁木齐—红其拉甫）、G315（西宁—莎车）、G316（福州—兰州）、G317（成都—那曲）、G318（上海—聂拉木）、G319（厦门—成都）、G320（上海—瑞丽）、G321（广州—成都）、G322（衡阳—友谊关）、G323（瑞金—临沧）、G324（福州—昆明）、G325（广州—南宁）、G326（秀山—河口）、G327（连云港—菏泽）、G328（南京—海安）、G329（杭州—沈家门）、G330（温州—寿昌）。

5）国家高速公路网

高速公路是公路运输发展的方向，我国自1988年修建第一条上海至嘉定高速公路以来，相继修建了沈大、京津塘、广深等一系列高速公路，高速公路在交通运输发挥的作用越来越重要。国家高速公路网按以下规划发展。

首都放射线：京沪高速（北京—上海）、京台高速（北京—台北）、京港澳高速（北京—港澳）、京昆高速（北京—昆明）、京藏高速（北京—拉萨）、京新高速（北京—乌鲁木齐）、京哈高速（北京—哈尔滨）。

南北纵线：鹤大高速（鹤岗—大连）、沈海高速（沈阳—海口）、常台高速（常熟—台州）、长深高速（长春—深圳）、济广高速（济南—广州）、大广高速（大庆—广州）、二广高速（二连浩特—广州）、包茂高速（包头—茂名）、兰海高速（兰州—海口）、渝昆高速（重庆—昆明）。

东西横线：绥满高速（绥芬河—满洲里）、珲乌高速（珲春—乌兰浩特）、丹锡高速（丹东—锡林浩特）、荣乌高速（荣成—乌海）、青银高速（青岛—银川）、青兰高速（青岛—兰州)、连霍高速（连云港—霍尔果斯)、南洛高速（南京—洛阳)、沪陕高速（上海—西安)、沪蓉高速（上海—成都)、沪渝高速（上海—重庆)、杭瑞高速（杭州—瑞丽)、沪昆高速（上海—昆明)、福银高速（福州—银川)、泉南高速（泉州—南宁)、厦蓉高速（厦门—成都)、汕昆高速（汕头—昆明)、广昆高速（广州—昆明)。

3. 水运交通网

我国有发展内河航运、近海及远洋运输的优良条件，现已基本形成了一个相当规模的水运体系。

我国内河航运里程达12.34万千米，主要内河干线航线有长江航线、珠江航线、京杭大运河航线、松花江航线等。这些航线沿途风光秀丽、景色迷人。

沿海航线有20多条，分南北航线。从鸭绿江口到厦门之间为北方航线，以大连和上海为中心；厦门以南到广西北仑河口为南方航线。

远洋航线有30多条，与世界150多个国家和地区的400多个港口相联系。

我国主要港口有天津的天津港；辽宁的大连港、营口港、丹东港、旅顺港；山东的青岛港、烟台港、威海港、蓬莱港、龙口港；上海的上海港；江苏的南京港、连云港、太仓港；浙江的宁波港、温州港、舟山港；福建的厦门港；广东的广州港、深圳港、珠海港、湛江港、江门港、中山港；广西的北海港；海南的海口新港、海口港；香港港；湖北的武汉港、荆州港、宜昌港；重庆的重庆港。其中上海港和香港港为世界著名港口。

4. 航空交通网

20世纪80年代以来，我国民航进入到全面发展时期。我国民航形成了以北京为中心，连接国内主要大中城市和重要旅游区，以及通往100多个国家的空中运输网。一些边远地区和新开发的旅游地，如喀什、西双版纳、九寨沟、喀纳斯湖等地，都相继开辟了航空线。

4.2 旅游线路设计

旅游线路是旅游供给和旅游需求联结的纽带，是旅游产品销售的具体形式，也是旅游者实现旅游目的的重要手段。

4.2.1 旅游线路的概念

旅游线路是指旅游经营者针对旅游客源市场的需求，利用交通路线和交通工具，遵循一定的原则，将若干旅游地的旅游吸引物、旅游设施和旅游服务等合理地串联起来，专为旅游者开展旅游活动而设计的游览路线。

旅游线路在时间上是以旅游者接受旅游经营者提供的服务开始，到结束旅游活动，脱离这种服务为止；在内容上包括了旅游者在游览过程中所涉及的食、住、行、游、购、娱等各个方面。

4.2.2 旅游线路的类型

按照不同的分类标准，旅游线路有不同的类型。

1．按旅游者活动行为划分

1）周游观光旅游线路

该旅游线路主要为观光游览型旅游者设计，线路中包括多个旅游目的地，同一旅游者重复利用同一旅游线路的可能性很小。

2）度假逗留性旅游线路

该旅游线路主要为度假旅游者设计，度假旅游者的目的主要是为了休息和娱乐，不在于景点的多样性，旅游线路目的地相对较少，同一旅游者重复利用同一旅游线路的可能性较大。

2．按旅游线路的结构划分

1）环状旅游线路

该线路适用于中长距离的旅游活动。一般跨度较大，利用多种交通工具，所选择的旅游目的地往往是知名度大的旅游城市和风景名胜区，基本不走“回头路”。

2）节点状旅游线路

该线路适用于近距离的旅游活动，这种旅游线路在国内游客的短程出游中比较常见。这类旅游线路的设计多以一个旅游地或旅游点所依托的城市为中心，向四周旅游点扩散，游程短，交通方便，经济适用。

3．按旅游活动的内容划分

1）综合性旅游线路

该旅游线路将不同旅游地的风格和特色结合在一起，表现出综合性特点。旅游者在旅游活动中能够得到更多的体验和经历，具有更广的大众化，如“华东五市游”等线路。

2）专题性旅游线路

该线路是以某一主题为基本内容串联各景点而形成的旅游线路。整个旅游线路的各地旅游景物或活动比较专一，具有很强的文化性、知识性和趣味性，如“长城游”、“丝绸之路游”等线路。

4．按旅游组织的形式划分

1）全包价旅游线路

该旅游线路是目前旅行社经营的主要产品形式，主要面向团队游客，在设计中包含了旅游者的整个旅游过程。

2）小包价旅游线路

该旅游线路面向散客旅游，在设计中只涉及游客的旅游过程中的某些部分，其余由旅游者个人自行决定。

此外，旅游线路还可按旅游活动时间分为一日游线、二日游线、多日游线；按旅游目的分为观光旅游线、探险旅游线、文化旅游线、宗教旅游线、民俗风情旅游线等；按旅游线路的跨越空间分为国际旅游线、国内旅游线、省内旅游线等。

4.2.3　旅游线路设计的原则

旅游线路的设计是一项复杂的技术性工作。它一方面要尽量满足旅游者的旅游需要，另一方面还要便于旅游经营者的组织和管理。因此，在进行旅游线路设计时应遵循以下原则。

1．市场性原则

旅游线路设计是否成功，关键在于它是否适应了旅游客源市场的需要，最大限度地满足了旅游者的需要。旅游者对旅游线路选择的基本出发点是旅游时间和旅游花费的最小而获得最大的旅游体验。因此，旅游线路的设计必须符合旅游者的意愿和行为规则，以市场需求为导向，遵循市场性原则。

2．特色性原则

旅游者的旅游动机、旅游活动形式及各地旅游资源的属性是各不相同的，旅游线路的设计一定要突出特色，形成鲜明的主题，区别于其他的线路，才有较大的旅游吸引力。

3．效益性原则

旅游线路的设计要注重经济效益。一方面要满足旅游者出游的最大效益，尽可能地做到游客在途时间短，游览时间长，重复地点少，旅游费用低。另一方面要将旅游热点、温点和冷点进行科学合理的搭配，组织到旅游线路中去，提高旅游地的整体经济效益。

4．季节性原则

旅游活动具有明显的旺季、淡季，不同的季节客流量差别悬殊。旅游线路的设计要充分考虑旅游活动的季节性特点，做到热点、冷点兼顾，保持客源的时空平衡，提高整体经济效益。

5．安全性原则

安全因素是旅游者和旅游线路设计者必须考虑的重要因素。在旅游线路设计中，一方面要尽量避免容易造成游客拥挤、阻塞的地段，防止事故的发生；另一方面要避免气象灾害区、地质灾害区、人为灾害区的影响。同时，还要设置必要的安全保护措施和救护措施，充分保障游客的人身和财产安全。

6. 层次性原则

在旅游线路设计中，要根据旅游区或旅游景点的分布，利用不同的连接方式，设计出多层次的旅游线路。

旅游线路体系有三个不同的层次：第一层是由若干旅游中心城市连接而组成的进入性旅游线路；第二层是以旅游中心城市作为“大本营”，联结各旅游景区景点的主体性旅游线路；第三层是景区内部的游览线路。

阅读材料 4-1

国内十大精品旅游线路

1. 丝绸之路游

古老的丝绸之路，已有 2 000 多年的历史，沿线有众多的历史文物、古迹，壮丽的自然风光和多姿多彩的各民族风土人情，吸引着成千上万来自世界各地的旅游者。历史上，被誉为“沙漠之舟”的骆驼曾是丝绸之路上的主要交通工具。今天，游客可乘飞机、火车、汽车沿丝绸之路旅行，既快捷便利，又舒适安全。

2. 长城游

我国的长城是人类文明史上最伟大的建筑工程，其工程之浩繁，气势之雄伟，堪称世界奇迹。岁月流逝，物是人非，登上昔日长城的遗址，不仅能目睹逶迤于群山峻岭之中的长城雄姿，还能领略到中华民族创造历史的智慧。

3. 长江三峡游

长江是我国第一大河流，也是世界上第三长的河流。长江三峡景色久负盛名，被誉为大自然造就的“天然画廊”、“人间仙境”。其中，瞿塘峡雄伟险峻，巫峡秀丽深幽，西陵峡滩多水急，礁石林立，更有小三峡葱郁苍翠，水清见底。两岸众多的名胜古迹和优美动人的传说，令人神往。如今，三峡工程展示在游客面前的是“高峡出平湖”的美景。

4. 黄河风情游

黄河像一条金色的巨龙，奔腾不息，横亘在中国中部大地上。几千年来，它孕育了中华民族的文化，凝聚了华夏子孙的精神和力量。沿着黄河线游览，不但可以领略黄河的磅礴气势、峡谷平湖等胜景和两岸独特的风光，更能饱览沿途众多的名胜古迹，体察独特的乡风民俗，探究中华民族之源。

5. 奇山异水游

我国广袤的土地上，众多的奇山异水展现了一幅幅大自然的美景。有的气象万千，险峻奇特；有的秀丽深幽，绚丽多彩。置身其中，无不被这些鬼斧神工般的自然景色所陶醉。

6．江南水乡游

江苏南部和浙江北部，自古就有“人间天堂”之美誉。这里河湖交错、水网纵横、小桥流水、古镇小城、田园村舍、如诗如画，古典园林、曲径回廊、魅力无穷，吴侬细语、江南丝竹、别有韵味。

7．中原民俗游

黄河中下游地区是中华民族的发祥地。中原文化是中华传统文化的瑰宝。这里的民风民俗，无一不是中华文化的生动体现。虽然山西、河南、山东、河北、天津、北京的民俗风情同出一源，有许多共同之处，但各地域又有明显的不同。考察各地的风土人情、城街巷陌，或许在发现中国传统文化源远流长的同时，也能体会到居住在不同地域的炎黄子孙用不同方式追求美好的生活。

8．宗教文化游

产生于古印度而又扎根于我国的佛教、我国本土的道教，在长达2 000多年的历史过程中，对政治、经济、社会生活、文学艺术、音乐舞蹈、绘画、建筑，甚至人们的思维方式都产生了或多或少的影响。而保留至今的寺院、道观，多建于名山之上，形成了“天下名山僧(道) 占多”的现象，从而为游客提供了宗教人文景观与自然景观相结合的绝好去处。

9．穆斯林风情游

1000多年来，随着伊斯兰教的传播，我国许多地方留下了伊斯兰教建筑的古迹。我国现有10个少数民族信奉伊斯兰教，在生活起居、饮食习惯、婚丧嫁娶等方面仍保留着浓郁的穆斯林风情。

10．西南少数民族风情游

我国拥有56个民族，位于西南的云南、贵州、广西、四川、西藏，都是多民族省区，共有30多个少数民族生活在这里。淳朴的民风、独特的地域文化，诸如农耕、游牧、节庆、服饰、饮食起居、婚丧、建筑、语言文字、宗教信仰等，构成了一幅浓郁而又色彩斑斓的中国民俗风情图画，而西南地区雄浑壮观的山岳风光，更是增添情趣。

思考题

1．旅游交通在旅游业中有什么作用？

2. 简述我国铁路交通概况。

3. 什么叫旅游线路？在旅游线路设计中应遵循哪些原则？

4. 采用不同的交通方式和线路组合，设计出几条不同专题的旅游线路。

第5章

中国旅游地与旅游地理区划

旅游点、旅游地和旅游区都是从旅游业规划建设与经营管理的角度，根据一定的客观依据，对旅游产业活动区域的人为地理划分。它们是不同层次及具有不同内涵的旅游产业活动地域组织形式。

5.1 旅游点与旅游地

5.1.1 旅游点

旅游点是游客开展旅游活动的直接对象，旅游点的建设是使旅游资源实现其旅游功能的途径。搞好旅游点的建设、利用和保护是旅游区域开发的关键内容之一。

1. 旅游点的涵义

旅游点是以一定旅游吸引物为主要内容，具有相应旅游服务功能，供游客直接开展游乐活动的集结性场所。旅游点分为景观型与康乐型两大类型。由于旅游资源形状的差异和旅游活动地域组织管理的需要，旅游点的规模与范围大小不一，可以是一山、一水、一园、一城、一镇，也可以是一洞、一泉、一桥、一楼、一塔等。

1）旅游点与旅游景点的关系

旅游点是分布在一定地点上的旅游资源，并经过开发利用的产物。旅游资源成为旅游点的条件是旅游地对旅游资源进行开发利用，具有能直接满足游客进入和开展游乐活动需要的相应设施与服务功能。在观光旅游活动中，旅游点与旅游景点的概念常常相互替代使用。实质上这是两个不同的概念。

旅游景点是指具有一定观赏价值的最小观光地域单元，其涵义强调的是不宜再分割的地域性审美景观。而旅游点强调的是经过旅游开发建设后，由一定旅游资源和相关旅游设施共同形成，能具体实现一定游乐功能的集中性旅游活动场所。因此，旅游点既可以由一个具有相关旅游设施的独立景点构成，也可以由具有相对统一的旅游设施，地域上相对集中的若干景区景点共同组成。例如颐和园作为一个旅游点，即是由昆明湖、万寿山、后湖等景区及其中的十七孔桥、佛香阁、长廊等30多个景点所构成。

2）旅游点是旅游产品开发的最基本内容

旅游点是旅游路线设计和旅游区构成最基本的地域单元，是满足旅游者旅游需求最核心、最基本的地域组织形式。旅游点的性质、质量、规模和分布是影响和制约旅游客源状况的主导因素。正因为如此，旅游点的建设成了区域旅游发展与旅游产品开发最基本的内容。

2. 旅游点建设的原则

旅游点的合理布局有利于形成功能齐全的区域旅游网络系统，满足不同层次旅游者的需要，疏导和调配客源，增大客流量，提高旅游收入等。同时，也可以使旅游资源的开发、利用在地域达到平衡，避免由此带来的生态环境问题等。旅游点的建设与布局应遵循以下原则。

1）适应市场的原则

旅游点的建设必须针对一定的目标客源市场，适应目标市场的类型、动向和发展趋势，避免盲目开发。要根据旅游客源市场的需求容量和需求变化，结合当地旅游资源特色，合理地布局与建设旅游点。

2）突出个性的原则

旅游点的建设应具有鲜明的个性特色。中外著名的旅游点，其旅游价值和知名度的高低，都是与其鲜明的个性有关的。适应客源市场需求的特色是旅游点的生命力所在，所以旅游点在建设中应避免简单模仿或雷同。

3）丰富多彩的原则

旅游点布局与建设要适应客源市场需求来设计和开发产品。不仅各旅游景点的构景设计要变化多彩，而且旅游项目设计要丰富多样，既要有观赏性的项目，更要有可参与性康乐活动项目的设计。

4）保护环境的原则

旅游点的布局与建设是在一定的地域范围内进行的，其开发的深度与广度不能超越生态系统的自我调节能力，要注意保护环境免遭污染，否则会导致生态平衡的破坏。

5.1.2 旅游地

旅游地是以旅游点为基本单位发展形成的，一般由若干个旅游点构成，具有比旅游点更加完善的综合性旅游服务设施及其他满足旅游需求的条件，使旅游业在该地域经济结构中占有相当的比重。

1. 旅游地的涵义

旅游地就是旅游者停留并开展旅游活动的旅游目的地，是旅游供给地域的综合体。它主要有三层涵义：一是具有一定规模、相对集中的地域空间范围；二是已经开发利用的一定性质的旅游资源，具有显著的旅游吸引功能；三是具有内部联系紧密的综合性旅游产业结构及相对完备的游乐和接待服务功能。

旅游地既可以是旅游功能比较单一的风景区和度假地，也可以是具有综合性旅游功能的旅游中心城市。如张家界作为一座旅游城市和一个旅游地，即是由武陵源风景区、茅岩河、天门山等旅游地组成。旅游地也可以由具备旅游地条件的一处旅游点构成，如美国佛罗里达州的迪斯尼乐园。

旅游地内部的布局可分为旅游资源分布的旅游活动区和服务设施集中的旅游接待区。旅游地与旅游点一样，其大小规模和内涵的界定仍然具有相对性。

2. 旅游地的类型

为了适应旅游市场的多种需求，便于组织客源和开展旅游活动，应建设特色鲜明和有较强旅游吸引力的旅游地。我国旅游地可划分为五大基本类型。

1）*观光游览旅游地*

这类旅游地主要以观光游览为主，包括自然观光旅游地、历史古迹观光旅游地和现代建设风貌观光旅游地。自然观光旅游地如黄山、长江三峡、桂林、黄果树瀑布、西双版纳、张家界、九寨沟等；历史古迹观光旅游地如北京、西安、洛阳、苏州、承德、乐山、敦煌等；现代建设风貌观光旅游地如上海、宜昌、珠海等。

2）*度假休憩娱乐旅游地*

这类旅游地以度假、娱乐和疗养为主。

度假型旅游地包括各级旅游度假地和度假村，如北戴河度假地、云南玉龙雪山度假地、深圳西丽湖度假村等。

娱乐型旅游地包括以设有多种娱乐、游乐项目的大型游乐中心、主题公园为主的旅游地，如深圳华侨城等。

休疗型旅游地包括具有疗养、避寒、避暑等功能的各类旅游地，如广东从化、辽宁大连、山东青岛、云南昆明、广西北海、海南三亚、江西庐山等。

3）*文化与科考旅游地*

这类旅游地以文化考察为主，包括文化旅游地、科学考察旅游地、民族风情旅游地和宗教旅游地。

文化旅游地有各类历史文化名城、科技文化名城、文化教育名城，如北京、南京、扬州、成都、重庆、拉萨、酒泉、曲阜、景德镇、吴桥等。

科学考察旅游地包括各类适合开展科学考察的地域，如高山、火山、典型地层、化石产地、原始森林等构成的旅游地。

民族风情旅游地指由各少数民族聚集中心构成的旅游地，如西双版纳、大理、西昌等。

宗教旅游地如五台山、峨眉山等佛教圣地，青城山、武当山等道教圣地等。

4）生态与探险旅游地

生态旅游地，如多数的国家自然保护区、国家森林公园等，以开展徒步旅游为主。一些国家自然生态保护区、国家森林公园及目前开发难度很大的地区，不宜于作完整旅游意义上的开发，主要以保护性建设为重点。

探险猎奇旅游地包括由冰川雪峰、沙漠戈壁、溶洞峡谷等构成的旅游地。

体育健身旅游地主要包括登山、滑雪、水上运动、狩猎等方面的旅游地。

5）综合旅游地

多数旅游地兼有两种及两种以上的多项旅游功能，能够满足不同旅游者的需求，尤其是一些大城市，旅游地的性质和主体功能很难有明确的界定，因此可将具有多种突出旅游功能的旅游地划分为综合旅游地，如北京、广州等。

3．旅游地的等级

一般而言，旅游地的等级高低主要由旅游价值与接待规模所决定。我国旅游地的等级可分为四级：一级为以列入《世界遗产名录》的文化和自然遗产为主体构成的旅游地，能吸引世界各国的旅游者；二级为由国家重点风景名胜区、全国重点文物保护单位、国家森林公园、国家历史文化名城、国家自然保护区和国家级度假区等为主体构成的旅游地，能吸引国内或部分海外旅游者；三级为以省市级重点风景名胜区、省市级重点文物保护单位、省市级森林公园、省市级自然保护区和省市级度假区为主体构成的旅游地，主要吸引国内旅游者；四级为以地区级风景名胜区、地区级重点文物保护单位、地区级森林公园和度假村为主体构成的旅游地，主要吸引地区性旅游者。

5.2 旅游区与旅游区划

5.2.1 旅游区的概念与特性

相对旅游地与旅游点而言，旅游区是一个较为泛化的概念，常常与风景区、游览区和旅游地的概念相混同。在旅游区划中，旅游区是指自然地理与人文地理环境特征基本相似，自然风光与旅游特征基本相似的地理区域综合体。

1．旅游区的概念

旅游区也称为旅游地理区或文化旅游区，是以旅游资源特征为基础，具有组织旅游活动的相应机构和设施（旅游点、旅游地）的相对完整的地域体系。一般将旅游资源相对集中、类似，与邻区有显著地域差异，而区内政治、经济、文化联系较为密切的地区划分为一个旅游区。

旅游区常以某些中心城市或骨干名胜为旅游经济和旅游文化的轴心，形成点、线、面相结合的旅游网络。

2．旅游区的特征

从旅游区的概念出发，一般而言，旅游区具有如下特征。

1）系统性

旅游区无论在职能上，还是在空间格局上，都是相对完整的地域单位。为了实现其全面的旅游功能，并协调其与区域社会发展的关系，还具有配套的社会功能。作为旅游地域系统，旅游区必须具有相应的旅游经济中心，以及在旅游资源、旅游活动、旅游产业等方面，以点线面相结合的形式构成的旅游经济地域网络系统。在此基础上，也决定了旅游区在空间地域上的连片分布，以及大区域系统之下各旅游区之间在地域上的相互邻接。

2）地域性

旅游区的地域性首先表现为旅游资源特征的突出地域差异性。不同旅游区因受自然地理差异和人文历史发展差异的影响，在旅游资源的形成、开发和利用方面，都表现出鲜明的区域特色。如北国风光、中原雄风、江南秀色、南国丽容，都因地域不同而风格迥异。

由于不同旅游区因地理环境差异而呈现不同地域系统的结构性差异，从而形成各个旅游区的不同特色旅游吸引功能，以及相应的区域旅游产业结构特征。不同等级的旅游区则形成不同层次的地域特色。

3）优化性

由于旅游区具有组织区域旅游活动的机构、设施和功能，并加入了人为干预作用，是一个有预定目的、可控的自然与人工复合系统，从而有利于从整体上达到最优设计、最优控制、最优管理和使用，最大限度地发挥旅游区的功能，实现综合最优化效果。

5.2.2　旅游地理区划的目的和任务

旅游地理区划（或称旅游区划）就是人们根据各自不同的目的，依据不同的标准和指标，对一定地域的旅游资源所进行的地理区域划分。

1．旅游区划的目的

旅游区划的目的在于充分认识旅游资源的区域特色与优势，以及旅游开发与区域社会经济发展和地理环境的相互关系，以便因地制宜地合理开发利用各地的旅游资源，配置相应的旅游产业；建设风格不同、各具特色的旅游区，扬长避短形成合理的旅游地域分工体系，以取得良好的旅游经济、社会与生态效益，促进各地及全国社会经济的发展。

2. 旅游区划的意义

（1）有利于制定区域旅游发展战略，为制定与实施中长期的区域旅游发展规划提供科学依据，最终实现区域旅游业的可持续发展。

（2）能够反映旅游资源形成的区域地理背景和地域差异规律，有利于合理开发、利用和保护旅游资源。

（3）便于统一安排区域旅游设施和旅游服务系统的建设，进行旅游点与旅游地的系统建设；有利于全面系统组织涉及吃、住、行、游、购、娱的区域旅游活动，为旅游者提供全方位的服务。

（4）有利于形成和强化各地的旅游活动特色，组织设计与开发相关旅游产品，统一开展促销活动和组织客源，增加对游客的吸引力，增强区域旅游产业的竞争力。

（5）有利于旅游业与区域内其他经济部门的协调发展和相互促进。

（6）有利于协调旅游产业活动与社会、经济、文化和自然环境的关系。

3. 旅游区划的任务

旅游区划是将区域内部相似性最大、差异性最小、与邻近区域差异性最大、相似性最小的旅游地理现象从地域上加以划分，以形成各具特色而又相对完整的旅游地理区域体系。

旅游区划的任务可概括为以下几点。

（1）旅游区划的直接任务就是要确定各个旅游区比较合理的范围和界线，以及区内各级旅游经济中心。

（2）明确各旅游区的性质、特征、功能、地位和优势，提出区域旅游发展方向和规划建设重点，为研究各地的旅游发展战略提供指导和依据。这是旅游区划最基本的任务。

（3）阐明不同区域的旅游地理环境状况，摸清不同区域旅游资源的赋存状况和主要资源特色。

（4）阐明不同区域的主要旅游路线，明确各区域的主要和代表性旅游点及其主要功能特征，以便发挥旅游“热点”的优势，促进旅游“冷点”的开发，提高旅游区的整体功能效益。

5.2.3 旅游区划的原则

旅游区划是对客观存在的旅游区域进行的主观划分，它是一项理论性、科学性、实践性很强的工作。因此，在进行旅游区划时，必须遵循一定的原则。旅游区划的原则是进行区划的指导思想，是确定区划的依据，又是建立等级系统和区划方法的准绳。

1. 相对一致性的原则

旅游资源的形成、开发和利用，因受自然条件和人文因素的影响，分布上具有明确的地域性。地域差异性是旅游资源最本质的特征之一，也是旅游区划的基础和依据。一般而言，孤立的景观要素很难形成具有强烈吸引力的旅游资源，在特定的地域中，总是由相互联系、相互依存、错综复杂的各个要素共同形成旅游资源体，由此构成旅游区的基础，形成独具特色的旅游区。

旅游环境、旅游资源等方面在地域空间上虽千差万别，但在某一范围内总可以区分出若干相似程度较大而差异较小的区域，将其合为一个旅游区，以示同其他旅游区的差别。相对一致性的原则包括旅游资源成因的共同性、形态的类似性和发展方向的一致性。旅游区划就是要把旅游资源类型一致性程度最大者列在同一旅游区内。在各旅游区内部，旅游资源相似性最大而差异性最小；而在旅游区之间，则差异性最大而相似性最小。

2．地域完整性的原则

各个等级的旅游区都是相对独立的地域综合体，能独立承担一定的职能。因此，旅游区划应保证每一等级的旅游区在地域和职能上的完整性。从理论上讲，任何一种地理区划，在地域上都应具有连续性和完整性。在实际旅游区划中，往往一、二级旅游区覆盖全国，三级旅游区由于在某些较大的空间地域内、旅游资源丰度大小等原因，彼此间可以相连，也可能不相连。

为了对旅游区进行有效的管理，在旅游区划时，还需要尽可能照顾行政区域的完整性，不要轻易打破行政区界限。同时，进行旅游区划时，还要适当照顾旅游区内交通线网的完整性。

3．综合性的原则

旅游区划应综合分析自然与人文各要素间的相互关系和组合结构，并据此合理划分旅游区。旅游区的区内相似性和区际差异性也是其旅游资源综合性结构特征的反映。每个旅游区也需要发挥旅游资源的综合优势，以系统整体效益为主要目标。因此，要求旅游区划既综合考虑纵向的历史基础、发展现状和长远目标、方向，又要综合考虑横向的旅游资源类型、组合，以及开发利用的自然、社会、经济等多方面的条件。

由结构性因素形成的旅游资源的相似性和差异性具有相对性。一般而言，区划单位的等级由高到低，相似性逐渐增大，差异性逐渐减小。因此，只有按照一定的层次等级划分旅游区，才能真实地反映出不同等级层次旅游区的区内相似性和区际差异性程度的大小，以及区际的客观从属关系。旅游区一般可分为三个层次：一级旅游区、二级旅游区和三级旅游区。

4．主导因素的原则

各旅游区内分布着多种类型的旅游资源，各类型的旅游资源在旅游区内所起的作用是不同的，经常是其中某种类型的旅游资源起着长期或主导的作用，制约着旅游区的属性、特征、功能和利用方式，表现出旅游区强烈的个性和独有的特色。

因此，在区划时，要突出某种类型的旅游资源作为划分旅游区的主要依据。同时，要注意区划的多样性，满足人们旅游行为多层次、多类型的需要。另一方面，必须建立功能各异、一主多辅的旅游区，以满足旅游者各种层次和类型的需要，合理划分旅游区。

5. 旅游中心地的原则

旅游区有无旅游中心地是衡量其完整性的首要条件，每个完善的旅游区都必须至少有一个旅游中心地（旅游风景名胜区或旅游中心城市）作为区域旅游活动的核心。作为旅游中心地，其资源数量丰富、类型齐全，并能代表整个旅游区的旅游资源特色。旅游区还必须以中心城市为依托，中心城市是区内政治、经济、文化中心，拥有较好的食宿、交通、通信、购物等必备的旅游设施，并具有行政、交通和旅游综合服务的优势。旅游区范围的划分应尽可能考虑到相应中心城市旅游综合服务功能的基本辐射范围。

5.2.4 旅游地理区划的命名

对旅游区域进行科学性、实用性命名，是旅游地理区划的重要内容之一。我国不少学者对旅游地理区划命名进行了探索。从目前所展示出来的各旅游地理区划方案成果来看，在形式上既有单一因子命名法，也有多因子复合命名法；在内容上既有地域方位或地域名称命名法，也有某一自然或人文为主导景观因子的命名法，还有多种景观内容结合在一起的综合命名法。不论何种命名法，都要求高度概括旅游区的本质性特征。为此，命名必须方位明确、主题突出、个性鲜明、形象高雅，并具美学艺术。

5.3 中国旅游地理分区

5.3.1 中国旅游地理区划的方法

中国旅游地理区划是一项涉及面很广、细致复杂、科研性很强的工作，国家至今尚未正式组织进行。由于教学和科研的需要，不少学者进行了有益的探索，提出了一些不同的旅游区划方案及相应的分区体系。其中，八大旅游区、三级分类的旅游区划方案最为引人注目。

三级分类的旅游区划方案是把全国划分为若干一级旅游大区，每个大区由二至多个省级行政区域组成，每个旅游大区又分若干二级旅游亚区，二级旅游亚区由完整的省级行政区域组成。在二级旅游亚区内又由若干的三级基本游览区组成，基本的游览区是由一个旅游中心城市为主组成的旅游地单元。

5.3.2 中国旅游地理区划的方案——八大旅游区

根据旅游区划的原则，依据旅游资源的特点，保持行政区划的完整性，采用单一区域方位因子命名法，将全国分为八个旅游大区。

1）东北旅游区

本区包括黑龙江、吉林和辽宁三省。该区是我国纬度最高的旅游区。林海雪原、火山和熔岩奇观、温带海滨风光、山川湖泊、雾凇、极光与极昼现象、独特的动植物等，构成了北国风光的自然旅游资源；以清朝前期满族文化遗存为代表的历史文物和以满族、朝鲜族、鄂伦春族、赫哲族等为代表的少数民族风情，构成了别具风采的人文旅游资源。

2）京津冀旅游区

本区包括北京、天津和河北两市一省。该区位于京畿之地，区位优势突出，是我国旅游业发展的核心区域。该旅游区以人文景观为主，兼备多种旅游资源，人文旅游资源的种类、数量和质量占有绝对优势。

3）黄河中下游旅游区

本区包括陕西、山西、河南和山东四省。该区居于我国北部中枢地区，是中华民族的发祥地，也是我国旅游业发展的核心区域。该旅游区山岳云集，海滨风光旖旎，历史遗迹与名山海景浑然一体。

4）长江中下游旅游区

本区包括湖北、湖南、江西、安徽、江苏、浙江和上海六省一市。该区地处长江中下游地区，濒临东海，交通便捷，经济发达，是我国旅游业发展的重心区域。该旅游区河湖胜景众多，文化古迹丰富多彩，自然山水风光和人文景观兼优。

5）华南旅游区

本区包括福建、广东、广西、海南、台湾五省区及香港和澳门两个特别行政区。该区位于我国最南端，经济发达，是著名的侨乡及海外游客的主要入境口岸，旅游业发展优势突出。该旅游区属于热带和南亚热带山海风光，是我国冬季的避寒胜地，同时文物古迹和革命圣地众多，民族风情别具一格。

6）西南旅游区

本区包括重庆、四川、云南、贵州三省一市。该区位于我国西南部，青藏高原东侧，是我国旅游业发展较重要的一个区域。该旅游区旅游资源特色鲜明，岩溶景观发育典型，热带亚热带高山高原及峡谷风光独特，动植物种类丰富，民族风情浓郁。

7）西北旅游区

本区包括内蒙古、宁夏、新疆、甘肃三区一省。该区深居内陆，面积广大，呈现出与众不同的自然人文景观，是一个颇具特色、开发前景广阔的旅游区。该旅游区内沙漠戈壁与绿洲、草原森林与雪山构成层次分明的自然景观，“丝路”古迹、石窟艺术和民族风情更是异彩纷呈。

8）青藏旅游区

本区包括青海和西藏一省一区。该区位于我国西南部的青藏高原上，号称“世界屋脊”，是一个发展广阔的待开发和正在开发中的旅游区。该旅游区的登山探险、科学考察、民族风情在旅游开发上独具优势。在该旅游区内，冰雪世界、高寒草原、湖泊热泉、高山峡谷、原始森林构成了奇异的自然旅游资源；具有原始色彩的藏族风情、宗教文化与建筑构成了神秘诱人的人文旅游资源。

思考题

1. 旅游景点、旅游点及旅游地有何不同？
2. 旅游点有哪些类型？
3. 旅游区划的原则是什么？
4. 旅游区划的目的和意义是什么？
5. 旅游区划的任务是什么？
6. 你所在的省份在哪个旅游大区？有哪些著名旅游地？旅游资源有什么特色？

第6章 东北旅游区

东北旅游区包括黑龙江、吉林、辽宁三省。它位于中国的最东北，北、东、东南三面与俄罗斯、朝鲜为邻，是中国少数民族相对较多的区域，主要包括满族、蒙古族、朝鲜族、鄂伦春族、赫哲族、锡伯族、达斡尔族、回族等。林海、雪原、黑土地的天然魅力及农耕、渔猎文化交织的民族风情使得这一区域具有鲜明的旅游地理特色。

6.1 旅游地理特征

6.1.1 旅游地理环境特征

1. 旅游自然环境

1）山水环绕，平原辽阔

我国东北地区地形是由半环状向南敞开的三个地带组成。最外是水绕边界，由黑龙江、乌苏里江、图们江、鸭绿江等河流的冲击而成的河谷谷地；中部为高度不大的山体，西部为兴安山地，东部为长白山和千山山地，海拔大多在500～1 000米之间；里层为松嫩平原、辽河下游平原、三江平原组成的东北平原，并成为打破环状连续性的一个缺口。

大面积郁郁葱葱的针叶林和针阔混交林，以及繁茂如茵的草甸草原，是东北自然景观最主要的特色。因此，人们常以“林海”来概括东北的自然景色。大面积的腐殖质层堆积形成的肥沃土壤，人们将其称为“黑土地”。

2）冷湿性温带季风气候

东北地区属温带季风气候，冬季寒冷而漫长，夏季温暖而短促。平均最低气温在零下

20℃以下，是世界上同纬度陆地气温最低的地区，漠河曾记录了零下52.3℃的全国最低值，称为“中国寒极”。

2. 旅游人文环境

1）多元文化的民俗风情

东北地区是中国少数民族相对较多的区域。满族人擅长骑射，民间流行抽陀螺、秧歌舞和二人转；朝鲜族人能歌善舞，喜欢荡秋千、跳板、摔跤等，民间流行长鼓舞、扇子舞等；鄂温克族人世代以狩猎为生，以饲养驯鹿闻名，民歌曲调独具风格；赫哲族人以渔猎为主，喜欢在衣物上绣各种鸟兽花草图案。众多的民族及多样的生产生活方式相交织，形成了本区典型的多元文化民族风情。

2）多种文化影响的建筑艺术

明清以前，本区主要以少数民族游牧文化为主，同时也受中原文化的影响，因而各地文化遗址既富有游牧民族的风格，又与中原文化相联系，例如吉林集安的高句丽古建筑、古墓群和壁画，黑龙江的渤海国上京龙泉府遗址、会宁府遗址等。从明朝开始，汉文化和当地游牧文化融合，形成了满汉结合的建筑风格，典型的是沈阳故宫。

1896年，沙俄进入黑龙江，以哈尔滨为据点输入欧洲文化。20世纪初，日本势力进入东北，1931年发动“九·一八”事变，以武力侵占了东北三省，实行殖民统治。因此，东北地区又留下了大量欧式及日本式或多种文化融合式的建筑。

独特的历史进程，使本区城市建筑风貌呈现截然不同的风格。其中以哈尔滨最为典型，素有“东方莫斯科”、“东方小巴黎”之称。现存有代表性的早期建筑多达500多座，绝大部分为欧式建筑。众多的欧式建筑与中国古典式、日本式及现代大厦交织，构成了哈尔滨城市风貌的一大特色。

3）名胜古迹众多

东北地区从春秋到清代的历史遗迹众多，其中主要是渤海国、高句丽国、辽、金、明、清等时期的遗迹。以清代遗迹保存最完整，数量最多，如沈阳故宫、清代关外三陵、宁远卫城等。

6.1.2 旅游资源特征

1. 林海雪原景色

东北地区保存了大面积的原始森林，也分布着可供观赏的风景林。由于西北部湿润度降低，形成了大片温带森林草原和草甸草原。

大面积的森林和草原，为多种野生动物提供了生长和繁殖的条件，因此东北成为我国目前最重要的野生动物产地和狩猎区。在原始森林中，栖息着东北虎、紫貂、熊、麝、梅花鹿、狐等珍稀野兽。人参、貂皮、鹿茸被称为“东北三宝”。

千里冰封、万里雪飘的壮观奇特景象是东北地区自然风光的代表。哈尔滨的冰灯、冰雕名闻中外，吉林的雾凇景观千姿百态，令人陶醉。东北地区丰富的冰雪资源有利于开展冰雪运动和冰雪旅游。

2．火山熔岩地貌奇观

东北地区火山活动相当剧烈，共有火山230多座，组成约20个火山群，占全国总数的30%，从长白山、大小兴安岭到平原地带均有分布，是我国火山熔岩地貌类型最丰富、数量最多、分布最广的区域。火山群主要集中分布在吉林和黑龙江省，以五大连池最为著名，成为东北著名的火山遗迹游览区。

由于火山作用而形成的山水风光，如长白山天池和瀑布、五大连池、镜泊湖、阿尔山火口湖及地下森林等，与其他自然风景相比均有其独特之处。

3．气候旅游资源优势突出

东北地区的冬季一般长达半年以上，具有明显雪期长、雪量大、雪质好的特点，使山地滑雪运动成为本区最可贵的气候旅游资源。例如，黑龙江的亚布力滑雪基地、桃山雪场、玉泉雪场，吉林的长白山冰雪基地都是滑雪的良好场所。除滑雪资源外，还可以开展滑冰、冰球、冰帆、冰橇、冰陀螺、狗拉爬犁等体育娱乐活动。

本区夏季气温不高，7月平均气温20℃～24℃，大兴安岭北部低于18℃，是长冬无夏，春秋相连的区域，因而本区避暑旅游胜地广泛分布，其中以海滨城市大连、滨江城市哈尔滨、“北极村”漠河及各地山地风景名胜区最为有名。

漠河每到夏至前后，太阳早早升起，迟迟不落，逗留时间可达16.5小时以上，整个夜晚都像平日的黄昏，当地人将其称为“白夜”，并以多种多样的传统方式欢度这种美妙的夜晚。现在这种奇特的景象也成为一种旅游资源，吸引着大量喜爱探索自然奥妙的游客前往。

6.2 黑龙江省

6.2.1 概况

黑龙江省简称“黑”，地处我国的东北部，北部和东部隔黑龙江和乌苏里江与俄罗斯相邻，是我国位置最北、纬度最高的省份，因省内的最大河流黑龙江而得名。黑龙江古称黑水，满语为“萨哈连乌拉”，“萨哈连”是“黑”的意思，“乌拉”是“江”的意思。

黑龙江省的地势大致是西北部和东南部高，东北部和西南部低，主要由山地、台地、平原和水面构成。

黑龙江省有悠久的历史，远古人类活动可以追溯到公元前两万年。发祥于这片膏腴之地的靺鞨及其后裔女真和满族，先后建立了王朝。17世纪中叶以后，黑龙江地区各族人民反抗沙俄和日本帝国主义的侵略和占领，写下了无数可歌可泣的历史篇章。

黑龙江省旅游资源特色鲜明，冰雪资源堪称全国之最，滑雪期长达120～140天。黑龙江省境内雪质好、降雪多，山区降雪可达100～300厘米，山体坡度适中，适于建大型滑雪场的地方有100多处。冰雪成为黑龙江旅游的特色，冰城哈尔滨、鹤乡齐齐哈尔、林都伊春，一年四季分明，滑雪、赏冰、游湖，处处都能领略到北国风光、晶莹世界的魅力。黑龙江旅游主要以哈尔滨、五大连池和镜泊湖为中心，形成南部旅游区。

黑龙江省现有哈尔滨、齐齐哈尔、牡丹江、佳木斯等4个民用机场，其中哈尔滨太平国际机场是全国大民航机场之一，是我国东北第二大国际航空港，有飞往俄罗斯、韩国和日本的航班。铁路干支线以哈尔滨、齐齐哈尔、牡丹江、佳木斯等中心城市为轴心向四周辐射，并通过国际干线连接俄罗斯、朝鲜。公路网络形成了以哈尔滨为中心，向齐齐哈尔、佳木斯、牡丹江、伊春、黑河等方向呈辐射状分布。水运以松花江、黑龙江、乌苏里江为骨干，以哈尔滨和佳木斯港为枢纽的水运网贯穿全境。

黑龙江省的主要旅游线路如下。

（1）天然奇景旅游线：镜泊湖—扎龙—五大连池—漠河。

（2）冰雪奇观旅游线：哈尔滨—牡丹江—双峰—林海雪原。

（3）都市风光旅游线：齐齐哈尔—哈尔滨—牡丹江。

（4）边境风情旅游线：绥芬河—抚远—佳木斯—伊春—黑河—漠河。

6.2.2 主要旅游景区及景点

1. 哈尔滨游览区

哈尔滨市位于东北平原北部，松花江中游，是黑龙江省省会。“哈尔滨”在满语中是“晒网场”的意思。此地原为一渔村，修建铁路后逐渐发展起来。哈尔滨是一座美丽而具有特殊风格的城市，是东北地区重要的工业城市和铁路交通枢纽，也是东北北部的航空运输中心。

哈尔滨冬季冰上活动丰富多彩，冰灯游园活动尤为突出，素有“冰城”之称。夏季的哈尔滨气候凉爽，风景秀丽，是有名的旅游避暑胜地。

1）太阳岛

太阳岛是松花江江心的一个沙岛，全岛面积约38平方千米，与哈尔滨的斯大林公园隔江相望，是我国北方著名的旅游和疗养胜地之一。

在太阳岛松北新区的“东北虎林园”，目前开发放养虎园面积约36万平方米，是世界最大、中国唯一的东北虎群野化训练基地。

2）兆麟公园

位于哈尔滨市道里区松花江畔，以抗日名将李兆麟的名字命名。每年冬季的“冰雪节”，在兆麟公园举行盛大的冰灯游园会。哈尔滨的冰灯游园会与广州同期举办的羊城花会南北呼应，成为春节期间丰富多彩的庆祝活动中的两支奇葩。

3）东正教堂

位于哈尔滨市内，建于清光绪二十五年（1899年），是哈尔滨市规模较大和较早建成的一座教堂。教堂为拜占庭式建筑，巍峨宽敞。

4）亚布力旅游滑雪度假区

位于哈尔滨尚志市亚布力镇。它集滑雪、度假、康体休闲、观光、娱乐为一体，是最具综合性的国家级滑雪旅游基地。滑雪季节从12月到次年3月。

5）二龙山滑雪场

位于黑龙江省二龙山风景区内，二龙湖南岸，依山傍水。雪场最高点为望龙山顶峰，海拔266米，山势较为平缓，总面积78万平方米，是国内一流的新一代旅游滑雪场。

2. 齐齐哈尔游览区

齐齐哈尔市位于黑龙江省西部的松嫩平原，素以生态环境好、野生动植物繁多、山水景色粗犷、文化古迹奇特、冰雪风光绮丽而著称。因市区东南部的扎龙国家级自然保护区栖息繁衍着世界珍禽丹顶鹤，享有“鹤乡之城”的美誉。

1）扎龙自然保护区

距齐齐哈尔市30千米，面积21万公顷，是国家级鹤类保护区。保护区地势低洼，沼泽广袤辽阔，是水禽鸟类栖息繁衍的“天堂”，共有230多种鸟类。其主要的珍稀种类有丹顶鹤、白枕鹤、灰鹤等，被誉为“丹顶鹤的故乡”和观鸟胜地。

2）明月岛风景区

位于齐齐哈尔市西北7千米处，是嫩江中的一座四面环水的江心岛，面积360公顷。岛上绿树成荫，花草丛生，自然景观琦丽。明月岛风景区夏季是野餐露宿和避暑休假的场所，冬季是冰雪旅游胜地。

3. 牡丹江游览区

牡丹江市位于黑龙江省东南部，地处中、俄、朝三国的“金三角”腹地，是东北亚大通道上的一座区域性中心城市。因气候宜人，风景秀丽，素有“塞北江南”的美誉。

1）镜泊湖

位于宁安市西南，是我国最大的高山堰塞湖，总面积90平方千米，被誉为“东北第一湖”。它是在大约1万年以前火山爆发，岩浆堰塞了牡丹江河道而形成的山中湖泊。因水平如镜，故称为“镜泊湖”。

镜泊湖周围峰峦叠翠，湖水碧澄如镜，在宽阔的湖域中和沿湖两岸有吊水楼瀑布、白石砬子、大孤山、小孤山、城墙砬子、珍珠门、道士山、老鹄砬子等8大自然景观，形成了山中有湖、湖中有山、山中有林的天然公园。城墙砬子是唐代渤海国屯兵之地，距今已有千余年的历史，宫城高达7米，城垣长约5千米，登上城顶，可俯瞰镜泊湖全景。

2）吊水楼瀑布

位于镜泊湖风景区，是镜泊湖水泻入牡丹江的出口。此处有一道大坝，水从坝上往下冲，形成一个落差约20米、宽约40米的瀑布。静静的湖水到此即奔腾咆哮，飞泻而下，发出雷鸣般的轰响，1 000米以外就能听到。

3）火山口地下原始森林

位于镜泊湖西北约50千米，坐落在张广才岭海拔1 000米的深山区，面积66 900多公顷，是一座天然的绿色宝库，为国家级自然保护区。

在方圆20千米范围内，有内岩壁陡峭且形状不同的7个火山口连在一起，在火山口内生长出了森森古木，树种繁多，有的树龄高达600年以上，平均树龄在300年左右。

4）牡丹峰国家森林公园

位于牡丹江市郊东南，距市区仅30千米。牡丹峰又名天岭或大架子山，南北走向，主峰海拔1 115米，总面积约400平方千米，有天泉、玄武河、龙头泉、杏花山、佛手山、鹰峰顶、磨盘山、白桦川、一线天、杜松岭、古城、密营等众多的景点。其地势向西北倾斜呈放射状下降，高差近800米。牡丹峰冬季雪量大、雪期长、雪质优良，年积雪期长达160余天，可供滑雪天数为140余天。

4. 大兴安岭游览区

大兴安岭地区地广人稀，有24个民族，地上、地下资源极为丰富，被称为“遍地皆为宝，天下也难找”。全区有林地面积达730万公顷，森林覆盖率达64%，是绿色王国。

1）鄂伦春民族村

位于大兴安岭主脉东南部，始建于1953年9月，全乡1 357户，10个民族，共4 000多人。现已开辟为民俗风情游览点。每年6月8日在这里举行篝火节。

2）漠河北极村

位于中国最北部的一个边陲小村，素有“北极村”、“不夜城”之称是全国观赏北极光和白夜胜景的最佳之处，总面积16平方千米。有北陲哨兵、神州北极、古水井、日伪电厂遗址、最北第一家等景点。

5. 五大连池风景名胜区

位于小兴安岭西南侧的五大连池市境内。1719—1721年间，因火山爆发，火山熔岩堵塞白河河道，形成五个相连的火山堰塞湖，故名五大连池。

五大连池周围有14座火山锥和60多平方千米的熔岩台地，总称五大连池火山群。这组火山群拔地而起，形态各异，景观壮丽。在大面积的熔岩台地上，到处可见千姿百态、奇形怪状的熔岩地貌，因此五大连池素有“火山博物馆”之称。

火山脚下是横亘南北的火山熔岩流形成的气势宏伟的“石龙”，似惊涛骇浪，粗犷而又奇特，形态如海龟、波浪、隧洞、石塔、瀑布，比岩溶石林毫不逊色。五大连池为全国重点风景名胜区。

6.3　吉林省

6.3.1　概况

吉林省简称“吉”，地处我国东北中部，松花江畔，与俄罗斯、朝鲜接壤。“吉林”在满语中为“沿江”之意。汉朝时期的高句丽地方政权和唐代的渤海国前期都城分别在长白山区和集安、敦化、珲春、临江、和龙等地。这一带古城址等历史遗存十分丰富。长白山区还是我国朝鲜族、满族文化的发祥地之一。

吉林省的自然风光大多保持了原始自然风貌，少有人工雕琢，构成了吉林特有的神奇、粗犷、古朴的旅游资源特色。吉林旅游以长春、吉林和长白山为中心，集中了最好的自然和人文旅游景观。长春是新中国汽车和电影的摇篮，吉林雾凇被誉为中国四大自然奇观之一，长白山区素以“林海雪原”著称。

吉林省有长春、吉林、延吉等机场。铁路交通发达，京长线、沪长线直达重要城市北京、上海。公路以长春、吉林、通化、白城、四平、延吉等地为中心延伸全省各地，四通八达。省内水路运输以松花江为主干，4—11月为通航期。

吉林省的主要旅游线路如下。

（1）长白山水与民俗风情旅游线：通化—集安—长白山—延吉—珲春。

（2）吉中古迹地貌和秀水寒冰旅游线：伪满皇宫—净月潭—电影城市—松花湖。

6.3.2　主要旅游景区及景点

1．长春游览区

长春市为吉林省省会，始建于1800年，是闻名中外的“汽车城、电影城、科技文化城和森林城”，也是全国重要的玉米、大豆生产基地。长春城区绿化覆盖率近40%，素有“北国春城”的美誉。

1）伪满皇宫

位于长春市区东北角，建于1932年，是伪满洲帝国的宫殿。宫殿分外廷和内廷两部分。外廷主要建筑有勤民楼、怀远楼、嘉乐殿；内廷主要建筑有缉熙楼、同德殿。此外还有御花园。伪满皇宫现为吉林博物馆。

2）净月潭国家森林公园

位于长春市区东南部，距市中心10千米，面积150平方千米，森林覆盖率达63%，形成具有北国特色的森林景观。其中的净月潭长7千米，宽1千米，面积400公顷，呈新月形，在青山绿树的环抱中，潭水终年清澈碧透，净月潭因此而得名。净月潭南侧还有金代古墓两处。净月潭国家森林公园为国家级风景名胜区。

3）电影城

长春电影制片厂是我国最早向旅游者开放的电影制片厂，是著名的电影城，有道具陈列馆、电影一条街外景场、特技摄影棚、电影艺术家蜡像馆、先睹为快馆（放映新片）等景点。

2. 吉林游览区

吉林市位于东北中部，是吉林省第二大城市，也是我国唯一与省重名的城市。吉林雾凇、冰雪体育、松花湖、乌拉古城、北山古庙群及满族、朝鲜族民俗风情等构成了具有浓郁北方特色的旅游热线。

1）松花湖

松花湖是第二松花江上游丰满水电站截流而成的人工湖泊，贯穿于吉林地区东南部的崇山峻岭之间，长约200千米，平均宽近3千米，面积约500平方千米，是东北最大的人工湖。湖水沿着两岸沟谷延伸，峡谷幽远曲折，奇峰林立。

松花湖每年有近6个月的冰雪期，冬季十里长堤上冰雪树挂奇观，为国内罕见，可进行溜冰、滑雪、狩猎等活动。每当汛期，丰满水电站大坝的泄洪闸开启，湖水从90多米的高处飞泻而下，蔚为壮观。

2）北山古庙

位于吉林市区西北，占地128公顷，现存玉皇阁、坎离宫、药王庙和关帝庙等。北山古庙群供奉有火神、财神、水神及孔子、老子、释迦牟尼等，儒、道、释杂糅于一体，为全国罕见。

3）吉林文庙

吉林文庙是东北最大的文庙，与曲阜孔庙、南京孔庙、北京孔庙并称为中国四大文庙。吉林文庙于宣统元年（1909年）落成，占地16 354平方米，有大成殿、崇圣殿等殿堂，呈三进院落。

4）吉林北大湖滑雪场

位于吉林市永吉县五里河镇，距市区56千米。北大湖滑雪场积雪日达160天左右，山坡平缓，少陡崖峭壁，主峰海拔1 408.8米，海拔高度超过1 200米的山峰有9座。

3. 长白山自然保护区

位于吉林省东南部，以长白山天池为中心，地跨白山、延边两市州的抚松、长白、安图三个县，被称为“东北第一山”，面积20余万公顷，是我国目前最大的保护区之一。长白山自然保护区于1980年1月列入联合国教科文组织“人与生物圈”保护区，成为国内外重要的科研基地。

长白山是一座休眠性火山，主峰白云峰是一座火山锥体。长白山气势雄伟，林木参天，素有“长白林海”之称，有高等植物1 400余种，如著名的红松、紫杉、水曲柳、白桦、椴等。从山下到山顶不到100千米的路程中，其气候、土壤、生物呈现从温带到极地的变化，几乎是亚欧大陆从温带到寒带植被类型的缩影。林中还栖息着各种珍禽异兽，其中脊椎动物就有300多种，著名的有东北虎、麝、梅花鹿、紫貂、金钱豹等。长白山又被称为“药材之山”，有人参、党参、黄芪、木灵芝等300余种中药材，是东北三宝的产地。

长白山自然保护区是风景秀丽的游览胜地。其最著名的风景是天池，为中朝两国的界湖，海拔2 194米，是我国最高的火山湖，面积9.82平方千米，最深处达373米，为我国最深的湖泊。天池周围为16座海拔2 500米以上的山峰环绕，碧波映林海，景色迷人。发源于天池的长白山瀑布从天池北口的悬崖峭壁上飞流直下，水珠汇成的云雾弥漫着山坡，十分壮观。

长白山多温泉，有长白温泉群、天池湖滨温泉群等多处。最著名的长白温泉群水温在60℃以上，最高80℃。长白温泉含硫化氢，可治疗关节炎、皮肤病，有很高的医疗价值。

4. 通化游览区

通化市位于吉林省南部浑江江畔，东临长白山，城内山清水秀，风光绮丽，是著名的旅游城市。通化是“关东三宝”——人参、貂皮、鹿茸的主要集散地之一。

1）集安

位于吉林省南陲鸭绿江边，与朝鲜一江之隔，为国家历史文化名城。集安原来是我国古代少数民族高句丽（公元3年至427年）的都城，保留有众多的高句丽文物古迹，最著名的是洞沟古墓群，还有“东方第一碑”之称的好太王碑和“东方金字塔”之称的将军坟。丸都山城是高句丽的都城遗址。2004年高句丽遗址列入世界文化遗产名录。

高句丽壁画墓主要集中分布在集安市和朝鲜境内，被誉为“东北亚艺术宝库”。它记载了中国古代东北少数民族的特殊文化，是5 000年华夏文明的一朵奇葩。

2）将军坟

位于集安市东北5千米的龙山脚下，是一座形似埃及金字塔的巨型石墓，有“东方金字塔”之称，是最具代表性的高句丽王陵，也是中国现存最为宏伟的古墓之一。

将军坟屹立于龙山脚下，南望鸭绿江，北依禹山。龙山、禹山交会，将军坟处于其间，远远望去，两个山头与高大古墓构成“二龙戏珠”之势。经考证，这座方坛阶梯墓是高句丽第20位王“长寿王”的陵寝。

3）龙湾

位于辉南县境内，是进入长白山的门户之一，为我国著名第二大火山群——龙岗火山群分布区。区内有6个火山湖，是20万年前火山喷发后地下水上升聚集而成的。湖的周围青山环抱，像一条巨龙盘卧在湖边，所以称火山湖为龙湾。

6.4 辽宁省

6.4.1 概况

辽宁省简称“辽”，地处我国东北地区的南部沿海，南邻黄海、渤海，辽东半岛斜伸入二海之间，东部与朝鲜隔鸭绿江相望，其中部的辽河平原是东北的三大平原之一。辽东半岛因其地理位置与自然条件，被称为“东北金三角”。

辽宁历史悠久，留下了大量的文物古迹，尤以清代遗存居首要地位。沈阳故宫是仅次于北京故宫保存完好的宫殿，清朝入关前的三座皇陵都在辽宁。辽宁也有山海之胜，千山、凤凰山为著名风景区，水洞为北方罕见的地下河溶洞，大连海滨为优美的海滩及避暑胜地。

辽宁旅游形成两大区域：一是以沈阳、大连为中心的辽东地区；二是以锦州为中心的辽西地区。

辽宁省有沈阳、大连、丹东、锦州、辽阳和朝阳等民用机场，其中沈阳桃仙机场和大连周水子机场为国际机场。铁路以沈阳为中心，干线有京哈、沈大、沈吉、沈丹等铁路线。公路建成了京沈、沈大、沈本、沈哈、沈抚等高速公路，还有 G101、G102、G201、G202、G203、G304、G305、G306 等国道。大连港是东北第一大港，终年不冻，有客轮发往天津、秦皇岛、蓬莱、烟台、威海、上海和韩国仁川。

辽宁省的主要旅游线路如下。

（1）故都遗存与名山圣水旅游线：沈阳—抚顺—本溪水洞—千山—医巫闾山。

（2）海滨风景名胜旅游线：兴城—大连海滨—旅顺口—金石滩—庄河冰峪沟—丹东鸭绿江—凤凰山。

（3）山水风光旅游线：沈阳—鞍山—营口—葫芦岛—锦州—阜新；沈阳—本溪—丹东。

（4）辽西古迹旅游线：沈阳—锦州北镇—义县—锦州—葫芦岛。

6.4.2 主要旅游景区及景点

1. 沈阳游览区

沈阳市位于辽河平原中部，浑河北岸，为辽宁省省会。浑河原称沈水，故有“沈阳”之名。

沈阳是一座具有 2 000 多年历史的文化古城。西汉时期称“侯城县”，辽、金时期称沈州，元代改称沈阳。明代后期女真族（即满族）复兴，建立后清，建都在此，称“盛京”，后称奉天。满清入关前为清都近 20 年，留有许多名胜古迹和历史文物，较著名的有沈阳故宫、福陵、昭陵等。

1）沈阳故宫

位于沈阳市旧城中心，为清初皇宫，清入关后称奉天行宫，面积6万多平方米，有300多间房屋，是我国现存仅次于北京故宫的最完整的皇宫建筑。

沈阳故宫是清太祖努尔哈赤和清太宗皇太极营建的皇宫。清世祖福临（顺治帝）也在这里即位称帝。1948年沈阳解放后，故宫改为博物馆。

2）昭陵

位于沈阳市北郊，故又称“北陵”，是入关前的清太宗皇太极和孝端文皇后（博尔济吉特氏）的陵墓，面积450多万平方米，是清朝关外三陵（昭陵、福陵、永陵）中规模最大、风景最佳的一处，也是我国保存最好的古王陵之一。

昭陵建筑气势磅礴，巍峨庄严，解放后经大力修缮，扩大园林，增建亭台楼阁和人工湖，已辟为北陵公园，成为沈阳的著名风景区。

3）福陵

位于沈阳的东郊，故有“东陵”之称。福陵建于后金（清）天聪三年（1629年），在清朝“关外三陵”中居于第二位。它是清太祖努尔哈赤和他的皇后叶赫那拉氏（清太宗的生母）的陵墓，面积19.5万平方米。

福陵南傍浑河，北靠天柱山，丘陵起伏，万松耸翠，幽静肃穆，现为沈阳市郊区疗养和游览场所。

4）张氏帅府

位于沈阳故宫附近，是奉系军阀张作霖及著名爱国将领张学良将军的官邸和私宅，又称“大帅府”、“少帅府”。张氏帅府建于1914年至1939年，是一座有青砖素面围廊的中西混合建筑群，现辟为“千古功臣张学良将军业绩展览馆”。

5）无垢净光舍利塔

位于沈阳市皇姑区塔湾街，辽重熙十三年（1044年）由契丹人修筑，清崇德五年（1640年）重修，是沈阳市历史较久的古建筑之一。塔为密檐塔，塔身空心，在全国同类建筑中绝无仅有。塔内出土有鎏金佛、舍利子、经卷、瓷器等大批珍贵文物，地宫四壁尚有保存完好的彩色壁画。

2．大连游览区

大连市位于辽东半岛南端，东濒黄海，西临渤海，与山东半岛隔海相望。大连市交通发达，为哈大铁路的终点，又是港阔水深的不冻港，为辽宁省的海上交通枢纽，也是我国对外贸易的重要海港之一。

大连市属暖温带海洋性气候，终年温和，四季分明，为我国著名的终年疗养、避暑和旅游胜地，是以观赏大海和游览山、海、礁、岛自然景观为主的国家级风景名胜区。

1）大连海滨

大连的闻名，首先在于迷人的海滨。大连海滨景区海岸线长达30余千米，蓝天碧海，气象万千。游览区内礁石错落，著名的海滨有星海公园、老虎滩公园等。

星海公园位于大连市内的西南海滨，是大连最大的风景别致的海滨公园，由陆地公园和海水浴场组成。相传古代有巨星坠入海滨，是镇压鲨鱼的奇石，叫“星石”，星海公园由此得名。“黑石礁”为大连海滨八景之一。

老虎滩公园位于大连市内的东南海滨，三面环山，一面是海水浴场，为大连八景之一。公园海滩上留有半拉山，酷似老虎的半个脑袋，石槽山酷似一个巨人横卧海面，虎牙礁酷似敲下的虎牙，公园也因此得名。

2）旅顺口

旅顺口是我国历史上的海上门户，地形雄伟壮阔，留有众多古迹。近代史上的中日甲午战争和日俄战争都留下了不少遗迹，是进行爱国主义教育的课堂。旅顺口外礁岛棋布，口内峰峦叠翠，自然风光绮丽多彩。

3）金石滩

位于大连市北郊的金州区境内，因海滩上遍布晶莹圆润的五色石，故名金石滩。金石滩拥有7.5千米长的沙滩和5千米的奇礁异石，具有海滨浴场和海上石林的双绝景色。其中部是长4千米、宽百余米的大型海滨浴场，还有几十处隐于绿树礁林之中的小浴场，是我国北方最好的天然海水浴场。海蚀地貌景观“海上石林”构成4大景区50多个景点。

金石滩冬无严寒、夏无酷暑，物产丰富，是具有科普教育、科学考察、水上运动、游览观光、度假休养等多功能的综合性海滨风景名胜区。

4）老铁山

位于辽东半岛最南端，三面环海，气候温湿，植物生长茂盛，绿树成荫，是候鸟理想的栖息场所。

5）蛇岛

位于辽东半岛旅顺口西北部的渤海之中，面积约1平方千米，是一个无人居住的孤岛。岛上遍布各种蛇，约14 000多条，大部分是剧毒的蝮蛇。蛇岛为国家级自然保护区。

6）海王九岛

位于庄河市南约30千米，由大小9个岛屿组成。海王九岛上岛礁成片分布，由海蚀地貌形成，景色如画。其主要景点有团圆岛（又称鸟岛）、双狮岛、观象岛、井蛙岛、海龟岛等。大王家岛上有灯塔、大炮等海防要塞古迹。

7）极地海洋动物馆

位于大连老虎滩，是世界上建筑面积最大、屯水量最多、展示极地动物最全的场馆，已被列入吉尼斯世界纪录大全。

3. 鞍山游览区

鞍山市位于沈阳市南90千米，哈大铁路线上，由市南7千米的东鞍山和西鞍山得名，山麓有古鞍山城遗址。鞍山市周围铁矿丰富，采矿冶铁始于西汉，已有2 000多年的历史，是我国北方最大的钢铁工业基地，号称“钢都”。

1）千山

位于鞍山市东南 20 千米处，原名千华山，面积约 300 平方千米，海拔 708 米。山中奇峰迭起，塔寺棋布，共有峰峦 999 座，故名千山。千山是东北名山，也是东北著名的风景区之一。

千山有北、中、南三沟三个风景区。名胜古迹多沿沟分布，其中北沟名胜尤为集中，有无量观、祖越寺、龙泉寺、葛公塔、玉皇阁、八步紧、夹扁石、一步登天、天上天、一线天和五佛顶等景点。

2）汤岗子温泉

位于鞍山市南郊 15 千米，处在风光旖旎、清秀多姿的千山风景区内，共有温泉 18 处，是东北地区著名的温泉之一。汤岗子温泉是我国最大的理疗康复中心，也是我国规模最大的温泉疗养院。

3）药山

位于岫岩满族自治县境内，系千山余脉，辽宁名山之一，是集佛、道两教于一山的宗教圣地。药山以盛产药材而得名，山势高峻，绵延 10 余千米，有大小奇峰 40 多座，总面积约 50 平方千米，由观沟、大寺沟、石花顶、南天门等景区组成。

4．抚顺游览区

抚顺市是我国煤都。市区内有雷锋墓、雷锋塑像和纪念馆。市东北有大伙房水库，面积 110 平方千米，群山环抱，山清水秀，库区内已建成国家森林公园的元帅林，以及明朝与后金的战争之地萨尔浒山。

永陵位于新宾满族自治县城西，前临苏子河，背倚启运山。永陵原名兴京陵，始建于明万历二十六年（1598 年），清顺治十六年（1659 年）改称永陵。永陵占地面积 11 880 平方米，是清初关外三陵之一。这里埋葬着清太祖努尔哈赤的远祖、曾祖、祖父和父、伯父、叔父等，是清代最早的皇陵。

5．本溪游览区

本溪是我国著名的钢铁城市，旧名“本溪湖”。这里矿藏丰富，被誉为“地质博物馆”，以产优质焦煤、低磷铁、特种钢而著称。

1）本溪水洞

距离本溪市 35 千米，坐落在太子河畔的苍山翠岭之中，总面积 42 平方千米。景区以水洞为主体，融山、水、洞、泉、湖、古人类遗址于一体。水洞长约 3 000 米，是迄今为止我国发现的最大的石灰岩充水游览溶洞。

2）温泉寺

前临太子河，后依层峦叠嶂，泉水水温 44℃，日流量 400 吨，有较高的医疗价值，为东北著名的疗养胜地。

6．丹东游览区

丹东市位于辽宁东部，濒临中朝界河鸭绿江，其地域狭长，旅游资源极富价值。

1）鸭绿江风景名胜区

位于丹东市鸭绿江下游浑江口至江海分界处的大东港之间，全长210千米，面积约400平方千米，有鸭绿江、水丰湖、太平湾水电站、虎山、鸭绿江大桥、入海口东港等6个景区100多个景点。

2）凤凰山

位于凤城市，为辽东第一山，海拔836米，与朝鲜妙香山隔江呼应。凤凰山集雄、险、幽、奇、秀于一体，景色以峦石见胜，山间流泉淙淙，古松如盖。

凤凰山历史悠久，历代僧人道士在山中修建了不少寺院道观，星罗棋布地点缀在自然山林之中，显得格外古朴、典雅、幽静。凤凰山素有“自然盆景”的美誉。

从清代起，每逢农历四月二十八日，这里举办传统的药王庙会，历时4天。

3）虎山长城

位于鸭绿江下游与瑷河交汇处，距丹东市区20千米。这里山势险要，形似卧虎，与对岸朝鲜“统军亭”遥遥相对，中国万里长城的东端起点即在于此。

4）青山沟

位于宽甸满族自治县北部山区，距丹东市区170千米，由青山湖、飞瀑涧、虎塘沟3个景区126个景点组成。景区内有浓绿的森林、清澈的江水、幽深的峡谷和宁静的深潭，宛如“童话世界”。

7．兴城游览区

兴城市依山傍海，集山、海、古城、温泉于一地。兴城建于明宣德三年（1428年），明末抗清名将袁崇焕主持重修，称宁远卫城。当时有内外两重城墙，现外城已废。兴城有我国保存比较完整的明代古城。

距离古城约8千米，是风景秀丽的海滨浴场，海滩长2 800多米，岸坡平缓，沙石细软，海水洁净无污染，是理想的天然浴场。

兴城温泉储量丰富，含有10多种元素，水温在70℃左右，被蒙古族人民视为“南海圣水”。现温泉附近已修建了疗养院。

菊花岛，俗称大海山，位于兴城东南10千米的海中，是辽金时期的佛教圣地，现有大龙宫寺、大悲寺、八角琉璃井等古迹。

首山，位于城东约3千米，因形似人首而得名，海拔329米，顶上3峰并立，主峰至今仍保存着一座圆形的烽火台。

8．锦州游览区

锦州市位于辽宁省西南部，北依松岭山脉，南临渤海辽东湾，是环渤海地区的重要城市。锦州扼“辽西走廊”东端，为古往今来南北通衢的重镇与商埠。

1）医巫闾山风景名胜区

位于锦州北镇市城西北5千米处，历史上被誉为东北三大名山（医巫闾山、千山、长白山）之首。医巫闾山面积约600平方千米，南北绵延45千米，主峰望海山海拔866米。

医巫闾山与山东沂山、山西霍山、陕西吴山、浙江会稽山被历代帝王封为五大镇山，每年春秋两季祭祀。辽金以来，山中建造了大规模寺观，现存建筑为清代重建。

医巫闾山有辽代帝王及众多王侯的陵墓群，有约70方元碑、明碑和清代御碑，分别收藏在闾山和北镇庙里。北镇庙是我国现今五大镇山中唯一保存完整的大型山神庙。

2）崇兴寺双塔

位于北镇城东北隅崇兴寺前，为辽代古塔。两塔东西相距43米，东塔高43米，西塔高42米，均为八角十三层密檐式实心砖塔。塔檐12层，每层檐角都挂有风铃，随风摇动，声音清脆悦耳。塔顶的莲座、宝瓶、鎏金刹杆、宝珠、相轮均保存完好。

3）辽沈战役纪念馆

位于辽沈战役烈士陵园北侧，是全国著名的爱国主义教育基地和观光旅游胜地。馆内设有兵器展、战史馆、支前馆、烈士馆和全景画馆等展区。

思考题

1. 试分析东北旅游区旅游地理环境的基本特征。
2. 东北旅游区的旅游资源有什么特色？
3. 黑龙江旅游资源的最大特色是什么？有哪些著名旅游地和旅游景点？
4. 吉林有哪些主要旅游城市和旅游景点？各有什么特色？
5. 辽宁有哪两大旅游区域？有哪些著名旅游地和旅游景点？
6. 东北旅游区有哪些著名火山地貌景点？
7. 暑假有一湖南教师旅游团要到东北旅游，请你设计一条合理的旅游线路。

第7章 京津冀旅游区

京津冀旅游区包括北京、天津、河北两市一省。本区是全国政治、经济、文化和国际交流中心，也是我国旅游活动兴起和发展最早的地区之一，并以其优越的区位和丰富的旅游资源成为我国最发达的旅游区。首都北京是本旅游区所依托的中心城市，人文景观在全国具有极高的垄断价值，是全国最大的旅游中心。

7.1 旅游地理特征

7.1.1 旅游地理环境特征

1. 旅游自然环境

1）地貌类型齐全

京津冀地区地处内蒙古高原与华北平原相接地区。西北部是坝上高原，与内蒙古高原相连，并逐渐向西部、北部高原过渡。西部为太行山地，北部是燕山山地，东临渤海，南接中原，东南部是河北平原，属于华北大平原的一部分。在我国地貌格局上跨二、三级阶梯，整个地势由西向东倾斜直至渤海，拥有山地、高原、平原、丘陵等多种地形。由于地势起落变化很大，垂直差异十分明显。

太行山耸立在黄土高原和华北平原之间，呈东北—西南走向，绵延400多千米，东坡陡峭，与华北平原形成地形上的鲜明对比。例如，河北省境内的苍岩山、嶂石岩、小五台山、灵山，北京市的东灵山、百花山、大海蛇山均为太行山脉有名的山峰。永定河和拒马河从太行山奔腾而出，形成险峻的峡谷，如拒马河的十渡、清水河的龙门涧等。

燕山呈东西走向，构成华北平原的屏障，主峰雾灵峰。发源于冀北山地的河流，如滦河、潮河、白河在穿越燕山山地时，形成了许多险要的峡谷和关隘，如古北口、喜峰口、马兰关、二道关等。在燕山山脉以北的冀北山地，地域广阔，海拔 200 米以上，山峦绵亘，地形错综复杂，清泉萦绕，河流纵横。清代“木兰围场”和承德避暑山庄等就在这里。

太行山以东，燕山以南为河北平原，是华北平原的一部分，主要由黄河、海河及滦河等河流冲击而成，大部分地域为洼地与缓岗交错分布，河网洼淀星罗棋布。在山地与山麓相接处，山地与平原交相错列，多孤山、低岗、台地和地下泉等。地形变化多端，自然景观层次丰富，小气候条件好，植被茂盛。滦河河口以北的海岸地段，海滩平缓，气候温和，十分适宜于避暑疗养。

2）典型的温带大陆性季风气候

京津冀地区位于大陆东部，中纬度地带，为典型的暖温带湿润半湿润季风气候。其气候特点是春季干燥多风，夏季炎热多雨，秋季秋高气爽，冬季寒冷少雪；春秋短而冬夏长，对比悬殊，四季分明。降水集中在夏季，年降水量 340 ～ 800 毫米，年平均气温 1℃～ 13℃。为典型的温带大陆性气候，使得春、夏、秋三季自然景色丰富多彩，而冬季显得单调冷清。

2．旅游人文环境

1）京畿要地，魅力无穷

京畿是指以北京为核心的天津、河北一带。这一地区历史悠久，辽、金、元、明、清等朝代都以北京为都城，北京又是新中国的首都。本区集中了长城、故宫、避暑山庄等 7 处世界文化遗产。

史前时代的北京人，在距今 69 万年前就生活在北京西南的周口店一带，在这里留下了不同时期的古人类化石、原始工具及其他遗物。天津东郊发现战国遗址。河北省临漳县有春秋战国时的邺城遗址。本区在历史上是农耕民族与游牧民族的交汇处，战国至明代的历代长城都保存最为完整，著名的有八达岭长城、金山岭（北古口）长城、慕田峪长城和山海关长城。京杭大运河的通惠河段、北运河段曾在南北经济、文化、交通等方面发挥过重要作用。赵州桥、卢沟桥、北京古观象台是我国古代科技发展的成果和标志。

本区宗教建筑遗址丰富，尤其是佛教建筑分布广，也最为壮观。历史上曾有佛教寺庙 2 000多座，现留存的著名佛寺有卧佛寺、碧云寺、八大处、广济寺、法源寺、大钟寺、独乐寺等。

在近代，本区是革命的发源地，北京具有光荣的革命传统，是“五四”运动和新文化运动的最早发祥地，故革命遗址、遗迹、纪念地很多。

2）燕赵文化，一枝独秀

京津冀地区特有的地理条件孕育出来的燕赵文化，无论从武术到地方戏曲，还是从民间艺术到风情民俗，都体现出粗犷、豪放和慷慨的雄风侠骨。

金、元杂剧首先就盛行于此，而后沿运河南下，传入江南吴越之地。近世以来，形成了独具燕赵风韵的戏剧有京剧、评剧、河北梆子等。

燕赵之地是中华武术的摇篮和发祥地之一，是“南拳北腿”之“北腿”的故乡，尚武成风自春秋战国以来流传至今，仅河北省就有70多个市县开展武术活动。深州市、饶阳县建立了本地的“武术节”，逢年过节城乡普遍举行武术表演。

本区民间艺术丰富多彩，有杂技、马戏、吹歌、舞蹈、美术、皮影、剪纸、石雕、泥人、草编、陶瓷等。杂技以吴桥县最为著名，每年举行的吴桥国际杂技艺术节成为重要的旅游节庆。

河北省有7个县（市）被命名为“中国民间艺术之乡”，即拉花之乡——井陉县，地秧歌之乡——昌黎县，杂技之乡——吴桥县，皮影之乡——乐亭县，吹歌之乡——永年县、定州子位村，民间故事之乡——藁城耿村。它们的命名提高了本区人文旅游资源的知名度。

3）都市新貌，繁盛可喜

京津冀地区是我国重要的工业基地和城镇聚集地，城市现代化水平都较高。北京是古都风貌与现代大都市风貌相交融的城市，其中心是古都风貌最强烈的区域，越向外围，其现代大都市的风貌越强烈。天津是北方综合性工商业、重要港口和接待国际会议的重要城市，现代大都市风貌明显。石家庄、唐山、邯郸等一批区域中心城市也具有一定的现代大都市风貌。本区域的都市，在商业、教育、文化、科研等方面都有很强的势力，在一定条件下它们都可以变成旅游资源，吸引旅游者。

4）特色商品，备受青睐

京津冀地区工农业发达，民间工艺品和特种工艺品都很有特色，深受旅游者的欢迎。北京是全国最大的商业中心之一，商品齐全，名特产品众多，如密云小枣、京白梨、良乡栗子闻名全国。传统特种工艺品中，景泰蓝、玉雕、牙雕、中国画等享有盛誉。天津名特产品以工艺美术品“天津四艺”（地毯、风筝、杨柳青年画和泥人张彩塑）和风味小吃“三绝”（狗不理包子、桂发祥麻花和耳朵眼炸糕）享有盛誉。河北省土特产品以鸭梨、深州蜜桃、宣化葡萄、塞外“口蘑”等最为著名；传统工艺品以陶瓷、山海关的人造琥珀最为典型。

7.1.2 旅游资源特征

1. 自然旅游资源齐备

本区的自然旅游资源不仅种类齐备，而且各不同的地域特色鲜明，具有较高的游览、观赏和疗养价值。

山地主要有避暑场所及峡谷、关隘景观资源，如野三坡、十渡、居庸关、古北口等。丘陵、山地与平原相接处，地形变化多端，自然景观层次丰富，风景名胜多集中于此，如苍岩山、嶂石岩、灵山等。平原地区以湖泊景观为特色，如白洋淀。海滨地区海滩平缓，气候温和，有多处避暑度假胜地，如北戴河、南戴河等。

2. 文化古迹众多，景点知名度高

本区是我国重要的文化旅游区，旅游资源以文物古迹和历史名胜为主。北京是全国的首

都，天津是最早的直辖市之一，河北是华北的大省，集中了北京猿人遗址、长城、故宫、避暑山庄及周围寺庙、明清皇陵等 7 处世界文化遗产。本区的皇家建筑有帝王宫殿、皇家庙坛、皇家园林、帝王陵寝，类型齐备，数量众多，保存完好，对旅游者具有很大的核心吸引力。

3. 开发历史早，有极高的旅游价值

本区的众多景区都有着悠久的开发历史，如盘山早在1 200年前就已成为风景名胜区，北戴河在 20 世纪初就是西方商人、政客们的度假胜地，长城作为人类的伟大建筑工程更是享誉中外。

7.2 北京市

7.2.1 概况

北京市，简称“京”，是我国的首都，全国政治、经济、文化和交通中心，位于华北平原的西北端，北面是燕山山脉，西南有属于太行山脉的西山，东南部为永定河和潮白河冲积平原，自然环境雄伟壮丽，形势险要，称为“天府”或“神京”。

北京是举世闻名的历史文化名城，我国七大古都之一。距今 69 万年以前，我们的祖先——“北京人”就生活在现今房山区周口店一带。3 000 多年前的周朝，北京一带已建立了早期的城市。战国时期，北京成为燕国的都城，称蓟；辽代把北京定为陪都，改称南京，又名燕京；金朝在此建都，取名中都；元朝忽必烈在中都旧城东北营建新都，定名为大都，作为首都。1368 年，明朝开国皇帝朱元璋建都南京，把大都改称北平。1402 年明成祖朱棣又改北平为北京，并于 1421 年迁都北京。1928 年，“中华民国”时期又改名北平，1949 年 10 月 1 日中华人民共和国成立，定为首都，更名为北京。

北京有丰富的自然旅游资源和人文旅游资源，是我国第一大旅游城市。北京文物古迹极为丰富，具有浓郁的帝都色彩，帝王宫殿、庙坛、陵寝、园林等都荟萃了皇家建筑的精华。同时，北京还具有著名的古代文化遗址和近现代文化景观，面貌日新月异。北京已成为国内外游客所向往的旅游城市。秋季是北京旅游的最佳季节。

北京首都国际机场是我国规模最大、设备最齐全的大型国际空港，是全国航空网络的中心，以北京为中心的主要国际航线有 23 条，国内航线可直达各省省会和 80 多个重要城市。南苑机场也已向民航航班开放。北京是全国的铁路枢纽，有京沪、京哈、京秦、京广、京九等铁路干线通向全国各地。北京的主要客运站为北京站和北京西站。北京有八达岭、首都机场、京沈、京津塘、京石、京张、京承、京哈、京开等高速公路，有 12 条国道辐射全国，还有 18 条旅游公路直达各个旅游景点。

北京市的主要旅游线路如下。

(1) 皇家建筑游览线：天坛—天安门广场—故宫—景山—北海—恭王府—鼓楼，同时将北京胡同穿插其中。

(2) 西北郊皇家园林游览线：颐和园—圆明园—大钟寺—动物园。

(3) 现代都市人文景观游览线：亚运村—钓鱼台—大观园—世界公园。

(4) 远郊长城及明清皇陵游览线：八达岭长城—明十三陵—清东陵（清西陵）

(5) 西郊名山古寺游览线：香山—碧云寺—卧佛寺—八大处—潭柘寺。

(6) 西南远郊山水风光古迹游览线：卢沟桥—周口店—十渡—野三坡。

7.2.2 主要旅游景区及景点

1. 东城游览区

位于北京市中心城区东北部，是首都的政治、经济、文化中心区域，是重要的政治活动区、繁华的商贸服务区和资源丰富的文化旅游区。

1) 天安门广场

位于北京市区中心，是当今世界上最大的城市中心广场，总面积44万平方米。天安门和天安门广场在中国近代史上占有重要位置，“五·四运动”、“一二·九”运动都与之紧密联系在一起。1949年10月1日，中华人民共和国的开国大典在这里举行，从此它便成为了新中国的象征。

天安门城楼位于广场北端，是我国传统建筑艺术的代表作，原是皇城的正门，初建于明永乐十五年（1417年），又名承天门。明末失火焚毁。清顺治八年（1651年）重建，改名天安门。天安门两侧是中山公园和劳动人民文化宫。

人民英雄纪念碑矗立于广场南部，正阳门位于广场的最南端，是明清时期北京九门之一，俗称前门。在人民英雄纪念碑和正阳门之间，是1977年建成的毛主席纪念堂。

人民大会堂位于广场的西侧，是全国人民代表大会开会的地方，是国家和人民群众的政治、文化活动的场所。中国国家博物馆位于广场的东侧，南半部是中国历史博物馆，北半部是中国革命博物馆。

2) 故宫

又名“紫禁城”，是明清两代的皇宫，位于北京城的中心，是我国最丰富的文化和艺术宝库，藏有大量的历史文物及历代艺术珍品90多万件，包括绘画、书法、金器、玉器、铜器、瓷器、陶器、织绣、雕塑、漆器等。故宫为全国重点文物保护单位，1987年列入世界文化遗产名录。

故宫始建于明永乐四年（1406年），永乐十八年（1420年）基本建成，距今近600年历史。占地面积72万多平方米，内有宫室9 000多间，是我国现存规模最大最完整的木结构宫殿建筑群，也为世界最大的皇家宫殿群。

故宫曾有明清两朝 24 位皇帝在这里执政，其中明朝 14 位，清朝 10 位。故宫的布局主要分为“前朝”和“内廷”两部分。前朝以太和殿、中和殿、保和殿（合称三大殿）为主体，是故宫最著名、最壮观的建筑群。太和殿俗称“金銮殿”，高达 35 米，是全国最大最富丽堂皇的殿堂建筑，是皇帝举行大典的地方。中和殿是一座较小的方形殿堂，为皇帝在大典前休息或接受大典前习礼的地方。保和殿建筑华丽，每年除夕皇帝在这里赐宴外藩王公，也作过殿试考场。内廷包括乾清、交泰、坤宁三宫及东西两侧的东六宫和西六宫。

3）国子监

位于北京市东北隅，是元、明、清三代的国家最高学府，创建于元大德十年（1306 年）。明初称“北平郡学”，永乐二年（1404 年）改称国子监。国子监有集贤门、太学门、辟雍、彝伦堂、敬一亭等建筑。

4）雍和宫

位于北京城区东北部安定门内，占地 6.6 万平方米，是北京最大的、保存完整的一座喇嘛庙，也是我国著名的寺庙之一。雍和宫规模宏伟，辉煌庄严，为全国重点文物保护单位。

雍和宫修建于清康熙三十三年（1694 年），原先是雍正皇帝的府第，称“雍王府”，于 1725 年改为“行宫”，赐名“雍和宫”。1744 年乾隆将雍和宫正式改建成喇嘛庙，具有汉、藏建筑风格。

雍和宫主要有天王殿、正殿、永佑殿、法轮殿、万福阁是五进大殿，自南而北，沿着水平线逐渐升高，显示了浓厚的宗教气氛。

万福阁，又名大佛楼，是雍和宫最高大的建筑物。中间是一座三层高楼，东西各有一座两层楼阁，以两座天桥相连接，使阁与楼混为一体，是我国木结构建筑中独具匠心的杰作。殿正中是一尊弥勒佛巨像，它是由一棵直径 3 米的白檀木雕成，不仅是雍和宫里的佛像之冠，也是当今世界罕见的室内巨像。它身高 26 米，地下 8 米，地上 18 米，外表全部饰金，矗立在汉白玉雕成的须弥座上。

5）鼓楼

鼓楼和钟楼位于北京城南北中轴线最北端，钟楼在北，鼓楼在南，它们是北京城群体建筑的重要组成部分。鼓楼始建于明永乐十八年（1420 年），高 45.70 米，有更鼓一面，高 19.7 米，直径 1.42 米。鼓上有多处刀痕，是 1900 年八国联军入侵北京时所为。

6）中国美术馆

位于北京市东城区五四大街，1963 年 6 月正式对外开放。其建筑具有浓郁的民族风格，是一座风格别致的古典式建筑，总建筑面积 17 000 平方米，设有展厅 13 个。全馆共有 14 个展室，展览面积达 6 000 多平方米。

7）北京古观象台

又称明清观象台，是我国著名的天文台古迹之一，位于北京东城区建国门内立交桥西南角。明正统七年（1442 年），利用元大都城东南角楼旧址改建而成。它是一座展示我国古代天文仪器及古代天文学的自然科学类专题遗址博物馆，1956 年正式开放。

8）中山公园

位于天安门西侧，面积22公顷。原为辽、金时的兴国寺，元代改名万寿兴国寺。明成祖朱棣兴建北京宫殿时，按照“左祖右社”的制度，改建为社稷坛，是明、清皇帝祭祀土地神和五谷神的地方。1924年辟为中央公园。1928年为纪念孙中山先生，改名中山公园。

9）地坛公园

位于北京市安定门外大街东侧，依邻北二环与雍和宫隔河相望，占地面积37.4公顷，是一座历史悠久、庄严肃穆、闻名遐迩的皇家坛庙园林。公园的前身地坛，又称方泽坛，建于明代嘉靖九年（1530年），是明清两帝祭地的场所，也是我国最大且是唯一现存的祭地之坛。地坛现存方泽坛、皇祇室、宰牲亭、斋宫、神库等古建筑。

2．西城游览区

位于北京市中心城区西北部，自古以来就与北京城的发展紧密相连。它也是党和国家首脑机关的所在地及金融商业经济活动的重要地区。

1）北京动物园

位于西城区的西北端，其前身在明代曾是皇家庄园，清朝于1747年重修后作为皇族私人花园，东部叫乐善园，西部叫可园，俗称“三贝子花园”。目前，北京动物园是我国规模最大、历史最悠久、动物最多的动物园。全园占地50公顷，建筑5万平方米，有各种动物600多种，近7 000只。

2）恭王府

恭王府是清道光帝第六子奕䜣的府第，前身为乾隆时大学士和珅的宅第。王府前半部分是富丽堂皇的府邸，后半部分是精美优雅的花园。

恭王府花园（萃锦园）环山衔水，曲廊亭榭，布局自然，疏密相间，融北方宏伟建筑形式与南方精艺造园艺术于一身，是我国私家园林的典型代表之一。

3）景山

景山是明末堆积的土山，明清时期为皇家“后苑”，1928年开辟为公园。登临景山万春亭，南望故宫，北顾钟鼓楼，西眺北海湖光山色，气象万千。

4）团城

位于西城区北海南门外西侧，城高4.6米，与北面的琼华岛相对，面积约4 500平方米。城台内有古树、殿宇，是一座秀丽别致的庭院。团城中央有承光殿，布局紧凑严整，具有独特的建筑风格。殿内有用整块白玉石刻成的1.6米高的白玉坐佛像一尊，相传是清光绪年间从缅甸请来的，现在玉佛左臂上有一处刀疤，是1900年八国联军所砍。承光殿前有一口大玉瓮，用一块墨玉雕成，是忽必烈统治大都时期为欢宴群臣盛酒而特制的，高70厘米，直径1.5米，重3 500公斤，外壁刻有鱼龙海兽，形态生动，是我国现存最早、形体最大的玉器，是我国传统工艺中的稀世之珍。

5）中南海

中南海与北海统称“三海”。中海开辟于金元时代，南海挖凿于明初，清代与北海合称西海子，列为禁苑。中南海现为全国重点文物保护单位。

中海的主要建筑是水云榭，为水中凉亭，亭中有“太液秋风”碑，是“燕京八景”之一，此外还有紫光阁、蕉园等建筑。南海的主体景物为瀛台，还有翔鸾阁、涵元殿、香居殿（即蓬莱阁）、迎薰亭、丰泽园、怀仁堂、海晏堂等建筑。

6）北海公园

位于故宫的西北，是我国现存历史最悠久、保存最完整的皇家园林，原是辽、金、元、明、清历代帝王的“御花园”，已有 800 多年历史，是世界建园最早的皇家御园。

全园面积 68 万平方米，水面占一半以上。它以富丽多彩的文物古迹、风格独特的造园艺术、优美秀丽的湖光山色而驰名中外。全园布局以琼华岛为中心，岛上亭台楼阁建筑精美，高低错落有致，依山势分布，掩映于苍松翠柏之中。

琼华岛巅建有藏式白塔，塔高 35.9 米，是北海公园的标志。岛上有清乾隆皇帝手书“琼岛春阴”石碑，是“燕京八景”之一。

岛北部山麓为一排半圆形傍水环岛的临水游廊，犹如一条彩带将岛拦腰束起。山峰、白塔、游廊倒映在碧绿的湖水中，景色如画。

岛西北部的阅古楼内壁间嵌满了《三希堂法帖》石刻，共 495 方，它是我国现存最完整的古代书法石刻集成。

北岸澄观堂东北有驰名中外的九龙壁，建于清乾隆二十一年（1756 年），壁高 6.65 米，厚 1.42 米，长 25.86 米，全壁两面用五彩琉璃砌成，是我国古代琉璃建筑艺术的珍品。在澄观堂前还有雕刻精致的元代文物——铁影壁，至今有 600 多年的历史，壁高 1.89 米，影壁檐口长 3.56 米，是由一整块中性火成岩雕成。影壁呈棕灰色，表面如同铁铸，故称铁影壁。两面浅雕云纹、异兽等雕饰，朴素雄健，是珍贵的文化遗产。

7）北京市古代钱币展览馆

位于北京东二环中路，德胜门箭楼下。由德胜门箭楼和真武庙两部分组成，是一座以展示钱币为主要目的的专题博物馆，主要进行钱币收藏、展览和交易活动。1993 年 10 月建成开放。

8）北京天文馆

位于西直门外，属自然科学专题博物馆，1957 年 9 月建成开放，是亚洲第一座天文馆。馆内由天象厅、录像厅、天文台组成。馆内小天文台借助折射望远镜能观察太阳黑子、月球环形山、木星大红斑、土星光环等的星体现象。

9）妙应寺白塔

位于阜成门内大街路北的妙应寺内，为元代遗物，是我国现存最早最大的一座藏式佛塔，至今已 700 余年。因寺内有通体涂以白垩的塔，故俗称“白塔寺”，为全国重点文物保护单位。

10）什刹海

又称十刹海、十汉海或石版海，由西海、后海、前海组成狭长的水面。什刹海位于地安门西大街北海公园后门对面。什刹海地区保留了原有民俗文化，是北京最富于老北京传统特色的风景地区之一。

3. 崇文游览区

位于北京市中心城区东南部，该区旅游资源丰富，著名景点有天坛公园、龙潭公园、正阳门及其箭楼等，其中胡同和四合院也极具代表性。

1）天坛

位于北京城南部，建于明永乐十八年（1420年），距今已有500多年历史。天坛是明清两代皇帝祭天祈谷的地方，也是我国现存最大的一处皇家坛庙建筑，占地面积273万平方米。天坛是我国现存最精美、最完整的古建筑群之一，现已辟为天坛公园，是全国重点文物保护单位之一，1998年列入世界文化遗产名录。

天坛有两座坛墙，分内坛和外坛。内外坛墙的北面是圆形，南面是方形，这种北圆南方的形式象征古代的“天圆地方”之说；北部墙高，南部墙矮，表示天高地矮。天坛的主要建筑是祈年殿、皇穹宇和圜丘坛。

祈年殿是封建帝王祈祷五谷丰登的地方，外观雄伟壮丽，是一座有镏金宝顶的三层重檐的圆形大殿，殿高38米，直径30米，是昔日北京的最高建筑之一。大殿全部采用木结构，全靠28根大柱支撑，是我国独特的木结构体系抬梁式构架的典型作品，在建筑和造型上都具有高度的科学和艺术价值。

皇穹宇是一座深蓝色琉璃瓦的单层圆殿，是供奉皇天上帝和皇帝祖先神主牌位的地方。在皇穹宇外面的围墙的弧度十分规则，墙面极其光滑，对声波的折射十分规则，形成著名的回音壁。

圜丘坛是一座三层白石圆坛，是皇帝举行祭天大典的地方。坛高5米，坛的上层中心是一块圆石，其周围用石板砌成环形，共9层，各层坛面、台阶、栏杆所用的石块全是9和9的倍数，从上空看圜丘坛，就像一座立体靶环。

2）龙潭公园

位于崇文区左安门里，南面和东面是护城河，左安门大街穿湖而过。公园内有30万平方米的水面，整个景区以龙为主题，形成了龙吟阁、龙潭、龙字石林、龙门和莲塘花屿等五处景区。

3）北京自然博物馆

位于天桥南大街126号，始建于1950年，占地12 000平方米，建筑面积18 000平方米，展览面积6 000平方米，有四个基本陈列馆和一个恐龙世界博览馆。馆藏文物、化石、标本10余万件，大型整体古哺乳动物化石数量居世界第二，黄河古象化石、恐龙化石名扬海内外。

4. 宣武游览区

位于北京市中心城区西南部，是著名的商业区，具有570年历史的大栅栏商业街云集了众多著名的老字号。

1）陶然亭公园

位于北京市南二环陶然桥西北侧，因陶然亭而得名。全园总面积59公顷，其中水面17公顷。1952年建园，是北京最早兴建的一座现代园林。陶然亭、慈悲庵就座落在其中。

2）先农坛

位于宣武区永定门大街，为明清两代帝王祭祀先农神的处所，建于明嘉靖年间(1522—1566)。现存主要建筑有先农坛、观耕台、神仓、太岁殿、庆成宫等。

3）白云观

位于宣武区广安门外滨河路，是全真派的著名道观，也是北京现存规模最大的道观建筑，始创于唐开元二十七年（739年），现存的寺观为清代重建，为中国道教协会所在地，在全国享有盛誉。

4）琉璃厂

位于宣武区和平门外。元明时曾设琉璃窑厂，故称“琉璃厂”。清乾隆年间（1736—1795）已成为古玩字画、古籍碑帖及文房四宝的集散地。1982年琉璃厂文化街整修重建，街道全长750米，东至延寿寺街，西至南北柳巷，中为南新华街。

5）北京大观园

位于右安门西护城河畔，原址为皇家菜园，地名南菜园。它是以《红楼梦》为蓝本建成的古典式文化园林，占地约13公顷，建筑面积约2万平方米，水面近3公顷，园内有大小景点40余处。

5. 北京市近郊游览区

1）颐和园

颐和园是万寿山和昆明湖的总称，位于北京西部海淀区，总面积290万平方米，其中水面占3/4，是我国现存最完整的皇家园林。原为元、明皇帝的行宫花园，清乾隆十五年（公元1750年）改建为清漪园，1860年被英法联军烧毁，慈禧于1888年挪用海军经费重建，改称颐和园。1998年列入世界文化遗产名录。

颐和园拥山抱水，绚丽多姿，既有自然湖山之胜，又有园林艺术之美，是国内外享有盛誉的古典园林。全园布局分为政治活动区、生活居住区和风景游览区三大部分。

政治活动区以仁寿殿为主体，是慈禧和光绪朝会大臣的地方。仁寿殿后，便是慈禧、光绪及其后妃居住的生活区，这是一组用游廊连接起来的三座大型四合院。乐寿堂和玉澜堂内部都按当年帝后生活原状陈列。德和园由颐乐殿和大戏楼组成，大戏楼是清代四个宫廷大戏台之一，高21米，分上中下三层，是专供慈禧看戏用的。

风景游览区是颐和园景观的精华，以万寿山为中心，分为万寿山前山、昆明湖、后山后湖三部分。前山是全园建筑精华汇集之处，从昆明湖岸边的“云辉玉宇”牌楼向上，经过排云门、二宫门、排云殿、德辉殿、佛香阁，直至山顶的智慧海。万寿山前，昆明湖畔，有长达728米，共有273间的彩色长廊，是我国古典园林中最长的廊，也是颐和园中最负盛名的建筑之一。在它的枋梁上绘有8千多幅山水、人物、花鸟彩画，变化无穷，故有“画廊”之称。佛香阁是颐和园的中心建筑和标志，八面三层四重檐，高21米，建在20米高的石砌台基上，气势雄伟。登阁远望，全园景色一览无余。

昆明湖总面积220万平方米，给人以开阔感。昆明湖中还点缀着清晏舫、知春亭、十七孔桥等建筑和岛屿。后山后湖碧水潆洄，古松参天，景色幽静，给人以幽静感。

后湖南端的谐趣园，仿无锡惠山寄畅园而建，称“园中之园”。在万寿山后山后湖中段的苏州街，倚山临水，是中国传统的“以庙带市”民间商业模式。

2）圆明园遗址

位于北京海淀区北面，是长春园、万春园、圆明园三园的总称，曾是我国历史上最完善、最美丽、最辉煌的皇家苑囿，号称“万园之园”，从清康熙四十八年（1709年）开始修建，到雍正、乾隆两代大规模扩建，至咸丰共历时150多年建成。其造园艺术在中国园林中是登峰造极的杰作，许多是模拟国内著名风景、园林微缩建造，并模拟有欧式宫苑西洋楼，全部建筑面积与紫禁城相等。

1860年英法联军侵入北京，圆明园被劫掠一空，并付之一炬。现存仅有遗迹，以供凭吊。

3）钓鱼台

位于海淀区三里河路南。传说金章宗曾在此钓鱼，后人称金章宗钓鱼古台。园林布局基本上为乾隆时原貌，园内玲珑假山、曲折小径和潺潺流水组成了一幅天然的园林画卷。建国后新建有国宾馆。

4）香山

位于西山东麓，总面积160公顷，主峰鬼见愁海拔557米。主峰高处常含云吐雾，远望似香烟缭绕，山顶有两块巨石状如香鼎，故称香炉山，简称香山。

香山是一处富有天然景色的山林公园，地势高峻，树木茂密，一年四季景色各异。春日赏花、夏避酷暑、秋观红叶、寒冬踏雪。“香山红叶”是全国著名的秋景，“西山晴雪”是历史上的燕京八景之一。

5）大钟寺

原名觉生寺，因寺内有500多年前的永乐大钟而闻名于世。永乐大钟是明成祖时建造的，钟高6.75米，直径3.3米，重4 650公斤。钟身内外铸有汉文、梵文佛经100多种，总计22.7万字，是世界上铭文字数最多的大钟，称为“世界钟王”。

现已辟为古钟博物馆，陈列有从原始社会末期到民国时期的各类钟600多口。

6）碧云寺

位于香山东麓，是西山风景区中最雄伟壮丽的一座古刹，初建于元代，名碧云庵。清乾隆十三年（1748年）曾对寺院进行了大规模的扩建，并仿照杭州的净慈寺建了一座罗汉堂。孙中山纪念堂和孙中山衣冠冢位于寺内。

金刚宝座塔是碧云寺的最高点，塔高34.7米，可俯视寺内殿堂依山叠起，雄伟壮丽。

塔座正中有开券洞，孙中山衣冠即封存于此。塔座上有两座小型喇嘛塔和五座十三层密檐式方塔。整个金刚宝座塔满布雕刻精致的浮雕，依西藏传统形式雕刻，是研究我国建筑技术和雕刻艺术的重要实物资料。

7）八大处

位于北京西山风景区南麓，翠微山、卢师山和平坡山之间，参天古树掩映古刹 8 座（长安寺、灵光寺、三山庵、大悲寺、龙王堂、香界寺、宝珠洞、证课寺），人称“西山八大处”。八大处面积 320 公顷，最高处海拔 464 米，是京西著名的旅游、疗养、避暑胜地。二处灵光寺是八大处中的第一名胜，寺内珍藏有“释迦牟尼佛灵牙舍利”一颗。

8）北京世界公园

位于北京市西南丰台区，建于 1993 年，占地 46.7 万平方米，荟萃世界上近 40 个国家 106 处风景名胜。

9）卢沟桥

始建于金大定二十九年（1189 年），成于明昌三年（1192 年），清康熙年间桥被洪水冲毁，康熙三十七年（1698 年）重新修建。卢沟桥全部用白石构建，总长 267 米，宽 9 米，桥身由 11 个石拱组成，是华北地区最长的古代石桥。卢沟桥造型优美。桥两边装饰有石雕栏杆，每边各有望柱 140 根，每根石柱上都雕刻着卧伏的狮子，形态各异，活灵活现，惟妙惟肖，栩栩如生。关于那些狮子的数量，历代说法不一，有句歇后语“卢沟桥的狮子——没数啦”。

卢沟桥的桥东端有两座石碑，一座记载了康熙三十七年重修卢沟桥的经过，另一座石碑是清乾隆帝题燕京八景之一“卢沟晓月”四个大字。

1937 年 7 月 7 日，日本侵略者在这里发动“卢沟桥事变”，揭开了中国人民全面抗日的序幕。中国人民抗日战争纪念馆坐落于此。

6. 北京市远郊游览区

1）八达岭长城

位于北京市西北延庆县境内，是明长城中现今保存最好的一段，在长城中知名度最高。1987 年列入世界文化遗产名录。

八达岭长城依山而筑，条石为基，青砖包砌，城高 7.8 米，宽 5.8 米，可容五马并进，十人并行。登上八达岭长城眺望，山峰重叠，气势磅礴，一望无尽。“不到长城非好汉”，八达岭长城已成为国内外游客向往的游览胜地。

2）延庆硅化木国家地质公园

位于延庆县东北部的白河两岸，东西长 26 千米，南北宽 6～8 千米，总面积约 226 平方千米。地质公园以形成于距今 1.4～1.8 亿年间的上侏罗纪硅化木为特征。

延庆硅化木群位于园区东部的千家店镇下德龙湾村的白河两岸，目前裸露地表的硅化木 57 株，纹理清晰，质地坚硬，年轮宽窄可辩。

3）明十三陵

位于北京市昌平区天寿山下一个三面环山、向南开口的小盆地内，为明朝朱棣开始十三个皇帝的陵墓群，即长陵、献陵、景陵、裕陵、茂陵、泰陵、康陵、永陵、昭陵、定陵、庆陵、德陵和思陵，统称明十三陵。整个陵区占地面积达40平方千米，是北京地区最大的古墓群，也是世界上保存完整、埋葬皇帝最多的墓葬群。明十三陵是北京郊区的著名游览胜地，全国重点文物保护单位之一。2003年列入世界文化遗产名录。

十三陵中以长陵和定陵地下宫殿最著名。长陵为明成祖朱棣之陵，是十三陵中的主陵，建造最早、规模最大。定陵为明神宗朱翊钧之陵，发掘出来的地下宫殿犹如一座地下博物馆，有金冠、织锦、百子衣、凤冠、金壶、银、玉、瓷器等3 000多种随葬文物，技艺精湛，为绝世珍品。

4）小汤山

小汤山是指昌平区的温泉古镇小汤山。小汤山镇内有温榆河、葫芦河等8条主要河流穿境而过，目前已形成名胜古迹、文物博览、娱乐度假、休闲保健、观光农业、民俗旅游等景点。

5）居庸关

位于昌平区，有天下第一雄关之称，距北京约50千米，与嘉峪关、山海关齐名，但因其地势险要，位列三关之首。

春秋战国时，燕国扼制此口，时称“居庸塞”。汉朝时，居庸关城已初具规模。南北朝时，关城与长城相连，此后唐、辽、金、元数朝，居庸都设有关城。现存的居庸关城，始建于明洪武元年（1368年）。关城外有护城墩6座、烽燧18座等防御体系。

6）周口店北京猿人遗址

位于房山区周口店镇西边的龙骨山，是古人类文化遗存最丰富的宝库，对研究古人类学和古环境具有重要的科学价值。1987年列入世界文化遗产名录。

1929年12月2日，我国考古工作者在这里发现第一个完整的北京猿人头盖骨化石，这一发现，使周口店闻名于世。在2平方千米内的26个化石点中，分布了北京猿人（直立人）、新洞人（古人）和山顶洞人（新人）三个不同发展阶段的古人类化石及丰富的文化遗存。

7）十渡

位于房山区西南拒马河中上游，是一处自然风景区。拒马河发源于山西省灵丘县，由太行山的山谷奔流而出，在北京房山境内拐了许多弯，每拐一个大弯就有一个渡口，十渡就是十个渡口的统称。这里风景幽静，山清水秀，河水清澈见底，两岸奇峰矗立，30里河谷宛如30里画廊，有“北方小桂林”之称。

8）潭柘寺

位于门头沟区潭柘山宝珠峰前，初建于晋代，有“先有潭柘寺，后有幽州城”之说，是北京地区现存最古老的寺庙。

潭柘寺建筑布局严整，规模宏大，分东、中、西三路：中路有山门、天王殿、大雄宝殿、斋堂和毗卢阁；东路有方丈院、延清阁和行宫院；西路有楞严坛、戒坛、观音殿和一些经院。山门外的塔院内有71座金代以来和尚墓塔，是北京地区唯一的塔林。

9）西山国家森林公园

位于北京西郊小西山，地跨海淀、石景山、门头沟三区，总面积5 970公顷，是京郊风景区的重要组成部分，是距北京市区最近的一座国家级森林公园。

西山国家森林公园的历史遗迹较多，除香山、卧佛寺、八大处外，还有福慧寺、法海寺、地藏殿、邀月洞、静福寺、无梁殿等历史遗迹。此外，还有梅兰芳等名人的墓地及黑山扈战斗纪念碑等。

10）焦庄户地道战遗址纪念馆

位于顺义区东北燕山余脉歪坨山下，距北京中心城区60千米，始建于1964年，是革命传统教育基地。地道网16.6千米，目前修复660米，地道内安装有可供防水、防毒气用的翻板，设有瞭望、射击孔，在炕头、灶口、盘下、牲口槽、水井壁都开有出入口。地道里还设有指挥所、会议室、休息室。

7.3 天津市

7.3.1 概况

天津市简称“津”，地处华北平原的东北部，海河流域下游，东临渤海，北依燕山，西靠首都北京，是海河五大支流南运河、子牙河、大清河、永定河、北运河的汇合处和入海口，是海上通往北京的咽喉要道，自古就是京师门户、畿辅重镇。

“天津”之名为明朝永乐初年朱棣所赐，意为天子经过的渡口。明永乐二年（1404年）作为军事要地，天津开始筑城设卫，称“天津卫”。1860年天津被辟为通商口岸，成为当时中国仅次于上海的第二大工商业城市和北方最大的金融商贸中心。中华人民共和国成立后，天津被定为直辖市。

天津是一座既蕴涵古都风韵，又富有现代气息的大都市，悠久的历史为天津留下了许多极具审美价值和文化价值的胜迹。

天津滨海国际机场是华北地区仅次于首都机场的第二大国际机场，是首都机场的备降机场。京哈铁路和京沪铁路连接我国东北和华南地区，天津站和天津西站是天津的主要客运站。公路交通干线主要由G102、G104、G105、G112、G205、G307、G341等国道和京津塘、京沈、京沪、津唐等高速公路组成。天津港是我国北方最大的港口，是京津的海上门户，有至烟台、大连、龙口及韩国仁川、日本神户等客运航线。

天津市的主要旅游线路如下。

（1）蓟县游览线：蓟县—盘山—独乐寺—黄崖关长城。

（2）市区游览线：水上公园—文庙—广东会馆。

（3）塘沽游览线：塘沽—潮音寺—大沽口炮台。

7.3.2 主要旅游景区及景点

1. 天津市中心游览区

1）水上公园

位于市区西南，是天津市最大的公园。全园以水取胜，水面占3/5，故名“水上公园”。园内有东湖、西湖、南湖三个大湖和几个小湖，湖中有大小13个岛屿，相互用曲折拱桥和柳堤相连，沿湖各处有亭、台、楼、阁等点缀其间，颇具江南水乡风貌。公园的中心有高27米的眺园塔，登上塔顶，可眺望公园全景。

2）文庙

又称孔庙，位于南开区厢东门内大街，始建于明朝正统元年（1436年），占地13万平方米，是天津现存年代较早、规模最大、保存最完整的建筑群。庙外两座明代过街牌坊造型精美独特，为我国牌楼中所罕见。

3）广东会馆

位于天津旧城鼓楼南，是天津市保存最完整、规模最大的清代会馆建筑。广东会馆建于1907年，采用北方四合院式布局，体现了岭南的建筑风格。戏楼是会馆的主要建筑，能容纳七八百人。1912年孙中山曾在此演讲。

广东会馆现辟为我国最大、内容最丰富的戏剧博物馆，是我国戏剧研究中心之一。

4）杨柳青民俗博物馆

位于西青区杨柳青镇，原为石家大院，称尊美堂，始建于1875年，占地6 000多平方米，其中建筑面积2 900多平方米，有“华北第一宅”之称。馆内辟有展品陈列区，陈列了杨柳青木版年画的历代杰作和砖雕艺术品，还辟有“石府复原陈列区”、“天津民俗陈列馆”等。

2. 蓟县游览区

1）独乐寺

又称大佛寺，位于蓟县城西门里，始建于唐代，主体建筑山门和观音阁为辽代重建。该寺原名观音菩萨寺，唐朝安禄山改名为“独乐寺”。山门上悬挂的“独乐寺”匾额，相传是明朝严嵩手笔。

山门屋顶为五脊四坡形，古称四阿顶或庑殿顶，是我国现存最早的庑殿顶山门。观音阁是我国现存最古老的木结构高层楼阁建筑，高23米，分上下两层，中间夹一暗层，共用24

种不同的斗拱连接而成，是集斗拱形式之大成。阁中央供奉着观世音菩萨，它是我国最大的泥塑之一，高16米，头顶10个小佛头，故又称为“十一面观音像”。观音阁下层四壁满布彩色壁面，绘有四大天王、十六罗汉，是现存古代绘画的珍品。

2）盘山

位于蓟县城西北，是燕山余脉，平均海拔500米，林峦秀异，山水清奇，环境幽雅，历史上被誉为“京东第一山”。盘山风景区按山势和景观分为上盘、中盘、下盘三部分，称为三盘三胜。上盘松胜，中盘石胜，下盘水胜。清乾隆帝曾28次游盘山，并留有“早知有盘山，何必下江南”的名句。

3）黄崖关长城

位于蓟县北30千米的崇山峻岭之中，始建于公元556年。黄崖关长城关城、塞堡、敌台和水关等应有尽有，接山跨河，布局巧妙，集雄险奇秀于一身。其主要景点有黄崖正关、太平寨与点将台、王帽顶山与八卦城、长城碑林、黄崖关城、黄崖水关、八仙洞等。

3. 塘沽游览区

1）大沽口炮台

位于天津塘沽区海河入海口南、北两岸，初以砖石砌就，后以三合土夯筑。大沽海口是“津门之屏”，明代开始设防，清代修炮台逐渐形成较为完整的防御体系。现存炮台3座，以“威”、“镇”、“海”三字命名。

2）天津海滨浴场

毗邻海防公路，京津塘高速公路可直达，规划面积22.5平方千米，现已开发2平方千米，主要有人工海滨浴场、水上运动场、温泉游乐宫、沙滩帐篷、海滨别墅、会议接待培训中心等。

7.4 河北省

7.4.1 概况

河北省，简称“冀”，地处华北、渤海之滨，因位于黄河下游以北而得名。夏朝以来，中国分为九州，河北省称“冀州”；战国时期，河北省北属燕国，南属赵国，称河北为“燕赵之地”；元、明、清三代建都北京，河北在京城周围，故又称为“畿辅”。

河北省内环京津，东临渤海，西依太行，北靠燕山，是全国唯一兼有海滨、平原、湖泊、丘陵、山地、高原的省份。

河北旅游形成两大区域：一是以承德、秦皇岛、唐山等地为核心的冀东北地区，旅游资源以名胜古迹、山水、海滨为特色；二是包括石家庄、保定、邯郸等地为中心冀西南地区，旅游资源以古迹景观和革命纪念地为特色。

河北省有石家庄、秦皇岛、邢台等民用机场，其中石家庄正定机场是国际机场。河北境内有京广、京山、津浦、石太、石德、京包、京秦、京原等15条铁路干线。公路以高速公路和国道为骨干，形成了以北京为中心，石家庄、天津为枢纽，辐射全省的公路网。全省还有秦皇岛港、京唐港、黄骅港等6个重要港口。

河北省的主要旅游线路如下。

(1) 世界文化遗产之旅：秦皇岛—承德—唐山市，包括有万里长城、避暑山庄和外八庙、清东陵等3处世界文化遗产。

(2) 长城旅游专线：老龙关—山海关—角山长城—九门口长城—大境门—孟姜女庙。

(3) 京郊太行风光旅游线：北京—野三坡—涞源

(4) 冀东海滨度假旅游线：北京—遵化市—玉田县—唐山市—卢龙县—抚宁县—秦皇岛。

(5) 冀东南民俗风情线：北京—香河县—廊坊市—天津—沧州市—吴桥县—衡水市。

7.4.2 主要旅游景区及景点

1. 石家庄游览区

石家庄，位于河北省中南部，是河北省的省会。古为燕赵之地，西倚太行山脉，东临渤海，北望京津。其旅游资源丰富，种类多样，拥有各类景观景点千余处。

1) 赵州桥

又名安济桥，位于赵县城南，是我国现存跨度最大的古代石拱桥，建造于隋朝大业年间，由著名工匠李春设计建造，已有1 400年的历史。这种大型单孔敞肩式石拱桥是世界桥梁史上的伟大创举。

2) 嶂石岩

位于赞皇县西南部，地处太行山中段，面积120平方千米，主峰黄庵垴海拔1 774米，体现了太行山岳的雄伟壮观气势。

嶂石岩由10个景区和100多个景点组成。景区内层峦叠嶂、林茂谷幽，潭泉曲回，别具雄奇、峻险、秀美的特色。嶂石岩雄胜泰山，秀似黄山。古往今来，无数文人墨客前来观光游览，并留下许多著名诗画杰作，宋、元、明、清各代都曾在此修建寺、庙、庵、观。

3) 苍岩山

位于井陉县境内，面积180平方千米，因山岩苍翠而得名，是太行山脉中最突出的名胜。其主峰洪炉峰，海拔1 117米，周围群山环抱，层峦叠嶂，古木参天蔽日。“五岳奇秀揽一山，太行群峰唯苍岩”。山中有怪石、苍松、山泉、溪水、亭、台、楼、榭多掩映在山腰古木之中，犹如云雾中的“仙山琼阁”。这里气候宜人，冬无严寒，夏无酷暑，是一处游览避暑胜地。

福庆寺，相传建于隋代，原名兴善寺，宋朝真宗皇帝赐福庆寺匾额，始改称福庆寺。该寺建筑宏伟，有桥楼殿、南阳公主祠、苍山书院、万仙堂、峰回轩、梳妆楼、玉皇顶等 7 组建筑，这些建筑巧妙地利用山势地形，独具特色，布局得体，交相辉映，是我国较古老的寺庙园林之一。桥楼殿是福庆寺的主体建筑之一，也是苍岩山最美的一景。该殿建在 15 米长，9 米宽的石桥上，为两层楼阁式建筑，整座楼殿雕梁画栋，金碧辉煌，是我国古代建筑的杰作。

4）西柏坡

位于平山县境内的太行山东麓柏坡岭下，从前是一个不知名的山村，1947 年 4 月，毛泽东领导的党中央在这里运筹帷幄，指挥了震撼世界的辽沈、平津、淮海三大战役，奠定了解放全中国的辉煌业绩。

2．邯郸游览区

位于河北省南部，西靠太行，东跨华北平原，是国家历史文化名城、国家优秀旅游城市。邯郸历史悠久，文化灿烂，造就了别具特色的文化。邯郸被称为中国的成语典故之乡，胡服骑射、邯郸学步、完璧归赵、负荆请罪、黄粱美梦、毛遂自荐等成语与邯郸的历史文化密切相连。

响堂山石窟位于邯郸市峰峰矿区，由相距约 15 千米的南、北两窟构成，在洞内只要拂袖一动就能发出铿锵之声，故名响堂山。石窟始建于北齐（550—577 年），两窟共有 16 个单元 4 300 多尊造像。窟外寺院规模宏大，楼、殿、阁、亭依山而造，层层叠叠，浑然一体，雄伟壮观。响堂山石窟是我国古代佛教、建筑、雕刻、书法及绘画艺术的珍贵遗产。

3．保定游览区

位于河北省中西部，曾为直隶和河北省的政治、军事、文化中心。保定历史悠久，自汉就有建制，是一座拥有两千多年历史的古城，为国家历史文化名城。

1）白洋淀

位于河北省中部，是华北平原最大的淡水湖泊，地跨保定、沧州两个地区，由形状各异、大小不同的 92 个淀泊和 3 700 多条沟壕组成，总面积 360 平方千米，因为白洋淀面积最大，所以称为白洋淀。

白洋淀水域辽阔，风景秀丽，物产丰富，气候宜人，是天然的风景区。绿水翠苇与蓝天一色，宛如江南水乡，美不胜收。淀泊中的三处千亩以上的荷花淀，更增添了无限迷人的景色。

2）清西陵

位于易县永宁山下，整个陵区周长 100 千米，占地面积 100 多平方千米。清西陵有雍正、嘉庆、道光、光绪等帝陵 4 座，后陵 3 座，公主、嫔妃、王公园寝 7 座。清西陵有宫殿千余间，石建筑和石雕百余座。陵殿规制严格，等级分明。帝、后陵及庙宇为红墙黄瓦，妃陵及其他园寝为红墙绿瓦，行宫和衙署为砖墙灰瓦。

3）野三坡

位于涞水县，总面积 460 平方千米，拒马河干流由西向东流过，最高峰海拔1 987米。

既有奇特的自然景观，又遗留着古老的历史文物，素有“世外桃源”之称。野三坡有6个风景区68个景点，被誉为“京畿胜景”。

4. 承德游览区

位于河北省东北部，原名热河，以其“紫塞明珠”的美称而扬名于天下，是著名的旅游城市。这里有世界最大的皇家狩猎场——木兰围场、世界最大的皇家园林——避暑山庄、世界最大的皇家寺庙群——外八庙、世界最大的木制佛——千手千眼观世音、世界最短的河流——热河。

1）避暑山庄

又名“热河行宫”，俗称“承德离宫”，位于承德市北部山林之中，从清康熙四十二年（1703年）动工，直到乾隆五十五年（1790年）建成，历时80多年，成为我国最著名的清代园林之一。避暑山庄原为清帝夏日避暑和处理政务之地，康熙、乾隆以后的几代皇帝每年约有五六个月在山庄处理朝政，接见王公及外国使节。避暑山庄与具有多民族风格的外八庙连成一处，是全国重点文物保护单位。1994年列入世界文化遗产名录。

避暑山庄是我国现存最大的皇家园林，总面积564万平方米，占承德主城区面积近一半，为北京颐和园的近两倍，周围石砌宫墙长达10公里，是我国最长的宫墙。这座行宫圈进许多山丘，周围又有山岭环绕，故康熙题名“避暑山庄”。

避暑山庄分为宫殿区和苑景区两部分。宫殿区在山庄的南部，包括“正宫”、“松鹤斋”、“万壑松风”和“东宫”（已不存）四组宫殿建筑，是清代皇帝处理政务、举行庆典、会见外国使臣和居住之处。其建筑风格与北京故宫的庄严豪华迥然不同，既不用琉璃瓦、大理石装潢，也不加彩画油饰，而是采青砖素瓦，四面参天古松环绕，古朴典雅。“澹泊敬诚”殿是正宫的正殿，全部楠木结构，不饰彩绘，保持本色，俗称楠木殿，是清帝举行各种庆祝大典的地方。

苑景区包括湖区、平原区、山峦区三部分，集中了我国南北方建筑布局的特点，综合了我国各地建筑艺术的风格。湖区是避暑山庄的中心，面积80万平方米，主要以热河等泉水为源，以意湖为主体。由康熙用四字题名的36景和乾隆以三字题名的36景绝大部分分布在湖区。其景色胜似江南风光，使人有置身江南之感。湖区以北是平原区，占地千亩左右，当年绿草如茵，麋鹿成群，一派北国草原风光，极富野趣。山庄的西北部是山峦区，约占山庄面积的4/5，山峦连绵起伏，峡谷幽静深邃，登高纵目，可从不同角度观赏全园风光，登亭远眺，奇峰怪石和外八庙尽收眼底，颇为壮观。

2）外八庙

位于避暑山庄东面和北面武烈河、狮子沟河谷阶地上，是清代建筑的八大喇叭庙，围绕避暑山庄之外，朝向均按各自的区位角度对准山庄宫殿区，象征皇权和民族统一。寺庙于康熙五十三年（1714年）至乾隆四十五年（1780年）间陆续建成，先后共建寺庙十一座，其中八座归北京皇宫统辖，故称“外八庙”，现存寺庙七座，各具特色，它们是溥仁寺、普乐寺、安远庙、普宁寺、普陀宗乘之庙、殊像寺、须弥福寿之庙。外八庙中最为著名的是普宁寺、须弥福寿之庙和普陀宗乘之庙。

普宁寺又称大佛寺，是一座汉、藏建筑形式相结合的大型寺庙。寺内供有千手千眼木雕大佛，身高22.28米，腰围15米，用松、柏、榆、杉、椴五种木材雕成，重达110吨，是我国也是世界上最高大的木雕佛像。

须弥福寿之庙是为西藏六世班禅居住和讲经而建的行宫，建筑仿西藏日喀则扎什伦布寺式样。主殿殿顶上全部用镏金铜瓦铺成，光彩夺目。其建筑耗金达15 000多两。

普陀宗乘之庙仿照西藏布达拉宫而建，“普陀宗乘”是藏语“布达拉”的意译，因此又称小布达拉宫。普陀乘之庙是外八庙中规模最大的一座寺庙。占地面积22万平方米，庙依山建造，由南而北，层层升高，气势雄伟壮观。

外八庙是康熙、乾隆年间为觐见各少数民族的王公贵族修建的，是清代维系统一的多民族大帝国的历史见证，也是我国多民族文化交流融合和民族团结的标志。

3）木兰围场

位于围场满族蒙古族自治县，距承德135千米，建于清康熙二十年（1681年），是清代皇家猎场、清帝北巡的重要活动场所。其面积2 324平方千米，有高山、漫岭、河流、草甸、森林，动物繁多，为国家级风景名胜区。

4）塞罕坝国家森林公园

位于围场满族蒙古族自治县北部，平均海拔在1 500米以上，总面积9.5万公顷，其中森林面积6.1万公顷，草原景观1.3万公顷，是北方最大的国家森林公园。

5．秦皇岛游览区

位于河北省东北部，东南临渤海，北依燕山。相传秦始皇东巡至此，派人由此下海东行寻药，因而得名“秦皇岛”，是中国目前唯一以皇帝名号命名的城市。秦皇岛海岸线上有很多迷人的自然风光和人文景致，气候宜人，适合避暑、度假、旅游。

1）山海关

位于秦皇岛东北15千米，是万里长城东部的一个重要关口。山海关关城建于1381年，是我国目前保存最完好的古城池之一，因为建在山海之间，故名“山海关”。它北依燕山，南临渤海，形势险要，是东北、华北间的咽喉要冲，素有“两京锁钥无双地，万里长城第一关”之称。

山海关城高14米，厚7米，砖石包砌，高大坚实，城楼九脊重檐，巍然耸立。城墙四周共有4千米长，东、南、西、北四面原来各有一个城门，现只剩东门城楼。东门城楼上挂着一块大匾，上挂着“天下第一关”大匾。匾额的艺术风格与山海关险隘的建筑格局十分谐调，使整个城楼更加奇伟壮观。

2）北戴河

位于秦皇岛市西南端，海岸弯曲，潮平浪静，沙滩平缓，海水清澈，雨量充足，气候宜人。清光绪二十四年（1898年）正式开辟北戴河避暑区，是我国著名的国家级风景名胜区和避暑胜地。北戴河海滨是一条狭长的沿海地带，全长约15千米，面积约17平方千米，海域沙软滩平，极适宜海水浴，沿岸建有多处海水浴场。

3）昌黎海岸

位于昌黎县沿海一带，沙软水净，是优良的天然海水浴场，被称为黄金海岸。附近还有碣石山等景点和温泉多处，既可以进行海水浴和水上运动，也可以度假疗养、野营及游览观光。

6. 唐山游览区

位于河北省东部，地处环渤海湾中心地带，南临渤海，北依燕山，因市区中部的大城山（原名唐山）而得名。唐山有世界文化遗产清东陵，还有长城关隘、景忠山、菩提岛、金银滩等众多人文自然景观。

清东陵位于遵化市马兰峪，是清朝最大的皇陵，埋葬着顺治、康熙、乾隆、咸丰、同治等5个皇帝、15个皇后和141个嫔妃，是我国现存规模最大、体系比较完整的陵寝建筑群。它以昌瑞山为中心，三面环山，占地面积78平方千米，陵区由大小不等的200多座单体建筑组成。其中，裕陵、定东陵、景陵已开放。慈禧陵在清东陵中建筑艺术水平最高，最为华丽。清东陵于2000年被列入世界文化遗产名录。

思考题

1. 分析京津冀旅游区旅游地理环境的基本特征。
2. 京津冀旅游区旅游资源有什么特色？
3. 京津冀旅游区皇家建筑有哪些类型？试举例说明。
4. 京津冀旅游区拥有哪些世界绝无仅有的杰出旅游资源？
5. 京城及京城郊县有哪些著名旅游胜地？
6. 冀东北地区和冀西南地区的旅游资源各有什么特色？分别有哪些著名旅游景点？
7. 利用北京市旅游地图，请设计一条北京皇家建筑游览线。

第8章 黄河中下游旅游区

黄河中下游旅游区包括陕西、山西、河南和山东四省，是中国历史上的政治、经济、文化中心。本区经济发达，交通方便，旅游资源丰富，为发展旅游业提供了极为有利的条件，是我国主要的旅游区域。

8.1 旅游地理特征

8.1.1 旅游地理环境特征

1．旅游自然环境

1）地貌形态复杂，名胜景点众多

本区地处我国地势的第二、第三级阶梯，东临渤海、黄海。以太行山为界，西部为黄土高原，东部为华北平原；以黄河为界，以南为黄淮平原；周围还有秦巴山地、豫西山地和山东丘陵。复杂的地貌形态，使得本区名胜景点众多。

黄土高原主要分布在陕西、山西两省。陕北高原西北高、东南低，地面除少数石山外，全部被黄土覆盖，发育着典型的黄土地貌。山西高原大部分地区海拔千米以上，以石质断块山为主体，黄土层只覆盖在山间谷地。

黄淮平原为黄河等河流冲积而成，地表坦荡，由于黄河多次改道，局部地区有缓岗和洼地相间分布，形成了众多的人文旅游景观。郑州以下的黄河河道，大都高出地平面，以“悬河”闻名。

秦巴山地的秦岭是我国南北的地理分界线，主峰太白山海拔3 767米，是我国东部的高峰之一，秦岭东段的西岳华山以雄险闻名。大巴山绵延于川陕边界，汉水流经秦巴山地之间，沿岸分布着众多构造冲积盆地，以汉中盆地最有名。

豫西山地是秦岭东延余脉，崤山、熊耳山、外方山和伏牛山自西向东呈扇形展开，中岳嵩山挺立于山地东端丘陵上，河南与湖北交界处为大别山中的鸡公山。

山东丘陵为海拔500米左右的断块山，在多次地壳运动中侵入的花岗岩及其变质岩构成了较高的山岭，如东岳泰山、崂山、鲁山、沂蒙山等海拔都在千米以上。丘陵东南部分布着平缓石灰岩盖层构成的方山地形（当地称崮子），号称72崮，如孟良崮等。

2）大陆性季风气候，旅游淡旺季分明

本区位于欧亚大陆性季风气候区，由于距海洋的远近不同及地形的影响，除汉中盆地外皆为暖温带湿润、半湿润季风气候。大部分地区最冷的1月平均气温为0℃～8℃，最热的7月一般为22℃～28℃，降水集中于夏季，平均降水量多在500～1 000毫米。本区四季分明，冬长而春秋短，冬季寒冷少雪。春季干燥多风，为旅游淡季；夏季温度宜人，为滨海区旅游旺季；秋季秋高气爽，风和日丽，为全区旅游的黄金季节；冬季漫长，景色黯淡，但雪景迷人，为旅游的次淡季。

2. 旅游人文环境

1）中华文明发祥地，历史遗存众多

黄河中下游地区自古就是中华民族的政治、经济、文化中心，被称为中华民族的摇篮。现已发现多处旧石器时代的“古人”、“新人”，以及新石器时代的半坡、仰韶、大汶口、龙山等文化遗址。

自夏、商、周、秦、汉、唐到北宋，我国的王朝都城，从渭河沿岸东迁到黄河沿岸都在本旅游区。隋唐以后，我国南方经济逐渐超过北方，但政治、文化中心却仍然在本旅游区，从而造就了丰富的、闻名中外的历史文物和名胜古迹。

2）文化艺术特色鲜明

本区文化艺术多姿多彩，并各具特色。山东地方戏有30多种，占全国的三分之一，其中最具影响的有吕剧、山东梆子和山东快板。山西被誉为中国戏曲艺术的摇篮，元代杂剧最早就兴盛于此，而后转入大都（北京），影响南方。山西锣鼓被称为“中国第一鼓”，晋剧、蒲剧、皮影、木偶等是山西代表戏剧艺术。陕北被称为民歌的世界，有四季歌、五更、揽工调、酒歌、劳动号子、榆林小调等形式，以小调和信天游为主。河南以豫剧（俗称河南梆子）为主要戏曲。

3）地方特产风格独特

本区是全国的重要农业区，盛产温带果品，如苹果、板栗、柿子、核桃、枣、梨、桃等享誉海内外。木耳、口蘑、黄花菜、对虾、海参等名贵食品及西凤酒、汾酒、杜康酒、青岛啤酒、张裕葡萄酒等名酒也很有名。

本区生产特种工艺品和民间工艺品历史悠久，做工精细，风格独特，具有鲜明的地方特色，如河南洛阳唐三彩、汝瓷、钧瓷、汴绣，山东淄博的陶器、潍坊风筝，陕西唐三彩、耀州的青瓷，山西新绛的云雕、平遥推光漆器。此外还有玉雕、羽毛扇、泥玩具、贝雕画、古碑帖拓片、农家画、鲁砚等。

在饮食方面，山东风味菜肴自成一系，孔府菜也独成一体。面食是本区域的特色，如山西刀削面、莜面、陕西羊肉泡馍、河南开封小笼包、山东的煎饼卷大葱等。山东德州扒鸡、山西平遥牛肉等也具有独特风味。

8.1.2 旅游资源特征

1. 文物古迹荟萃，旅游资源具有垄断性

本区是我国古文化的发源地，石器时代及夏、商、周、秦、汉、唐、宋等文化古迹甚多。历史遗迹、古都名城、帝王陵寝、宗教建筑、民俗风情等丰富的人文旅游资源成为本区旅游业发展的重要物质基础，并且在全国具有品位高、垄断性强的特征。这些文物古迹旅游资源的分布相对集中，它们在较小的区域内形成密集地带，如山东中南部形成的济南、泰山、曲阜“三孔”历史文化带。

2. 自然旅游资源以名山和海滨为特色

本区名山众多，可进入性强。在著名的五岳中，本区就有东岳泰山、西岳华山、北岳恒山、中岳嵩山，还有佛教名山五台山，道教名山终南山、崂山。此外，还有景色各异的其他山岳名山，如骊山、太白山、伏牛山、鸡鸣山、千佛山等。

本区东部的渤海、黄海之滨，是我国著名的海滨旅游胜地分布区，有众多的避暑和海水沐浴的良好场所，如青岛、烟台等地。

3. 旅游资源组合合理

本区旅游资源在地域上分布集中，多以城市为中心成带状或环状分布，而且资源类型比较齐全，形成了良好的组合，尤其是自然风景名胜与人文历史古迹的组合。例如西安、济南、洛阳周围的旅游资源分布就具有这种组合特点，为旅游活动的组合和安排提供了有利条件。

8.2 陕西省

8.2.1 概况

陕西省简称“陕”，因位于陕原以西，故名“陕西”。陕西省地处中国西北地区东部的黄河中游，我国大地原点就在陕西省泾阳县永乐镇。陕西境内山塬起伏，河川纵横，地形复杂，基本特征是南北高中间低。

陕西历史源远流长，是中国古人类和中华民族文化重要的发祥地之一，中国历史上多个朝代政治、经济、文化中心。中华文明最早从这里走向世界，现代中国革命的圣地也在这里。

陕西以西安为中心，形成了两大旅游区域：一是陕西南部地区的关中地区，包括西安、咸阳、宝鸡、渭南等地，旅游资源以名山、古迹、古物景观为特色；二是陕西北部的陕北高原地区，包括延安、黄陵等地，旅游资源以古迹、革命旧址为特色。

陕西现有西安、延安、榆林、安康、汉中等民用机场，并以咸阳国际机场为中心，建起了连接五大洲的空中纽带。西安是沟通西南、西北地区的铁路交通枢纽，"欧亚大陆桥"陇海铁路横贯陕西。公路交通以西安为中心，有9条国道向四周呈放射状。

陕西省的主要旅游线路如下。

（1）西安市内线：西安城墙—钟楼—大唐芙蓉园—陕西历史博物馆—大雁塔。

（2）西安郊外线：翠华山—楼观台—西安秦岭野生动物园—太平森林公园—柞水溶洞。

（3）陕西东线：半坡遗址—秦兵马俑博物馆—华清池—秦始皇陵—华山—西岳庙—司马迁祠。

（4）陕西西线：汉阳陵—汉茂陵—唐昭陵—唐乾陵—法门寺—金台观—太白山—周公庙。

（5）陕西南线：张良庙—诸葛亮墓武侯祠—洋县朱鹮自然保护区—佛坪大熊猫自然保护区。

（6）陕西北线：黄帝陵—党家村—黄河壶口瀑布—延安—白云山—红石峡—镇北台—红碱淖。

8.2.2 主要旅游景区及景点

1. 西安市游览区

西安位于富饶的关中平原中部，陕西省省会，为中国著名的旅游中心城市，"丝绸之路"的起点。其南面是巍峨秀丽的秦岭，北面是富饶的泾渭平原，黄土深厚，土壤肥沃，气候温和，雨量充沛，自古农业发达，有"八百里秦川"之称。

西安原名长安，是我国著名的七大古都之一，也是世界著名的古都，与雅典、罗马、开罗并称为世界四大古都。历史上先后有西周、秦、西汉、新莽、东汉、西晋、前赵、前秦、后秦、西魏、北周、隋、唐等13个王朝在西安建都。西安以人文景观数量巨大，种类繁多，分布广泛，价值珍贵驰誉中外。

1）大雁塔

位于西安市南郊的慈恩寺内。唐高宗永徽三年（公元652年），玄奘为了保护从印度等国游学带回的600多部佛教经典，提出倡议，经唐高宗资助，在慈恩寺内西院仿印度佛塔兴建了慈恩寺塔，即大雁塔。

大雁塔初建为 5 层，后改为 10 层。唐朝武则天长安年间重修改为 7 层，塔高 64 米，塔内设有盘梯，可沿梯盘旋而上，大雁塔是我国楼阁式砖塔的典型代表。塔底南门两侧镶嵌唐太宗撰《大唐三藏圣教序》和唐高宗撰《大唐三藏圣教序记》碑，大书法家褚遂良书，为唐代名碑之一。大雁塔已经成为西安市的象征。

2）小雁塔

位于西安南门外的荐福寺内，建于唐景龙元年（公元 707 年），塔身为正方形密檐砖构建筑，当时有 15 层，后经多次地震，塔顶被震坍两层，现存 13 层，通高 43 米，造型优美，比大雁塔略小，故称小雁塔。

3）陕西省博物馆

位于西安市区三学街。馆内展出历代文物及石刻艺术，藏有汉、魏、隋、唐、宋、元、明、清各代碑碣共计 2 300 余件，其中以西安碑林所藏石刻价值最高。

西安碑林是在宋元祐五年（公元 1090 年）为保存唐代开成年间镌刻的《十三经》而建的，是我国藏碑最早最多的地方。碑林共展出碑石 1 000 多块，荟萃自汉至清各代名家手笔，是我国最大的书法艺术宝库之一。碑林内真草隶篆，琳琅满目，特别是唐代书法名家欧阳询、虞世南、颜真卿、柳公权、怀素等人的手笔刻石，最为可贵。宋、元、明、清的名家墨迹，如米芾、苏轼等，也为人们所瞩目。碑头、碑侧、碑座上浮雕、线雕等各种花纹，成为美术工作者借鉴的蓝本。碑文内容保存了各种史料，是研究中外关系史、世界史和宗教史的重要实物。

在陕西省博物馆石刻陈列室内，还收藏着唐代石雕珍品“昭陵六骏”，它原是安置在唐太宗昭陵庑殿的六件骏马石刻，是唐代雕刻艺术珍品，其中两件于 1914 年被盗，现存于美国费城宾夕法尼亚大学博物馆内，目前在西安博物馆内展出的是其余四件和被盗的两件的复制品。

4）西安城墙

西安是明代初年在隋唐长安皇城基础上修建的一座古城，为我国著名城垣建筑之一，是我国保存至今唯一较为完整、规模最大的一座大型古城垣。

西安城墙周长 13. 7 千米，东西长约 2. 6 千米，南北长 4. 2 千米，城墙高 12 米，底宽 18 米，顶宽 15 米，建有城门 4 座，每门门楼有闸门、箭楼、正楼三层。城墙的外侧是护城河，河宽 20 米，深 10 余米。由于城墙厚度超过了高度，显得雄伟浑重。

5）半坡博物馆

位于西安城东 10 千米的浐河东岸，半坡村北，发掘于 1954 年。1957 年建成我国第一个遗址博物馆。半坡博物馆是我国仰韶文化遗址中最典型、最完整的一处。

6）秦始皇陵和兵马俑博物馆

秦始皇陵位于西安骊山北麓临潼区城东 5 千米处，自秦始皇即位起开始征调大批劳动力修筑陵墓，共修了 36 年。陵墓坐西朝东，陵高 76 米，周长 200 米。陵区分内、外二城，外围还有殉葬区，陵园面积达 56 平方千米。秦始皇陵至今还未挖掘，根据考古勘测，陵内基本保存完好。

兵马俑博物馆位于秦始皇陵东侧1 500米处，馆内陈列着一排排高达1.8米以上的兵马俑，形成一个浩浩荡荡的古代军阵场面。前面是站着三列横队的武士俑，每列70个，组成“前锋”；后面是38路纵路，车马武士相间，这是军队的主体，再现了秦始皇千里驰骋，南北征战，统一中国的壮丽图景。馆内的武士俑有的身穿战袍，有的身披铠甲，装束不同，面容各异。出土的刀、矛、殳、弓、箭、弩等各种兵器都是铜锡合金的真刀枪，表面涂有防锈铬，埋没地下两千余年，至今仍寒光闪闪。兵马俑博物馆被誉为“世界第八奇观”，是世界上最大的帝王陵墓博物馆。1987年秦始皇陵及兵马俑列入世界文化遗产名录。

7）骊山与华清池

骊山位于临潼区城南，西距西安市25千米，海拔1 256米，东西长约5千米，南北宽约3千米，远望似一匹苍黛的骏马，故名骊山。每当夕阳西下，云霞满天，景色绮丽，“骊山晚照”为历史上的关中八景之一。骊山不仅风景秀丽，更以温泉闻名。自西周以来，骊山风景区与温泉便被辟为帝王离宫。

华清池位于骊山脚下，是陕西有名的温泉疗养地，也是我国温泉中最古老、最负盛名的一个。唐贞观十八年（644年）在这里建汤泉宫，天宝六年（747年），唐玄宗扩建称华清宫，华清池也由此得名。

骊山山腰还有“兵谏亭”，是1936年12月12日西安事变蒋介石被捉处。

8）大重阳万寿宫

位于终南山北麓，西安市西南40千米处的户县祖庵镇，是道教三大祖庭之一、全真派祖师王重阳早年修道之所，历来享有“天下祖庭”，“全真圣地”之盛名。大重阳万寿宫现为全国重点文物保护单位。

2. 宝鸡游览区

宝鸡市位于陕西关中西部，古称陈仓，是华夏始祖炎帝的故乡，周秦王朝的发祥地，被誉为“青铜器之乡”。

1）法门寺

位于扶风县城北10千米的法门镇，始建于东汉末年，原名阿育王寺，隋改称“成实道场”，唐初改名法门寺，被誉为“皇家寺庙”。法门寺因安置释迦牟尼佛指骨舍利而成为著名的佛教圣地。

2）太白山国家森林公园

位于秦岭主峰太白山北麓的眉县境内，东距西安110千米，西距宝鸡90千米，面积2 949公顷，森林覆盖率94.3%，是我国西部不可多得的自然风光旅游区，被誉为我国西部的一颗绿色明珠。

3）青铜器博物馆

位于宝鸡市公园南路西侧，主体建筑10 000平方米，1998年开馆。“平台五鼎”的独特造型，气势雄伟，成为“青铜器之乡”的永久标志。馆藏50 000多件文物，其中何尊、折觥、墙盘、卫鼎、秦公钟等最为著名。

3. 咸阳游览区

咸阳位于陕西省中部、关中平原的腹地，为国家历史文化名城，因在渭水之南、九峻山之北，山、水俱阳，故称咸阳。咸阳是秦国、秦朝的都城，历史文物极为丰富，有古陵墓1 135座，形成了十分壮观的陵墓群，构成了中华民族几千年文明史的天然博物馆。

1）乾陵

位于乾县县城北6千米的梁山上，是唐高宗李治与武则天的合葬墓。它依梁山修凿，规模宏大，气势雄伟，为唐代十八陵中保存最完整的一座。现建有乾陵博物馆。

2）茂陵

位于兴平市南位镇茂陵村，距兴平城东15千米，封土高465米，周长240米，是汉武帝刘彻的陵墓。西汉时，茂陵地属槐里县之茂乡，武帝在此建陵，故称茂陵。

3）昭陵

位于礼泉县东北22.5千米的九峻山上，是唐太宗李世民（公元599～649年）的陵墓。陵园规模大，陪葬墓较多，有珍贵石刻，著名的“昭陵六骏”大型浮雕就曾陈列于此。现在陪葬墓徐懋恭墓地上建有昭陵博物馆，陈列着唐初一些著名书法家的碑石及出土文物。

4. 渭南游览区

渭南地区位于关中平原东部，是东部进入陕西省和西北地区的门户。渭南游览区有华山、禹门、唐陵等风景区。

1）华山风景名胜区

华山位于华阴市境内，海拔2 154.9米，古称“西岳”。华山山峰像一朵莲，古时候“华”与“花”通用，故名。

华山以险著称，素有“奇险天下第一山”之称。登山之路蜿蜒曲折，长达12千米，到处都是悬崖绝壁，所以有“自古华山一条道”之说。山上奇峰、怪石、云海、鸣泉、飞瀑、古迹遍布，著名景点多达210余处。

华山五峰中又以东峰（朝阳）、西峰（莲花）、南峰（落雁）三峰较高。东峰是观日出的佳处，西峰是最秀奇的山峰，南峰是最高峰。秦始皇、汉武帝、武则天、唐玄宗等十几位帝王曾到华山进行过大规模祭祀活动，所以华山的名胜古迹很多，庙宇道观、亭台楼阁、雕像石刻随处可见。

华山是道教圣地，有道观20余座，其中玉泉院、东道院、镇岳宫被列为全国重点道教宫观。秦汉以来，道教与华山有关的神话传说广为流传，其中以“巨灵劈山”、“劈山救母”、“吹箫引凤”影响最广。

2）党家村

位于韩城市东北9千米处，总面积1.2平方千米，距今已逾600年。村中有建于600年前100多套“四合院”和保存完整的城堡、暗道、风水塔、贞节牌坊、家祠、哨楼等建筑及族谱村史。党家村古建筑村落已列入“国际传统居民研究项目”。

5. 延安游览区

延安位于陕西省北部黄土高原中部，东临黄河，是华夏民族的发祥地之一，著名的民族圣地和革命圣地，国家历史文化名城。

1）黄帝陵

位于延安南部的黄陵县城北的桥山上，相传这里是中华民族的始祖轩辕黄帝的陵园。陵区约4平方千米，绿水环绕，群山环抱，古柏参天，有大路可通山顶直至陵前。黄帝陵位于山顶正中，陵冢高约4米，周长约50米。

桥山脚下有轩辕庙，院内有古柏14棵，右侧有一株古柏树枝像虬龙在空中盘绕，相传为轩辕氏所手植，距今约5 000年。

2）宝塔山

位于延安城南延河对岸嘉岭山上，是革命圣地延安的象征。宝塔始建于唐，为楼阁式砖塔，呈八角形，高44米，共9层。现已建成宝塔山公园。

3）清凉山

位于延安城北，隔延河与宝塔山、凤凰山鼎立相望。山下有万佛洞为主的石刻文物，山上曾是《解放日报》社、新华通讯总社、延安新华广播电台等革命旧址。清凉山现建有延安清凉山新闻出版革命纪念馆。此外还有月儿井、琵琶桥等古迹。

4）枣园革命旧址

位于延安城西北7.5千米处。1943年，毛泽东、张闻天、刘少奇等先后迁居枣园，成为中共中央书记处所在地。毛泽东旧居在枣园东北半山坡，与张闻天、朱德旧居为邻，是一排五孔石窑洞。枣园还有周恩来旧居、刘少奇旧居、任弼时旧居、彭德怀旧居、书记处小礼堂旧址及社会部、作战研究室和机要室旧址等。

8.3 山西省

8.3.1 概况

山西省简称“晋”，是中华民族的摇篮之一。山西地处黄河中游，黄土高原东起太行山，西至乌鞘岭，东部即属山西省，省内大部分地区覆盖黄土。山西省位于黄土高原东部，东西两侧有太行山、吕梁山，南北两端是中条山、恒山，黄河流经西南省境。

山西历史悠久，多种宗教文化交融，名胜古迹众多，现存辽金以前的地面古建筑占全国总数的70%，有中国古代建筑艺术宝库之称。山西又是老革命根据地，革命活动遗址和革命文物遍布全省。

山西旅游形成了两大区域：一是山西中北部的晋北地区，包括太原、大同等地，旅游资源以古迹、古物景观、名山和宗教旅游资源为特色；二是晋南地区，包括临汾等地，旅游资源以宗教建筑为特色。

太原武宿机场是首都国际机场的备降机场。铁路以同蒲线和石太线为主干，形成石太、京原、京包、太焦、邯长、大秦和同蒲等干线、支线的铁路运输网络。公路以太原为中心，以国道和省干线为骨架，有国道 8 条。

山西省的主要旅游线路如下。

（1）晋北佛教古建筑文化游：大同云冈石窟—华严寺—九龙壁—善化寺—悬空寺—应县木塔—崇福寺—五台山。

（2）晋中晋商民俗文化游：晋祠—双塔寺—崇善寺—玄中寺—杏花村—乔家大院—曹家大院—渠家大院—镇国寺—平遥古城—王家大院。

（3）晋南黄河根祖文化游：临汾大槐树公园—铁佛寺—尧庙—明代监狱—东岳庙—壶口瀑布—丁村遗址—关帝庙—永乐宫—黄河铁牛。

（4）太行风光游：壶关峡谷—黄崖洞—王莽岭—皇城相府—百草堂—炎帝像—漭河自然保护区。

8.3.2 主要旅游景区及景点

1. 太原游览区

太原古称晋阳，是一座具有 2 500 多年历史的文化古城，为山西省会。太原地处黄河流域中部，气候宜人，是旅游避暑佳地。

1）晋祠

位于太原市西南 25 千米，悬瓮山下的晋水发源处，为纪念周成王同母弟唐步虞而建，也称唐步虞祠。晋祠始建于北魏前，经历代扩建成为一座有殿堂楼阁、亭台桥榭的古建筑园林。难老泉、侍女像和周柏唐槐，被誉为晋祠“三绝”。晋祠是中外闻名的游览胜地。

圣母殿是晋祠的主体建筑，是全祠最古老，也是规模最宏大、建筑艺术最精美的建筑。圣母殿殿高 19 米，面宽 7 间，进深 6 间，重檐九脊，是我国现存宋代重檐建筑的代表作。殿内有圣母坐像，两侧有真人大小、神态逼真的 44 尊侍女立像，是我国古代雕刻艺术中的珍品。

鱼沼飞梁是圣母殿前的池沼和桥梁，即在方形水池上架十字形石板桥。桥架于池中精雕细刻的 34 根小八角形石柱上，犹如鹏鸟展翅架在鱼池之上，是我国绝无仅有的古代桥梁特例。

难老泉位于圣母殿之南，是晋水的主要泉源。水温在 18℃左右，水清如玉，常年不息，故以《诗经》中“永锡难老”句命名。难老泉水源恒温恒量，使这一带山环水绕，风景如画。

晋祠内古木参天，最著名的有分布在水镜台前和圣母殿北侧等处距今3 000多年的周柏及1 000多年的唐槐，其中周柏最引人注目，树高10多米，侧身45度斜角披覆在圣母殿屋顶之上，苍劲挺拔，为晋祠八景之一。

2）双塔寺

位于太原市东南郊郝庄村南，建于明万历年间（1573～1620年），原名永祚寺。寺内大殿及东西配殿全为青砖仿木结构，无梁殿形制。由于寺内有两座高塔并立，故称双塔寺。双塔为砖塔，平面八角形，13层，高54.7米，高耸入云，成为太原市的标志。寺内修建有烈士陵园，是太原游览胜地之一。

3）乔家大院

位于祁县，是清代赫赫有名的商业金融资本家乔致庸的宅院，原名“在中堂”，1985年辟为民俗博物馆，共有6个大院、20个小院、313间房屋。

乔家大院始建于清乾隆、嘉庆年间，占地面9 180.8平方米，建筑面积为4 042.4平方米，是一座集中体现清代北方民居建筑独特风格的宏伟建筑群，被誉为“清代北方民居建筑的一颗明珠”，有“皇家有故宫，民宅看乔家”之说。

4）平遥古城

位于山西省中部，距省城太原100千米，是一座历史文化名城，1997年列入世界文化遗产名录。古城原为夯土城垣，始建于西周宣王时期（前827年—前782年）。明洪武三年（1370年），由于军事防御的需要，在原西周旧城垣的基础上扩建为砖石城墙。该城是现存最为完整的明清城垣，是中原地区古县城的典型代表。

2. 大同游览区

大同位于山西省北部，地处内外长城之间的大同盆地中，是我国重要的煤炭工业城市，素有“煤城”之称。大同市为北方重镇，历史文化名城，南北朝时一度为北魏国都，成为当时我国北方的政治、经济和文化中心，因此古迹甚多。

1）云冈石窟

位于大同市西16千米的武周山南麓。依山开凿，绵延1 000米，现有主要洞窟53个，石雕造像5.1万余尊，最高大佛达17米，最小者仅几厘米，是我国最大的石窟群之一。

云冈石窟以石雕造像气魄雄伟，内容丰富多彩，石像粗犷，基本保持印度佛像为中性的特点，充分体现北魏风格，对后来的隋、唐艺术的发展产生了深远的影响。云冈石窟于2001年列入世界文化遗产名录。

2）九龙壁

位于大同市城区东街，为明太祖朱元璋第十三子朱桂代王府前的照壁，始建于明洪武年间（公元1368—1398年），是我国三大琉璃九龙壁中最早最大的一个。壁长45.5米，高8米，厚2.02米，九条巨大约用五彩琉璃镶砌而成，造型古朴，姿态各异，有的伸爪抢珠，有的喷须拂云，有的昂首雾中，有的翘尾探海，有的搏风弄雨，有的腾云欲去，全壁五彩斑斓，蔚为壮观。

3）华严寺

位于大同市城区西部，始建于辽代，是辽金时期我国佛教华严宗重要寺庙之一。寺中数十尊木雕及泥塑神像为辽代艺术珍品。

4）善化寺

俗称南寺，位于大同城南，为辽金时代所建寺院中布局保存最完整的建筑。

3. 五台山风景名胜区

五台山位于山西省五台县东北部，五座山峰环抱，峰顶平坦宽阔如平台，故称五台。北台最高，海拔 3 061.1 米，素称“华北屋脊”。五台山地区气候特殊，属高寒地区，冬季寒冷，夏季凉爽，故又称清凉山，是避暑胜地。

五台山是我国四大佛教名山之一，为文殊菩萨道场。从南北朝以来，陆续兴建了大量寺庙，山中佛寺林立，殿宇相望，建筑辉煌，成为一个古建筑群集中的名山。全盛时期的寺庙建筑达 300 余处，寺庙大多集中在五台山的中心——台怀镇。现存的 40 余座寺庙中有著名的五大禅处，即塔院寺、显通寺、殊像寺、罗睺寺和菩萨顶，还有举世瞩目的南禅寺、佛光寺等，它们的建筑各具特色，是我国古建筑的精英荟萃。其中保存的佛像达 17 000 余尊。

五台山在我国佛教史上占有重要地位，隋唐时即已名扬全国。唐宋以来，日本、印度尼西亚、尼泊尔等国僧侣与五台山僧众素有往来，在国外佛教界广有影响。

五台山还留有革命遗迹，在抗日战争时期这里曾是晋察冀边区政府驻地。

4. 恒山风景名胜区

位于山西浑源县城南 10 千米处，是我国五岳之一，亦名太恒山，又名元岳、常山，被称为“绝塞名山”，自清代以来名扬中外。恒山主峰海拔 2 016.1 米，山体连绵，沿东北方向至河北省境与太行山连接，号称 108 峰，东西绵延 150 千米。

山上怪石争奇，古树参天，苍松翠柏之间散布着殿亭楼台。恒山因其险峻的自然山势和地理位置的特点，保存了古代关隘、城堡、烽火台等众多古代战场遗迹。恒山是帝王祭山之所，又是我国道教圣地之一，因此全山名胜古迹甚多，古有恒山十八胜景，历来为中外游人所仰慕。现尚存有朝殿、会仙府、九天宫、悬空寺等十多处，最为著名的就是悬空寺。

恒山半山以下很少有树木，半山以上松柏参天，人烟稀少，十分清静，给人以幽静的感觉，故以“幽”著称。

悬空寺坐落在翠屏山的金龙口西崖的绝壁上，始建于北魏，距今已有 1 400 多年的历史。全寺共有大小殿宇楼阁 40 余间，皆为木质结构，紧贴岩壁，一字排开，高低错落，参差有致。全寺主要有三组建筑，前为道教天地三宫殿，中间是佛教世界三圣殿，最后是集儒、佛、道三教于一堂的三教殿，殿内塑像中为佛祖释迦牟尼、右为儒教圣人孔子，左为道祖老子。如此三教合一的安排，在我国寺庙建筑中别具一格。

5. 临汾游览区

临汾位于山西省南部，地处黄河中游，是中国古老文明的发祥地之一，文物古迹遍布全区。

1）壶口瀑布风景名胜区

壶口瀑布是黄河的一大奇景，中国的第二大瀑布。壶口瀑布风景区位于山西吉县西南45千米的黄河河床中，是黄河峡谷最险要的一段河谷，北起小河口，南至仕望河口，全长约60多千米，是以壶口瀑布为主体的峡谷景区。

黄河巨流一路奔腾，在山西和陕西交界处曲折南流，到山西吉县与陕西宜川一带，被约束在狭窄的石谷中。滔滔黄河到此由300米宽骤然收缩为50余米，此时波浪翻滚，惊涛怒吼，震声数里，形如巨壶沸腾，最后跌落深槽，形成落差达50米的壶口大瀑布。

2）尧庙和尧陵

尧庙位于临汾市南4千米。相传陶尧建都平阳（今临汾市），有功于民，后人为祭祀尧王建尧庙。尧庙始建于晋，历代重修，现存为清代遗物。

尧陵位于临汾市东北35千米的郭村，涝河北侧。河水经陵前南泄，松柏苍翠，陵丘耸峙，高50米，绕周80米。陵前有祠宇，相传为唐初所建。

3）解州关帝庙

位于运城市解州镇，是我国最大的关帝庙，有“武庙之冠”的美称。其建筑面积18 000余平方米，分南北两院。南院为结义园，是仿刘、关、张桃园三结义的桃园而建。北院为正庙，建筑布局采用我国特有的中轴对称式的传统风格，布局严谨，主次分明，富丽堂皇。解州是关羽的故乡，关羽一生以忠义勇猛著称，死后被历代帝王加封，因此，关羽成为我国和东南亚各国人民最崇拜的神圣偶像之一。关公出生地的解州关帝庙，以它得天独厚的历史原因、特殊的地理地貌和富有特色的建筑风格，格外引人注目。

8.4 河南省

8.4.1 概况

河南省简称“豫”，有“中州”、“中原”之称。河南省位于我国中东部，黄淮海平原西南部，大部分地区在黄河以南，故名“河南”。

河南是中华民族的主要发祥地之一，已发现仰韶文化、夏文化、殷商文化等文化遗址和古城都邑遗址，在中国古代文化史上占有重要地位，素有“中国自然历史博物馆”和“文物之乡”的美称。中国七大古都中，殷商古都安阳、九朝古都洛阳、七朝古都开封都位于河南境内，此外还有商丘、南阳、郑州等国家历史文化名城。

河南旅游分为两大区域：一是郑州及以东的豫东地区，包括郑州、开封、安阳、商丘等地，旅游资源以古迹景观为特色；二是河南西部和北部地区的豫西北地区，包括洛阳、三门峡等地，旅游资源以古物景观、名山、石窟为特色。

河南省有郑州和洛阳两个民用机场，其中郑州新郑机场是国际机场。郑州是全国重要的铁路交通枢纽之一，境内有京广、陇海两大铁路干线。公路干线有国道 11 条、其中包括纵向国道干线 G105、G106、G107 国道。

河南省的主要旅游线路如下。

（1）华夏文明摇篮之旅：开封—郑州—洛阳—三门峡。

（2）洛阳古都之旅：龙门石窟—关林—白园—白马寺。

（3）郑州之旅：大河村遗址—黄河浏览区—河南博物馆—商城遗址。

8.4.2　主要旅游景区及景点

1. 郑州游览区

郑州是河南省省会、国家历史文化名城、中华民族最早的聚居地之一和中国古代文明的摇篮，有众多的文物古迹，也是具有革命传统的现代历史名城。

1）“二七”广场和纪念塔

位于郑州市中心，为纪念 1923 年京汉铁路工人“二七”罢工而建。纪念塔 1971 年兴建，高 63 米，共 14 层，平面为关联的两个五角形，故又称双塔。

2）商城遗址

位于郑州市内，是早于安阳市“殷墟”数百年的商代古城遗址，面积 25 平方千米，1950 年发现，出土大量商代文物精华，为研究商代奴隶社会提供了宝贵实物资料。

3）大河村遗址

位于郑州市区北 12 千米处，包括仰韶文化、龙山文化的新石器时代的遗址，1964 年发现，面积约 30 万平方米，发现大量墓葬、火坑、房基等遗迹，现已在遗址上复原陈列，为研究我国原始社会文化提供了珍贵的实物资料。

4）黄河游览区

位于郑州西北 26 千米处，以地上“悬河”为起点、黄土高原为终点，是黄河中下游分界线的地理标志。黄河游览区有五龙峰、岳山寺、驼驼岭、汉霸二王城、水上乐园等 5 大景区。

2. 开封游览区

开封简称汴，国家历史文化名城，中国七大古都之一。开封建城的历史可追溯到夏、商、周，已有 2 700 多年历史。战国时期的魏、五代时期的后梁、后晋、后汉、后周及北宋和金均在此建都。北宋时期，清正廉明的包公、满门忠烈的杨家将、图强变法的王安石、抗金英雄岳飞等历史名人，都曾在开封留下光辉的足迹。作为犹太人在中国定居最早的城市，开封现今保留着古代犹太人的许多遗迹。

1）相国寺

位于开封市中心，我国著名的佛教寺院之一。战国时为魏公子信陵君的故宅，始建于北齐天保六年（555年），初名建国寺，后唐睿宗为纪念他以相王即位，乃赐名“相国寺”。

相国寺建筑艺术颇具特色，现存建筑为清乾隆年间重修，有大雄宝殿、八角琉璃殿、藏经楼等。八角琉璃殿中央高亭耸立，亭顶立铜宝瓶，高近2米，亭内供一尊用一根完整银杏树干雕成“千手千眼观音菩萨”，高达7米，雕像全身贴金，每面大手六只，小手二百余只，每手掌画一眼，排成四扇面形状，雕工精细。

相国寺钟楼内有一口高约4米、重万余斤的铜钟，若霜天叩击，发音浑厚洪亮，“相国霜钟”为开封八景之一。

相国寺西的延庆观是道教全真道创派祖师重阳真人传教的场所，现仅存玉皇阁。位于延庆观西的包公祠，是纪念北宋名臣包拯的祠堂。

2）开封铁塔

位于开封市东北部，原在祐国寺内，故又名祐国寺塔，建于北宋皇祐元年（1049年），是一座八角十三层褐色琉璃砖塔，高55米，塔身由28种形状的褐色琉璃块砌成，各层檐角均挂有铁铃铛，远望似铁铸，故称“铁塔”。它是我国最高的仿木结构琉璃塔。铁塔是古汴梁的标志，现辟为铁塔公园。

3）龙亭

位于开封城北，原为北宋和金皇宫遗址，清代建龙亭大殿，大殿金碧辉煌，坐落在13米高的砖砌台基上，远望如天上宫殿。

4）禹王台

位于开封市东南郊，又称“古吹台”。相传春秋时晋国著名盲人大音乐家师旷曾在此奏乐，后人为纪念他，将这块高地起名为“吹台”。到明代改名“禹王台”，并在台上建禹王庙大殿。大殿东侧有纪念唐代诗人李白、杜甫、高适的“三贤祠”，大殿西侧有祭祀历代治水名人的“水德祠”。

位于禹王台西南的繁塔，景色秀美，“繁台春色”为汴京八景之一。

5）清明上河园

位于开封城西北隅，占地34公顷。以北宋画家张择端的巨幅画卷《清明上河图》为蓝本，再现了《清明上河图》中所描绘的东京开封的繁华景象，是一座大型民俗风情游乐园。

6）开封府

位于开封包公湖东湖北岸，占地4万平方米，建筑面积1.36万平方米，气势恢弘，巍峨壮观，为北宋时期的首府。它与位于包公西湖的包公祠相互呼应，形成了“东府西祠”、楼阁碧水的壮丽景观。

3. 安阳游览区

安阳市位于河南省的北部，是我国七大古都之一，为商代后期都城。

1）殷墟博物苑

位于安阳市西北郊约2千米的小屯村，商代后期叫做北蒙，也称“殷”，为商代国都。周灭商后，殷逐渐趋于荒芜，故称殷墟。

殷墟规模巨大，范围广阔。东起郭家湾，西至北辛庄，南起刘家庄，北至后营，东北至三家庄，长约6千米，宽约5千米，总面积约24平方千米。殷墟的总体布局以小屯宫殿宗庙区为中心，沿洹河两岸呈环形放射状分布，是一座开放形制的古代都城。2006年殷墟列入世界文化遗产名录。

2）文峰塔

位于安阳市老城西部的天宁寺内，始建于后周广顺二年（952年），塔高38米，塔周40米，底小上大，呈倒锥形，为中国稀有的古建筑之一。

3）红旗渠

位于林州市北部，豫、晋、冀三省交界处，是在太行山悬崖峭壁上盘山开凿的水利工程。红旗渠自然风光奇特，人文景观独特，在国内外享有很高的知名度，被誉为“人造天河”、“当代万里长城”。

4. 商丘游览区

商丘市位于河南省最东部，地处豫、鲁、皖、苏四省结合部，素有“豫东门户”之称，为中国历史文化名城。

1）归德古城

位于商丘市睢阳区，建于明正德六年（1511），为古城堡式建筑，城池外圆内方，形似铜钱，为历史文化名城。砖城墙周长3 620米，城门为拱卷门。城内建筑多为走马门楼、五门相照的四合院建筑群。宽阔的护城河碧波荡漾，环绕全城。水下叠压着汉朝与唐朝的睢阳古城、宋朝的南京城、元朝的归德府旧址。

2）芒砀山文物旅游区

位于永城市，由保安山景区、夫子山景区、芒砀山景区、农科观光区构成，面积约10平方千米。芒砀山汉陵墓群为国家级重点文物保护单位。

3）木兰祠

位于虞城县营廓镇大周庄村，距虞城县城35千米，始建于唐代。木兰祠占地万余平方米，各类建筑120余间。大殿内塑有木兰闺装像，后楼塑有木兰全家像。

4）阏伯台

位于商丘古城西南1.5公里处，如墓状，高35米，周长270米，夯土筑成。阏伯台下的土丘即阏伯始封之商丘，商丘地名即由此而来。阏伯台上现有阏伯庙，为元代建筑。

5. 南阳游览区

南阳市位于河南省西南部，北靠伏牛山，东扶桐柏山，西依秦岭，南临汉江，是一个三面环山，南部开口的盆地。南阳市为国家历史文化名城。

1）恐龙蛋化石博物馆

位于西峡县丹水镇三里庙村，占地23 000平方米，建筑面积2 200平方米。馆体呈蛋球形，环形分布，共两层：一层有地域恐龙展及地质演化等其他展厅，二层有恐龙生长过程再现厅、游客回归原始模拟厅等。

2）宝天曼国家级自然保护区

位于豫西南伏牛山南麓内乡县北部山区，海拔500～1 845米，总面积100平方千米。保护区天然林保持着原始状态，有高等植物256科1054属2 911种，占河南植物总数的73%，陆栖脊椎动物有201种，许多都是珍稀特有种类，被誉为“天然物种宝库”、“中原绿色明珠”。2001年9月，该自然保护区加入世界生物圈保护区网络。

6. 洛阳游览区

洛阳市位于河南省西部，横跨黄河中游两岸，是华夏文明的重要发祥地之一，为国家历史文化名城和中国七大古都之一，因地处洛河之阳而得名。洛阳人喜爱牡丹，每年举办的“牡丹花会”上游人如潮。

1）白马寺

位于洛阳市东10千米处，建于东汉永平十一年（68年），距今已有1 900多年的历史，是佛教传入中国后兴建的第一座佛教寺院，有中国佛教祖庭之誉。

白马寺现存建筑有天王殿、大佛殿、大雄宝殿、接引殿、毗卢阁、钟楼、鼓楼等。白马寺最高大的建筑是毗卢阁，巍然矗立在清凉台上。寺外东侧有金代建造的方形13层的齐云塔，玲珑别致。

2）关林

位于洛阳市南7千米，是埋葬三国时蜀国大将关羽首级的地方。墓冢高大，犹如土丘，冢周有参天翠柏，蔚然成林，故称关林。为祀奉关羽，后人又修建了关帝庙。现存的关帝庙系明代建筑，殿内塑有关羽戎装像一尊。

3）龙门石窟

位于洛阳市南13千米的伊河两岸，是世界闻名的艺术宝库之一。石窟开凿于北魏太和十八年（公元494年），直到晚唐（公元898年），营造达400年之久。现存洞窟2 100多个，佛塔40余座，佛像10万余尊，题记和碑碣达3 600余品，是我国古代佛教石窟艺术的四大宝库之一。2000年列入世界文化遗产名录。

龙门石窟中北魏造像约占1/3，最有代表性的有古阳洞、宾阳洞、莲花洞等。龙门石窟中唐代造像约占2/3，最有代表性的是万佛洞、奉先寺。奉先寺是龙门石窟群中规模最大的一个佛洞，佛洞内的正中的卢舍那佛坐像，高17. 14米，是龙门石窟最大的佛像。

4）洛阳古墓博物馆

位于洛阳市北的邙山，自古有“生于苏杭，葬于邙山”之说。邙山古冢累累，难以数计。20世纪80年代在洛阳建成中国第一座古墓博物馆，迁建、仿建附近有代表性的古墓数十座于一地。

5）黄河小浪底风景区

位于洛阳市以北 40 千米的孟津县，库区全长 130 千米，总面积 278 平方千米，形成了“北方千岛湖”的壮观景象。黄河小浪底风景区内有大量的半岛、孤岛、险峰，近观有曲折蜿蜒的河湾，远眺有烟波浩渺的湖面，自然、人文景点多达 60 余处。

黄河三峡位于小浪底水库大坝上游 20 千米处，总面积 40 平方千米，是小浪底风景区的精华所在。

7．中岳嵩山风景名胜区

位于河南中部登封市，为五岳的中岳，是闻名中外的风景名胜区。嵩山名胜古迹繁多，景区内共有名胜景点 70 多处。

1）中岳庙

位于嵩山南麓，始建于秦，是历代封建统治者祭祀“山神”的地方，面积 10 余万平方米，为河南省现存规模最大的寺庙建筑，也是我国现存最早的道教庙宇之一。

2）嵩阳书院

位于中岳庙西的太室山脚下，始建于北魏，为我国古代四大书院之一。

院内原有古柏三株，曾被汉武帝封为“大将军”、“二将军”、“三将军”，现存两株。其“二将军柏”是我国树龄最高的柏树之一，至今苍翠矫健，生机勃勃，世间罕有。

3）嵩岳寺塔

位于登封城西北的嵩山山谷中，建于 1 400 多年前的北魏，高 40 多米，12 角形，15 层，是我国现存最古老的密檐式砖塔。塔身中空，砖壁周浮雕精湛，巍然屹立在崇岭之中，成为嵩山的标志。

4）少林寺

位于登封城西北少室山北麓的幽谷茂林之中，故名少林寺，始建于北魏太和十九年（公元 495 年）。公元 527 年印度僧人菩提达摩在此首创禅宗，故少林寺被称为禅宗祖庭，是我国佛教禅宗发祥地，在中外佛教史上享有盛誉。唐朝时因少林寺 13 位和尚助唐王李世民征战有功，被誉为“天下第一名刹”。

少林寺内文物众多，现存规模最大的千佛殿（又名毗卢阁）内还保留有东、西、北三壁，约 300 多平方米的明代彩色壁画（五百罗汉朝毗卢），是著名唐代大画家吴道子所作。白衣殿内有清代“少林寺拳谱”、“十三棍僧救唐王”彩色壁画及唐代以来的碑碣石刻约 300 余品。

少林寺的“少林武功”驰名世界，素称“武林至尊”。少林武术起源于达摩，后经历代僧徒反复演练、充实、提高，汇集成少林拳谱。

5）塔林

位于少林寺西数百米处，是历代住持和尚的墓地。现存自唐至清千余年间的砖石墓塔 230 多座，高低错落，是我国现存规模最大的塔林，也是综合研究我国古代砖石建筑和雕刻艺术的宝库。

6）观星台

位于登封城东南，为元代初所建的天文台，是我国现存最古老的天文观测建筑，具有重要的科学研究价值。

8. 三门峡游览区

三门峡市位于河南省西部，黄河南岸。相传大禹治水时，劈龙门，开砥柱，将此凿开三道峡谷，三门峡由此而得名。

1）三门峡风景区

三门峡是黄河的一段，位于陕西省潼关以东、河南省洛阳以西。黄河沿陕西、山西边界南下，由潼关急转东流，在陕县以东20千米处，河道收缩在300～400米间，流水湍急，山势雄伟。这一河段中有五座岛屿把河道分隔成三段，称为三个“门”，即人门、神门、鬼门，三门峡因而得名。

1957年兴建三门峡水利枢纽工程，形成了巨大的人工湖，水面广阔，湖水碧波荡漾，风光秀丽，成为旅游及水上运动和消夏避暑之地。

2）仰韶文化遗址

位于渑池县城北9千米处的仰韶村，总面积近30万平方米，文化层厚约2米，最厚达4米，有四层文化层相叠压，自下而上是仰韶文化中期、仰韶文化晚期、龙山文化早期和龙山文化中期。

3）虢国博物馆

位于三门峡市区北上村岭，是专题性博物馆，依托西周虢国墓地遗址建立，是一座集文物陈列、遗址展示、园林景观于一体的现代化、多功能博物馆。

虢国墓地是西周、春秋时期大型邦国公墓，总面积32.45万平方米，各类遗址800余处，出土文物近3万件，尤其是虢季、虢仲两座国君大墓，文物数量多、价值高。

4）甘山国家森林公园

位于陕县南部窑店林场，距三门峡市区30千米，总面积为3 800公顷，最高峰海拔1 884.64米，林木植被覆盖率达95%以上。其自然风景具有奇、秀、艳、幽、静的特色，春夏秋冬景色各异、别具一格，风景十分秀丽。

5）函谷关

位于灵宝市区北15千米的王垛村，古代处于洛阳至西安故道中间的崤山至潼关段多在涧谷之中，深险如函，古称函谷。春秋时秦孝公在此设置函谷关，关城东西长7.5千米、谷道仅容一车通行，素有“一夫当关、万夫莫开”之说。

8.5　山东省

8.5.1　概况

山东省简称“鲁”，地处黄河下游，黄海、渤海之滨。春秋战国时期为齐国、鲁国所在地，所以山东又称“齐鲁之邦”。山东半岛突出于黄海、渤海之间，隔渤海海峡与辽东半岛遥遥相对。庙岛群岛屹立在渤海海峡，是渤海与黄海的分界处，扼海峡咽喉，成为拱卫首都北京的重要海防门户。

独具特色的齐鲁文化，在中国传统文化中占有重要地位。山东是孔孟之乡，文物古迹众多，人文景观独特，山、泉、湖、海等自然景观绚丽多彩。

山东旅游分为两大区域：一是山东中部和南部的鲁西南地区，包括济南、泰安、淄博、曲阜等地，旅游资源以名山、泉湖、古迹、洞穴为特色；二是山东半岛地区，包括青岛、烟台、蓬莱等地，旅游资源以海滨景观为特色。

山东省的济南、青岛、烟台、威海、潍坊、济宁等城市都有民用机场，其中济南、青岛、烟台机场为国际机场，有通达日本、韩国、新加坡、泰国、俄罗斯等国家和香港、澳门特区的航线。境内铁路纵横，有京沪、京九、胶济等主要干支线，主要旅游城市均有高速公路连接。海上航运以青岛、烟台、日照为主枢纽港，龙口、威海、岚山为区域性重要港口。

山东省的主要旅游线路如下。

(1) 圣人山水之旅：泰安—曲阜—邹城。

(2) 海滨之旅：青岛—威海—烟台—蓬莱—长岛。

(3) 水浒之旅：阳谷—梁山。

8.5.2　主要旅游景区及景点

1. 济南游览区

济南市位于山东省中西部，山东省省会，北濒黄河，南依泰山，市居盆地，四面环山，为国家历史文化名城。

济南市具有得天独厚的自然条件和优美的环境，风景秀丽，泉水众多，自古享有“家家泉水、户户垂杨”之誉，素以“泉城”闻名于世。喷涌不息的泉水在市区北部汇流而成的大明湖和位于市区南部的著名佛教圣地——千佛山交相辉映，构成了济南“一城山色半城湖”的独特风景线。趵突泉、大明湖、千佛山、四门塔被称为济南四大名胜。

1) 趵突泉

位于济南市中心的趵突泉公园内，为济南“七十二名泉”之冠。其主泉分为三股，平地涌出，昼夜喷涌，泉涌数尺，声如隐雷，冬夏如一，状如三堆白雪。泉西有观澜亭，泉东有望鹤亭。公园内还有金线泉、漱玉泉、柳絮泉、马跑泉等，宋代女词人李清照纪念堂就在趵突泉东漱玉泉畔。

2）大明湖公园

位于济南市旧城北部，系由多处泉水汇集而成，是历史悠久的风景胜地。湖面开阔，有“四面荷花三面柳，一城山色半城湖”之誉。

湖南为遐园，仿照江南庭园设计，被誉为大明湖南岸佳境，济南第一园林。湖北高台有元代北极阁，湖东有纪念宋代文学家曾巩的南丰祠、纪念明兵部尚书铁铉的铁公祠、纪念南宋词人辛弃疾的稼轩祠。湖中的小岛上有纪念唐代著名诗人杜甫的历下亭。

3）千佛山

位于济南市区南部，古名历山。在1 400多年前佛教盛行时多凿石镌佛，遍布山崖，并建千佛寺，历山才称为千佛山。千佛山为济南市最大佛教圣地，海拔285米。半山有“齐烟九点”坊。山间有兴国寺，古朴清雅，是济南佛教寺庙中最大的一个，寺的前院右壁上有依山镌造佛像的千佛崖，崖上雕造佛像60多尊。

2）四门塔

位于济南市东南柳埠村青龙山麓。塔建于隋大业七年（611年），是我国现存最早的石塔。塔身为大块青石砌成，高15.04米，四面各有一半圆形拱门，故称四门塔。

2．东岳泰山风景名胜区

泰山雄峙于山东中部，横跨泰安、济南两市，古称“岱山”、“岱宗”，春秋时改称“泰山”，为“五岳之首”的东岳，被誉为“五岳之尊”。其主峰玉皇顶海拔1 532.7米，气势磅礴，拔地通天，给人以“稳如泰山”之感。1987年列入世界自然和文化双重遗产名录。

泰山是佛、道两教之地，历代帝王朝拜之山，也是中国古代皇帝封禅的名山。摩崖碑碣数不胜数，庙宇观堂满山遍布，全山有古建筑群20多处，历史文化遗迹2 000多处，历代文人雅士吟咏题刻和碑记无数。

泰山山势壮丽，自然景观巍峨、雄奇、沉浑、峻秀，在总体风格上以其山体的雄大、主峰的雄伟、气势的雄壮赢得了“泰山天下雄”的美誉。

1）岱庙

位于泰山南麓，泰安市内，为泰山第一名胜，是历代帝王祭祀泰山、举行大典的地方，从秦汉开始修建，经过历代扩建与修建，仿照古代帝王宫殿形式建筑，面积达9.6万平方米，为我国最著名的大规模古建筑群之一。

岱庙的主殿是天贶殿，创建于宋真宗时（公元1009年），与北京故宫太和殿、曲阜孔庙大成殿为我国最大的三处宫殿建筑。殿内供奉东岳泰山之神。殿壁东、西、北三面墙壁有高3.3米、长62米东岳泰山神出巡的巨型宋代壁画，名为“启跸回銮图”，体现了我国古代绘画艺术的卓越成就。

庙内古木参天，碑碣林立，共有151块，有名贵古碑《秦李斯小篆碑》、《汉张迁碑》、宋徽宗的《大观圣作碑》等。庙东侧是汉柏院，有古柏五株，传为汉武帝所植。

2）岱宗坊

位于岱庙正北，为泰山东路登山起点，四柱三间式，以泰山花岗岩建造，其北有“一天门”坊，从这里至泰山顶约10千米，高差达1 350米，需攀登约7 000级台阶，其中以中天门至南天门间的十八盘最为陡峻。

3）中天门

又称“二天门”，位于泰山山腰，为登山的半途，也是东西两路登山的汇合点。中天门是上下山的枢纽地，由此北望岱顶，“十八盘”犹如云梯高筑。

3）南天门

又称“三天门”，是登泰山的最后一道门坊，也是泰山顶的大门。门上建阁，名“摩空阁”，门额镌有“南天门”三字。

4）岱顶

岱顶是南天门到玉皇顶的通称，是泰山名胜最集中的地方。这里有碧霞元君祠，是岱顶规模最大的古建筑群。玉皇顶，又称天柱峰，为泰山最高处，有月观峰、日观峰、仙人桥、无字碑、观日亭、望河亭等。在极顶上可观赏泰山四大奇景，即“旭日东升”、“晚霞夕照”、“黄河金带”、“云海玉盘”。

3. 曲阜游览区

曲阜位于山东省西南部，是儒学之源，儒教之根，儒学开山祖师孔子的出生、立教、传教之地，也是儒学“亚圣”孟子的出生之地，被称为“东方圣城”，为国家历史文化名城。

曲阜素以历史悠久、文化发达、文物丰富及古建筑雄伟称誉世界。全市有文物保护单位300多处，重点文物保护单位112处，其中有被称为中国书法艺术宝库的孔庙、“天下第一家”的孔府和世界上最大的家族墓地孔林。1994年孔庙、孔府和孔林被列入世界文化遗产名录。

1）孔庙

孔子死后的第二年（公元前478年），鲁哀公就下令在孔子旧居的基础上建立孔庙。西汉以来，历代重修扩建，有殿、阁、庑等460多间，占地9.6万平方米。在南北中轴线上，从北到南，依次为石坊、棂星门、圣时门、壁水桥、弘道门、大中门、同文门、奎文阁、十三碑亭、大成门、杏坛、大成殿、寝殿、圣迹殿等。整个建筑气势雄伟，布局严谨，为我国最大的古建筑群之一，在世界建筑史上占有重要地位，是我国重要的文化艺术遗产之一。

大成殿是整个孔庙的主体建筑，是祭祀孔子的正殿，殿高32米，东西宽54米，南北深34米，重檐九脊，黄瓦朱棂，规模仅次于北京故宫太和殿，是我国三大宫殿建筑之一。大殿四廊有精雕的大理石柱28根，是我国古代石雕艺术的精品。

2）孔府

位于曲阜城内，与西面的孔庙毗邻，是孔子的后代子孙们居住的地方。宋仁宗曾封孔子46代孙孔宗愿为“衍圣公”，所以孔府又称“衍圣公府”。孔府内有九进院落，占地7.5万平方米，房屋463间。从孔宗愿起至72代孙孔德成止，孔子后裔有20多代都居于此，历时900多年。

孔府布局分为东、西、中三路。中路为主体部分，前部为官衙，设三堂六厅；后部为内宅，是眷属居住和活动的地方；最后面是孔府花园。西路为客厅院，东部为家庙。孔府经历代帝王的扩建，可称为我国最大、最豪华的古代贵族府第，是我国历史上历时最久、规模最大的地主庄园，同时又是一个官衙、家庙、住宅三位一体的古建筑群。孔府是研究东方儒学及历史文化的最佳场所。

3）孔林

位于曲阜城北门外，是孔子及其子孙的陵墓区，占地200公顷，围墙周长7千米。陵墓区内古木参天，茂林幽深。据记载，孔林有古树2万多株，成为我国最大的人工古老园林。林下坟墓累累，碑碣齐整。

孔林中部红墙环绕孔子墓，墓碑上写着“大成至圣文宣王墓”。孔子墓东是他的儿子孔鲤墓，孔子墓前是他的孙子孔伋（子思）墓，这种祖、父、子三墓的布局，称“携子抱孙”格局。

4．淄博游览区

淄博位于山东中部，是著名的鲁中古城，为春秋战国时期的齐国都城，古遗迹众多。

1）聊斋城

位于淄博市淄川区洪山镇蒲家庄，是以聊斋故事为主题的组群式的大型名园景区，已形成柳泉、聊斋宫、狐仙园、石隐园、满井寺、俚曲茶座、墓园等旅游景点。

蒲松龄纪念馆，较为完整地保留了蒲松龄当年居住的原貌。故居为典型的北方农村院落，院内有蒲翁生平展室、文石展厅和当代文人骚客的书画展厅。

2）原山国家森林公园

位于淄博市博山城区西南部，总面积1 702公顷，有凤凰山、禹王山、望鲁山、薛家顶和夹谷台五大景区。园内山势险峻，地貌奇特，森林茂密，环境优美，景观丰富，是生态旅游、回归自然、休闲度假之胜地。

5．青岛游览区

青岛位于山东胶东半岛，濒临黄海，环抱胶州湾，是我国重要的沿海开放城市之一，国家历史文化名城，著名的旅游度假胜地。欧陆式的城市风光、蔚蓝色的大海和起伏叠嶂的山峦，使青岛具有独特的魅力。

1）栈桥

位于青岛繁华的中山路南端的海上，是青岛的象征，全长440米，宽10米，从海边向南笔直伸入海中，好像直射大海的一支箭弩。据说栈桥是清朝李鸿章为了供海军运卸物品而建。栈桥南端建有回澜阁，为青岛十景之一，也是游客观海纳凉的好地方。

2）八大关

位于青岛东郊湛山南麓，西起汇泉湾畔，东至太平湾，又称湛山疗养区。这里是青岛市风景最优美、环境最幽静的区域之一，也是全国闻名的疗养和避暑胜地。因历史上有八条纵横交错的大路分别以八个关隘命名，故名“八大关”。

3）青岛海产博物馆

位于鲁迅公园内，其前身为青岛水族馆，筹建于1930年，是研究和介绍我国海洋环境和海洋资源、普及海洋知识的专门博物馆。水族馆为古城堡式的石建筑，设有玻璃展池60多个，与大海相通。

4）崂山

崂山古称牢山、劳山，位于青岛市区以东40千米，自古就是我国的名山之一。其主峰崂顶海拔1 132.7米，山势巍峨，拔立于大海之滨，素有“泰山虽云高，不如东海崂”之誉。

崂山背陆面海，林木葱茂，境内多奇岩怪石，峰上有峰，谷底有谷，泉瀑溪流皆成佳景，兼有山、海、林、泉之胜。山间遍布宫观庙宇，古迹甚多，又有“神仙之宅，灵异之府”的美誉。

崂山为道教名山之一，山中道教宫观首数太清宫。太清宫位于崂山东南，三面环山，南临大海，是崂山道教名山的标志，也是崂山的主要风景区。太清宫冬无严寒，夏无酷暑，被称为崂山“小江南”，全部建筑达180间，规模仅次于北京的白云观。

崂山著名的风景有南九水和北九水。九“水”是泉水形成的涧溪，每一转弯处因峭壁挡路，在岩下汇成一个水潭，九水即九折九潭。这里流泉飞瀑，甚为壮观。用崂山泉水制造的崂山矿泉水和青岛啤酒，已成为畅销国内外的优良饮料。

5）青岛海滨风景区

以胶州湾两翼沿海海滨带为主体，以黄金海岸旅游线为重点，包括青岛湾景区、汇泉湾景区、太平山景区、八大关景区、东部新市区和石老人国家旅游度假区等部分。

6. 烟台游览区

烟台位于山东半岛东北部，北依黄海，是重要海港和渔业基地。明洪武三十一年(1398年)，设狼烟墩台防倭寇，故名烟台。

1）崆峒岛

位于烟台市芝罘区东北部海域9.5千米处，是烟台市区第一大海岛，主岛面积0.84平方千米，世称“四周环水，超尘绝俗”。岛南坡地势平缓，并有一月牙形的天然海水浴场，北面则多是陡峭的礁石。岛的周围有小岛屿环绕，主要有头孤岛、二孤岛、三孤岛、马岛等。

2）昆嵛山国家森林公园

位于山东半岛东端，烟台、威海两地交界处，面积48平方千米，主峰泰礴顶海拔923米，为半岛最高峰。昆嵛山是道教名山，为道教“全真派”发祥地，素有“海上仙山之祖”之称。

3）海阳万米海滩浴场

位于烟台市南10千米处的凤城旅游度假区内。该浴场拥有长10 000多米、宽150米的海滩，沙细如粉，是理想的天然海水浴场。

4）蓬莱

蓬莱位于胶东半岛最北端，依山傍海，夏无酷暑，冬无严寒，风景秀丽，景色宜人，是国家级风景旅游区，著名的海滨风景旅游城市。因有独具特色的“海市蜃楼”的奇观和“八仙过海”的美传，被称为“人间仙境”。

蓬莱阁建于北宋嘉祐六年（1061年），坐落在城北濒海的丹崖山巅。丹崖拔海面起，通体赭红，与浩茫的碧水相映，时有云烟缭绕，蓬莱阁高居其上，有“仙阁凌空”之称。

水城位于市区西北丹崖山东侧，明洪武九年（1376年）在原宋代刀鱼寨的基础上修筑水城，总面积27万平方米。水城负山控海，形势险峻，其水门、防浪堤、平浪台、码头、灯塔、城墙、敌台、炮台、护城河等海港建筑和防御性建筑保存完好，是国内现存最完整的古代水军基地。

5）长岛

位于蓬莱北15千米的渤海海峡中，从蓬莱北望，隐隐约约，若海上仙山，被誉为“海上桃源”。在春夏之交时候，还可以看到“海市蜃楼”奇景。

7. 威海游览区

威海位于山东半岛东端，三面环海，为中国北方的重要海港之一，是连接山东半岛和辽东半岛的交通枢纽。威海突出于黄海中部，扼渤海海口，是海上交通要冲和海防重地，素以地理环境险要名扬中外。

1）刘公岛

位于威海湾口，距市区旅游码头3 800米，素有“不隅屏藩”和“不沉的战舰”之称。刘公岛海岸线长15千米，面积3.15平方千米，最高处旗顶山海拔153.5米。全岛植被茂密，郁郁葱葱，以黑松为主，为国家森林公园。

刘公岛是中国近代第一支海军——北洋水师的基地，现有甲午海战馆、北洋水师提督署等文物古迹。

2）威海国际海水浴场

位于威海高技术产业开发区，是一个天然海水浴场，海岸线全长2 800余米，沙滩面积为10万平方米，沙质柔细，海水清澈，滩坡平缓，可同时容纳4～5万名游客。

3）荣成天鹅湖

位于山东半岛最东端的荣成市成山镇，是一天然潟湖，是北方最大的天鹅栖息地。每年到冬季，近万只天鹅汇聚云集，起舞翱翔，蔚为壮观。天鹅湖为国家级名胜风景区、国家级自然保护区。

思考题

1. 分析黄河中下游旅游区旅游地理环境的基本特征。
2. 黄河中下游旅游区的旅游资源有什么特色?
3. 黄河中下游旅游区有哪些古都?
4. 关中游览区有哪些旅游胜地?有哪些著名的旅游景点?
5. 晋祠“三绝”是指什么?
6. 我国有哪三大琉璃九龙壁?
7. 豫东和豫西北地区的旅游资源有什么不同的特色?分别有哪些著名的景点?
8. 简述鲁西南游览区的著名旅游景点。
9. 曲阜“三孔”是指什么?

第9章 长江中下游旅游区

长江中下游旅游区包括上海、江苏、浙江、安徽、江西、湖南、湖北六省一市，是我国地理位置优越，气候条件良好，经济文化发达和人口最稠密的地区之一。本区旅游资源丰富，基础条件优越，在全国旅游业中占有重要地位。

9.1 旅游地理特征

9.1.1 旅游地理环境特征

1. 旅游自然环境

1）以平原、丘陵为主，名山众多

本区地处我国地形的第二、三阶梯，大部分区域为最低一级的第三梯。鄂西山地、湘西山地属于第二级阶梯，海拔自西向东由2 000米降至1 000米。其余属于第三级阶梯，呈现出平原和丘陵相间分布的地形结构。平原包括苏皖平原、长江下游平原和两湖平原，丘陵有江南丘陵和闽浙丘陵。

苏皖平原海拔一般在40米以下，江苏、安徽两省淮河以北的地区是华北平原的一部分，形成众多湖泊，如洪泽湖、骆马湖等。两湖平原和长江下游平原形成巨川田园风光。丘陵主要分布于长江中下游以南的广大地区，这里是名山集中之地，如庐山、九华山、黄山、雁荡山、莫干山、普陀山、井冈山、会稽山、紫金山、栖霞山、齐云山、龙虎山等。

2）河湖密布，水景丰富

本区在气候和地形的共同影响下，境内到处河湖密布，呈现一派水乡泽国风光，水景资源极其丰富。

本区河流分属于淮河、长江和钱塘江水系。河流汛期长、泥沙少、水量大、无冰期，水流稳定，航运价值大，为开展水上旅游活动创造了十分有利的条件。河流流经山地的河段风景秀丽，如长江、京杭大运河、富春江—新安江、楠溪江，尤其是京杭大运河，贯穿数座历史文化名城。

本区湖泊众多，沿长江黄金水道两岸，湖泊星罗棋布。我国鄱阳湖、洞庭湖、太湖、洪泽湖和巢湖等五大淡水湖都在本区，沿岸湖光山色，风景优美。另外，本区还有杭州西湖、南京玄武湖、扬州瘦西湖、嘉兴南湖、武汉东湖等著名的风景名湖。

本区的瀑布和名泉资源也毫不逊色。著名的瀑布有黄山的人字瀑、九龙瀑，庐山的三叠泉瀑、香炉峰瀑，雁荡山的大小龙湫瀑布等。名泉有杭州虎跑泉、南京汤山泉、无锡惠山泉等。

本区东部濒临海洋，海岸线长，海岛数量多。

3）典型的亚热带湿润季风气候

本区为典型的亚热带湿润季风气候，具有四季分明，冬温夏热，雨量丰沛的特征。每年从三月中旬开始，自南而北逐渐进入春季；五月进入梅雨季节；梅雨以后进入盛夏，河谷平原为高温中心；八月中下旬为秋雨期；十月秋高气爽。冬季在无寒潮南侵时，比较温暖。年降水量为1 000～1 500毫米。

温暖湿润的气候使本区长江以南的植被为常绿阔叶林，长江以北为常绿阔叶和落叶阔叶混交林。本区植被茂盛，种类繁多，森林覆盖率高，形成了山清水秀的自然景色，景观丰富多彩。

2．旅游人文环境

1）吴楚文化特色鲜明

长江流域是中华文明的发祥地之一，湿润的气候，肥沃的土地，使这里自古便是繁华之地，形成了特色鲜明的吴越文化和楚文化。

吴越文化主要形成于唐末五代时，主要在江浙一带。钱镠在杭州建立吴越国，采取保境安民的国策，促进和带动了整个吴越地区经济的发展，而且使杭州成为中国东南政治、经济和文化中心，成为中国东南人文荟萃之地。南宋迁都杭州，使这里更呈现一派繁荣景象。其特色主要表现在：一是崇尚文化的民风，人们整体文化素质较高，历史上名人辈出，人才荟萃；二是从各种建筑到文学艺术、戏曲等都以纤巧、秀雅、婉转、细腻为特色；三是商业发达，游娱之风较为盛行。

楚文化是先秦时代形成的一种历史悠久的区域文化，主要在两湖一带。它源于中原，随着祝融部族由中原西迁南移，融合众多的部族文化，在春秋时期，随着南方的诸侯大国——楚国的发展而成熟起来。楚文化有着自己鲜明的特色，具有浓厚的浪漫主义和神话色彩，崇尚自然，富有激情，善于想像，善歌好舞，但也信鬼好祀，重神厚巫，原始文化的味道很浓。

2）经济发达，特产丰富

长江中下游地区是我国的鱼米之乡，优越的地理位置，适宜的气候条件，使得本区成为经济最发达的地区之一，是我国重要的商品粮基地和农产品基地和重要的工业基地。上海是全国最大的工业中心。同时，本区也是我国城市化水平最高的地区。

本区最负盛名、闻名中外的土特产品是茶叶和丝绸。著名的丝绸产品有杭州的都锦、生织锦、丝绸被面、双绉，苏州的塔夫绸、宋锦，南京的云锦，湖南的湘绣。主要名茶有杭州龙井茶、绍兴珠茶、苏州碧螺春、六安瓜片茶、祁门红茶和君山银针茶等。本区工艺美术品生产历史悠久，技艺精湛。著名的工艺美术品有常熟的花边、无锡的惠山泥塑、扬州的漆器和玉雕、嘉定的草编、宜兴的紫砂陶器、东阳的木雕、嵊州的竹编、黄山的徽墨、泾县的宣纸、芜湖的铁画、湖州的湖笔、景德镇的陶瓷、醴陵的彩瓷、浏阳的菊花石雕等。

3）区位良好，交通便捷

长江中下游地区水、陆、空交通均很便利。上海、杭州、南京、武汉、长沙、南昌、合肥、宁波、连云港、徐州、镇江、无锡、苏州、绍兴等旅游城市都有铁路、水路、公路连接，各风景名胜区如黄山、九华山、庐山、张家界、天柱山等多在交通沿线，从而为区内、区际旅游提供了有利条件。长江为本区东西水运干线，连通南通、南京、镇江、马鞍山、九江、武汉等长江沿线重要旅游城市。京杭大运河、新安江、钱塘江成为本区的旅游热线。交织的水网使水运发展有显著的地方优势。

9.1.2 旅游资源特征

1. 自然旅游资源以名山胜水为特色

本区风景名山数量众多，江河湖海水景丰富，有许多都是国家级重点风景名胜区。风景名山融丰富的自然景观和文物古迹于一体，加上宜人的气候和便捷的交通，历来多为避暑游览胜地，如黄山、九华山、庐山、井冈山、紫金山、衡山、武陵源、武当山、雁荡山、普陀山等。钱塘江、湘江、赣江、汉水等流经山地的河段风景秀丽。鄱阳湖、洞庭湖、太湖、洪泽湖、巢湖等沿岸湖光山色，风景优美。这些山水资源对本区旅游业的发展具有十分重要的意义。

2. 古典园林独具特色

本区园林最早出现于汉代，魏晋南北朝时期出现兴建园林的第一个高潮，当时主要造园中心在建康（今南京）、扬州等地。唐末五代时期，吴越地区战争破坏较少，是全国富庶之地，有“上有天堂，下有苏杭”之称，大量仕宦富家和民众南迁，于是出现了第二个营建园林的高潮。到南宋迁都杭州，园林修建的规模更大。元明清时期江浙一带各城市成为官僚地主集中地，儒士大夫辈出，他们纷纷大兴土木，营建私家宅府园林，使本区成为江南园林的荟萃之地。现存江南园林大都是明清时期建造的。

江南园林以私家园林为主，与北方皇家园林组成了我国园林艺术的主流。由于构园艺术造诣极高，成为我国园林的楷模，对后世产生深远影响。江南名园成为中外旅游者观览的重要内容。

3. 旅游城市众多，各有特色

本区旅游城市数量众多，由于其所处的自然环境和历史文化特征，呈现出不同的特色，如人间天堂的苏州、风景如画的杭州、绿扬城郭的扬州、名人辈出的绍兴、龙蟠虎踞的南京、英雄城市南昌、瓷都景德镇、革命老区井冈山、国际都市上海、楚风楚韵的武汉、山水洲城的长沙等。这些城市既有山水之美，辅之以深厚的文化底蕴，又具有各自鲜明的特色，成为我国著名的"黄金旅游地"。

4. 近现代革命圣地遍布各地

本区曾是中国近现代革命早期活动的中心，也是许多革命先驱工作和生活过的地方，大量的革命纪念地和伟人、名人故居丰富了本区的人文旅游资源。辛亥革命首义成功地武昌，中国共产党诞生地的上海和浙江嘉兴、"八一起义"的南昌、秋收起义爆发地湖南浏阳文家市等革命斗争的纪念地都成为了本区重要的旅游资源。

9.2　上海市

9.2.1　概况

上海简称"沪"，相传春秋战国时期，上海曾经是楚国春申君黄歇的封邑，故别称为"申"。上海地处东海之滨，长江入海口，是我国最大的城市、最大的经济中心和最重要的工业基地之一，也是我国重要的贸易、金融、科技、文化中心。同时，上海也是世界著名的大都市，我国的优秀旅游城市，历史文化名城。

上海地处长江三角洲前缘，东海之滨，我国大陆南北海岸线中点，大部分地区位于坦荡低平的长江三角洲平原，水网密布，平均海拔高度约 4 米。

上海旅游的特色是"都市风光、都市文化和都市商业"，即以人民广场和黄浦江两岸为中心的城市观光、商务、购物旅游圈；以公共活动中心和社区为主的环城都市文化旅游圈；以佘山、淀山湖、深水港、崇明岛等为重点的远郊休闲度假旅游圈。

上海是我国最大的港口和长江中下游航运中心，海、空运输发达，陆路交通便利，成为我国最大的交通枢纽之一，是我国最重要的国内外旅游者的集散地。上海拥有浦东和虹桥两个国际机场。铁路有沪宁、沪杭线通往全国各地，有上海站、上海西站、上海南站三个大型客运中心。公路有沪宁、沪杭、沪嘉浏、沪青平等高速公路，G312、G318、G320 和 G204

等国道线连接邻省各主要城市。水运有通达南通、定海和普陀山的班船，到大连的客运航线，还有去韩国仁川、釜山，日本大阪、神户的国际游船。

上海市的主要旅游线路如下。

（1）朱家角西塘南浔旅游线路：南浦大桥—外滩—东方明珠塔—南京路—南浔—朱家角—西塘。

（2）购物旅游线路：上海体育场—淮海路商业街—南京路商业街—四川北路商业街—鲁迅公园。

（3）都市观光旅游线路：人民广场—豫园商城—南京东路—东方明珠塔—外滩。

9.2.2 主要旅游景区及景点

1. 上海市中心游览区

1）豫园

豫园是上海五大古典园林（豫园、曲水园、醉白池、秋霞圃和古猗园）之一，始建于明嘉靖至万历年间（1559—1577 年），已有 400 多年历史。豫园位于上海市东南部，占地47 000平方米，是著名的江南古典园林，全国重点文物保护单位。

豫园建筑兼有明清两代园林风格，布局奇特，由 5 条造型独特的龙墙将全园分隔为七个景区，以小见大，引人入胜。

“不游豫园，不算到上海”，豫园与豫园商城共同组成上海地区最有吸引力的园林庙市游览区，成为上海最大的旅游商业中心。

2）玉佛寺

位于普陀区安远路江宁路口，是我国江南的一座名刹，为上海著名的佛教庙宇之一，在国际上负有盛名，是上海市内著名的游览点之一。

清光绪年间，浙江普陀山的僧人慧根沿着唐玄奘法师西行取经的踪迹到印度“礼佛”，在回国途中取道缅甸，迎回大小五尊玉佛，途经上海时，留下白玉雕释迦牟尼坐像及卧像各一尊。光绪八年（1882 年），为了供奉这两尊玉佛，募地建寺于江弯，取名玉佛寺。后寺院在战争中被烧毁，1918 年重建于安远路。

3）中共“一大”会址

位于上海兴业路 76 号，是中国共产党第一次全国代表大会的会址。该会址是一座石库门式的二层楼房，大会是在底层一间约 18 平方米的客堂中召开。在“会址”的两旁有历史资料陈列室，陈列着许多珍贵文物。

4）外滩

地处南京路东头，苏州河边，是一条南北走向的临江大道，北起外白渡桥，南抵金陵东路，全长 1 500 米，是上海的象征。外滩有欧洲文艺复兴时期的古典建筑、美国式的近代建筑、西班牙式建筑、英国式乡村别墅、意大利式公寓、挪威式古典建筑等 24 幢特色建筑，每一幢楼都有各自不同的风格和不同的经历。外滩享有“万国建筑博览”的美誉，也是百年来近代上海历史的一个缩影。

2. 龙华游览区

龙华位于上海西南部，由龙华寺、龙华塔和龙华公园为主组成，自古是一个以宝塔、古刹、桃花驰名中外的旅游区。

1）龙华寺

龙华寺位于上海徐汇区龙华路，为上海历史悠久、规模最宏大的古刹，相传建于三国时期，距今 1 700 多年。现在的佛殿大都是清光绪年间重建和修葺的。钟楼内铜钟高 2 米多，钟声可传数里外，“龙华晚钟”被列为旧城八景之一。

寺东的龙华宾馆，是我国第一座具有佛教特色，专门满足国内外佛教信众进香需求的高级宾馆。

龙华塔位于龙华寺前，民间传说是东吴孙权为孝敬父母而建，故又名报恩塔。塔为砖木结构楼阁式，七层八角，高 40. 6 米，是上海地区保留最完美的古塔之一。

龙华公园位于龙华寺西侧，原为龙华寺附属的寺庙园林。每年 4 月中旬，桃花盛开，来龙华观赏挑花的游客络绎不绝。

2）龙华烈士陵园

位于上海市徐汇区龙华西路，是原龙华公园、龙华革命烈士纪念地和上海市烈士陵园合并建成，陈列和展出自 1840 年至今包括民族英雄、共产党人、爱国志士等革命先烈的丰功伟绩。龙华烈士陵园为全国重点文物保护单位、全国重点烈士纪念物保护单位和全国爱国主义教育示范基地。

3. 浦东游览区

1）世纪公园

位于上海市浦东新区，是上海市区最大的生态型城市公园。公园以大面积的草坪、森林、湖泊为主体，体现了东西方园林艺术和人与自然的融合，主要有乡土田园、观景、湖滨、疏林草区、鸟类保护、国际花园和小型高尔夫球场等 7 个景区。园内阡陌纵横，丘陵起伏，湖水清澈，林间小溪蜿蜒，享有“假日之园”的美称。

2）东方明珠塔

位于上海浦东，1994 年建成，塔高 468 米，位列亚洲第一、世界第三高塔，与外滩的“万国建筑博览群”隔江相望，成为上海的标志性建筑。东方明珠塔由三根直径为 9 米的立柱、塔座、下球体、上球体、太空舱等组成。

3）南浦大桥、杨浦大桥

南浦大桥位于上海市南码头，1991 年底通车，是一座双塔双索斜拉桥，全长8 346米，主跨 423 米，一跨过江。桥下净高 46 米，可通 5 万吨级巨轮。南浦大桥是世界第三斜拉桥。大桥周围地区成为了集商业、服务和旅游于一体的新型观光区。

杨浦大桥西起上海市杨浦区周家嘴路，东至浦东新区与罗山路立交桥相接，1993 年建成，全长 7 658 米，主桥长 1 172 米，主跨径 602 米，是世界上跨径最大的斜拉桥。桥塔高 208 米，比南浦大桥主塔高 54 米。

镶嵌在大桥主塔上的“南浦大桥”、“杨浦大桥”四个大字，是由邓小平同志亲笔题写。

4）金茂大厦

位于上海浦东新区陆家嘴，与著名的外滩风景区隔江相望。大厦总高度 420.5 米，占地面积 2.3 万平方米，地上 88 层，总建筑面积 29 万平方米。金茂大厦既有现代气派，又有民族风格，堪称上海迈向 21 世纪的一座标志性建筑。

5）上海科技馆

位于世纪广场西侧，南邻世纪公园，占地面积 6.8 万平方米，总建筑面积 9.6 万平方米，主要由天地馆、生命馆、智慧馆、创造馆、未来馆等展馆组成。2001 年 APEC 领导人非正式会议在此举行。

4. 上海市郊游览区

1）淀山湖

位于上海市青浦区，原名薛淀湖，呈葫芦形，面积 60 平方千米，是上海全市最大的淡水湖泊。现已成为上海市规模最大的具有游览、体育、疗养、野营等多种功能的旅游区。

淀山湖西岸兴建了以“大观园”仿古建筑群为主体的风景区，占地 8 万平方米，建筑面积8 000多平方米。建筑群以《红楼梦》小说为依据，有“怡红院”、“潇湘馆”、“蘅芜院”、“稻香村”等建筑景点 10 多组。

淀山湖东岸有青少年野营基地、大型游泳场、划船俱乐部。青少年野营基地为综合性游乐场所，设有帆船、高速摩托艇、溜冰场、钓鱼台等游乐设施。

淀山湖南岸有水上运动场、国际高尔夫球乡村俱乐部，是国内外游人度假的良好场所。

2）古猗园

位于上海市嘉定区南翔镇，占地 8 万余平方米，是上海五大名园之一。初建于明代嘉靖年间，至今已有 400 多年历史。因取《诗经》中“绿竹猗猗”而命名为猗园。至清代乾隆十一年重修，改名古漪园。

古猗园具有苏州园林的特色，水域面积较大，亭台楼阁散立池畔，名胜古迹较多。猗园的布局以戏鹤池为中心，周围有逸野堂、梅花厅、松鹤园、湖心亭、九曲桥、长廊等。古猗园是上海市郊的著名游览胜地。

3）方塔

位于上海市西南松江区，原名兴圣教导塔，始建于北宋熙宁至元祐年间，距今已有近千年历史。塔形是继承唐代佛塔四方形建制，故称方塔。方塔砖木结构，塔高 42.5 米，共九层。全塔共有 177 朵“斗拱”，多用楠木制成，其中 110 朵是宋代的原物，这在我国现有的塔中是少见的。方塔造型优美，姿态雄伟，具有挑檐窜角、清秀挺拔的南方塔特色，为江南造型最美的古塔之一。

9.3 江苏省

9.3.1 概况

江苏省简称“苏”，位于我国东部，长江下游，东滨黄海，京杭大运河纵贯全省南北。江苏是我国地势最低平的省份，苏南太湖、苏北洪泽湖周围水网密布，有“水乡泽国”之称；又因盛产稻、麦、棉、蚕、鱼等，又有“鱼米之乡”的美称。江苏名城众多，名胜古迹遍布，成为全国重点旅游省之一。

江苏旅游从地理位置上划分为苏南、苏北两大区域：苏南地区是指长江以南地区，包括南京、苏州、镇江等地，旅游资源以江南水乡、山水园林为特色；苏北地区是指长江以北地区，包括扬州、南通、徐州、连云港等地，旅游资源以山水风景为特色。

江苏省海、陆、空交通发达，全省有南京、常州、无锡、南通、盐城、连云港、徐州等 7 个民用机场，其中南京禄口机场为国际机场。铁路有京沪、陇海、宁铜等铁路干线，南京、徐州分别为苏南、苏北的铁路枢纽。公路以南京为中心，沪宁、宁通、宁连、宁合、宁马、宁淳等高速公路呈放射状分布，各城市都有高速公路连接。水上客运航线以长江航运和大运河航运为主，南京、镇江、泰州、江阴、南通为主要客运港口，苏州和无锡有发往杭州的夕发朝至游轮。

江苏省的主要旅游线路如下。

（1）南京郊区古迹之旅：南京—雨花台—牛首山—祖堂山—南唐二陵。

（2）运河古镇园林游：南京—扬州—镇江—苏州。

（3）古运河风光游览线：苏州—无锡—常州—镇江—扬州—宿迁—徐州。

（4）忆江南之旅：上海—苏州—无锡—杭州

（5）烟花三月下扬州之旅：镇江—扬州—淮安—南京；扬州—高邮—淮安。

9.3.2 主要旅游景区及景点

1. 南京游览区

南京古称金陵，简称“宁”，位于江苏省西南部，东邻长江三角洲，横跨长江两岸，为江苏省省会。南京有 2 400 多年的历史，是我国古都之一，为国家历史文化名城。南京四周山丘蜿蜒起伏，如蛟龙盘绕，市内石城屹立，如猛虎雄踞，故“钟山龙蟠，石城虎踞”成为南京的代名词。境内山环水绕，山、水、城、林交融一体，风光旖旎，名胜古迹遍布城内外，古有“金陵四十八景”之说。

1）钟山风景区

钟山是南京名胜集中之地，自古就有“金陵毓秀”之誉。钟山风景区包括紫金山、梅花山、九华山等名山，玄武湖、紫霞湖、前湖等秀水，明孝陵、中山陵、廖仲恺何香凝合冢等陵墓，灵谷塔、无梁殿、三绝碑等重要遗迹，还有紫金山天文台、中山植物园等著名科研场所和景观，是南京市最大的风景游览区。

中山陵位于紫金山南麓，是孙中山的陵墓，建于1926年，陵园总面积1 000公顷。陵墓呈巨大的钟形，由南往北依山势逐级升高，从广场地面到墓室的中轴线上，依次有牌坊、墓道、陵门、碑亭、平台、祭堂和墓室，共有392级台阶。墓室为球状结构，正中是圆形大理石塘，有栏杆围护，石塘中央是长方形基穴，墓穴下面安放着紫铜灵柩的孙中山遗体，基穴上镌有大理石孙中山卧像。整个陵区苍松翠柏，漫山碧绿，庄严肃穆，气势雄伟，是南京最负盛名的胜地。

明孝陵位于紫金山南麓、中山陵的西边，是明朝开国皇帝朱元璋的陵墓，因朱元璋标榜“以孝治天下”，故名。明孝陵建于明洪武十四年到十六年（1381—1383年），占地170万平方米，是明代皇陵中规模最大的一座，现残存正门、碑亭、明太祖墓等。2003年列为世界文化遗产名录。

灵谷寺位于紫金山东南坡，中山陵东边，是紫金山风景最佳处之一，古称“灵谷深松”。灵谷寺原名开善寺，建在紫金山南麓独龙阜，因朱元璋在独龙阜建陵将寺迁到现址，改名灵谷寺。寺内主要建筑无梁殿高20米，宽40米，纵深38米。大殿全部用巨砖砌成，无梁无柱，故称“无梁殿”，是全国无梁殿之冠。灵谷塔高60多米，九层八面，中心有螺旋式盘梯直上顶层，登塔可远眺钟山全貌。

玄武湖位于南京城玄武门外，三面环山，一面临城，总面积440万平方米，其中湖水面积336万平方米。玄武湖六朝时期曾是训练水师的军事基地，又是历代帝王游猎吟咏的游乐场所。玄武湖风景如画，湖光山色浑然一体，成为南京最大的公园。

2）石城风景区

石城风景区包括清凉山、莫愁湖、乌龙潭、古林等公园，北及狮子山、四望山等沿城诸山，有石头城、扫叶楼、胜棋楼等古迹。

清凉山附近的石头城遗迹，俗称“鬼脸城”，即古“金陵邑”和六朝石头城所在地，其城垣为明朝城垣的精华之一。

莫愁湖位于南京水西门外，总面积47万平方米，其中水面15万平方米。湖水碧澄如镜，湖畔胜迹毗邻，是南京别具一格的园林，古人称它为“金陵第一名胜”。莫愁湖环境幽静，布置精致，建有胜棋楼、郁金堂、赏荷厅、光华亭等楼阁，其中以胜棋楼最为著名。郁金堂相传是莫愁女住过的地方，院内壁上有一幅莫愁女石刻像，院外水池中又矗立着一尊汉白玉莫愁女塑像，富于诗情画意。

3）大江风景区

大江风景区包括闻名于世的长江大桥，以及燕子矶公园、幕府山、老虎山、象山和沿江名胜。整个风景区江面开阔，山脉连绵，悬崖如削，是南京城北面的天然屏障。

4）雨花台风景区

雨花台位于南京市中华门南约1 000米处，是一个高约100米、长约3 000多米的山冈，原称石子岗、玛瑙岗、聚宝山等。相传梁代高僧云光法师在这里讲经，感动了天神，天上降花如雨，故名雨花台。

六朝以来这里一直是民族浴血斗争的地方。解放前这里成了屠杀共产党人和爱国志士的刑场，解放后在雨花台修建了壮丽的烈士陵园，革命烈士纪念碑上的“死难烈士万岁”六个大字为毛泽东亲笔书写。

雨花台盛产雨花石，形如鹅卵，色彩艳丽，深受广大中外游客的喜爱和欢迎。

5）秦淮风光带

秦淮河是南京地区的主要河流。从六朝起，秦淮河两岸就是南京历史上最繁华地区。北岸的大功坊、三山街，是六朝和南唐时的御街。南岸的乌衣巷是东晋王导、谢安两大家族居住过的地方。众多的名胜古迹已成为中外游客的旅游胜地。

夫子庙是秦淮河畔的明珠。夫子庙，也称“文庙”或“孔庙”，是供奉和祭祀孔子的地方，建筑雄伟、古朴，庙前以秦淮河为泮池，南岸的石砖墙就是当年的照壁，照壁全长110米，是我国现存最长的一座照壁。庙两侧为东西市场，夫子庙广场东侧的贡院曾是科举时代的考场，西北为夫子庙人民游乐场。

6）明代城垣保护带

城垣总长33.676千米，现存21.35千米，其中保存较好的有中山门至和平门段、狮子山至定淮门段、石头城段、东山关至西南城角等。

7）栖霞风景区

栖霞风景区包括栖霞山、南北象山等风景区，距市中心17千米。秋天，栖霞山的满山红枫，使整个风景区格外秀丽壮观。

8）牛首祖堂风景区

位于市区南面，距市中心14千米，包括牛首山、祖堂山等景点和宏觉寺塔、南唐二陵、郑和墓、幽栖寺等文物古迹。牛首山是岳飞大败金兵的古战场遗址，至今尚存岳飞抗金石垒。南京人有“秋游栖霞，春游牛首”之说。

2. 苏州游览区

苏州位于江苏省东南部，北临长江，西濒太湖。苏州已有2 500多年的历史，形成了深厚的文化积淀，秀丽的自然风光，使它成为“人间天堂”。苏州城内外集中江南园林的精华，具有“小桥、流水、人家”的水城特色。1997年苏州园林被列入世界文化遗产名录。

1）沧浪亭

位于苏州市城南三元坊口，苏州四大古名园之一，是宋代园艺建筑的代表作，也是历史最悠久的园林。沧浪亭面积11 000平方米，巧借园外水色与园内山景自然结合，是园林“借景”中的杰作。

2）狮子林

位于苏州园林路，苏州四大古名园之一，是元代园林的代表作。狮子林以假山洞壑著称，全园面积仅10 000平方米，太湖石假山就占1/2，有“假山王国”之称。假山石皆呈狮子形状，故得名。

3）拙政园

位于苏州市娄门东北街，是苏州四大古名园之一，明代园林的代表作，以江南水乡风光为特色。拙政园全园面积40 000平方米，是苏州最具代表性、也是最大的名园，堪称苏州园林之冠。它又与北京的颐和园、承德的避暑山庄和苏州留园合称为中国四大名园。全园以水池为中心，水面约占全园面积的3/5，具有朴素开朗的自然风格。园内池广树茂，厅榭精雅，平桥低栏，景色秀美。

4）留园

位于苏州西郊阊门外，苏州四大古名园之一，清代园林的代表作。留园始建于明代中叶，清嘉庆三年修建后具有清代园林建筑风格，因园主姓刘，故名留园。留园面积27 000平方米，有移步换景之妙。景区以曲廊相贯通，在700多米长的曲廓壁上还镶嵌有历代名家书法石刻300多方，为著名的“留园法贴”。园内还有著名的“留园三峰”，即冠云峰、瑞云峰、岫云峰，是用完整的太湖石构筑的，其中冠云峰高约9米，是北宋花石纲遗物，是江南最大的湖石。

5）网师园

位于苏州城东南葑门十全街，始建于南宋，清乾隆三十五年（1770年）重建。全园面积6 000平方米，是苏州最小的园林。网师园以布局紧凑，玲珑别致，幽深曲折，园中有园，景外有景而著称。

6）西园

位于苏州市阊门外留园路，与留园东西相望，西园是西园寺和西花园放生池的总称，是一组完整的佛教建筑和园林。西园寺布局严整，有天王殿、大雄宝殿、罗汉堂和藏经楼等建筑。西花园以放生池为中心，环池的亭台厅榭掩映于山石花木间，湖心亭重檐六角翼然屹立水中央，池内鱼跃鼋游，别有情趣。

7）虎丘

位于苏州市阊门外山塘街，原名海涌山。春秋时吴王夫差葬其父阖闾于此，相传葬后三日，有白虎蹲踞坟上，故名虎丘。虎丘山高36米，但气势雄奇，古迹石刻众多，有“吴中第一名胜”的美称。

虎丘塔建于山顶，为一座七层八角的砖塔，建于后周显德六年（公元959年），塔高47.5米，现塔身上下偏移达2.82米，是苏州现存最古之塔，成为苏州城的象征。

虎丘剑池传为阖闾墓穴，有深山幽谷之情。东壁“风壑云泉”四字为宋代米芾所书；西壁有东晋王羲之题“剑池”两字。池旁两岸峭壁如削，藤萝斜挂，上跨飞桥，景致奇险。

8）寒山寺

位于苏州城西阊门外的枫桥，又称枫桥寺，是著名古刹，创建于梁天监年间。相传唐代高僧寒山和拾得二人曾居于此，故名寒山寺。寒山寺以诗韵钟声名扬中外。据说唐代诗人张继赴考落第，归途中于枫桥夜泊，有感而成《枫桥夜泊》，寒山寺因此而扬名中外。现在每年除夕到寒山寺聆听钟声，不但是苏州人的习俗，而且日本游客也远涉重洋专程来听夜半钟声。

9）同里

位于太湖之畔，距苏州城18千米，是一座有1 000多年历史的文化古镇。同里四面环水，古镇镶嵌于同里、九里、叶泽、南星、庞山五湖之中。镇区被川字形的15条小河分隔成7个小岛，而49座古桥又将小岛串为一个整体。建筑依水而立，以“小桥流水人家”著称，素有“东方小威尼斯”之誉。

10）周庄

古称摇城，原系春秋时吴国太子摇的封地；又名贞半里，北宋当地人周迪功郎笃信佛教，舍其故宅和良田给寺庙当庙产，百姓们感其恩德，遂更名为周庄，为中国第一水乡，有900余年的历史。围绕全镇的有澄湖、白岘湖、淀山湖、南湖和30多条大小河流，镇上有四条主河道，因此周庄自古有“水乡泽国”之称，总面积36平方千米。

3. 无锡游览区

无锡位于江苏东南部，太湖北岸，是历史悠久的古城，三千年前曾是吴国所在地。相传周秦之际曾产过铅锡，西汉时锡竭，故名无锡。无锡风景秀丽，以自然风光和近代园林为主，其风光名胜大多与太湖景色相联系，因而无锡被誉为“太湖明珠”。

1）鼋头渚

距无锡市区10余千米，位于太湖之滨，三面环水，形如突入湖中的鼋头而得名，是太湖风景精华所在地。园林布局依山傍水，别具一格，是观赏太湖的最佳处。山上还有广福寺、澄澜堂、飞云阁等可以从不同角度观赏浩渺无际的太湖景色，

2）蠡园

位于无锡市西南五里湖畔。五里湖又称蠡湖，是太湖的一部分。相传春秋时越国大夫范蠡偕美女西施泛舟于此而得名。全园面积58 000平方米，其中水面23 600平方米。蠡园三面临湖，以水饰景，将人工修饰与自然天成结合，将北方园林的宏伟与南方园林的秀丽融为一体，独具一格，为江南名园之一。

3）锡惠公园

位于无锡市西郊惠山和锡山之间，全园面积45.8万平方米。惠山是江南名山，高329米，其九峰如九条巨龙，故又称九龙山。山上有惠山寺、香花桥、大同殿等古迹。惠山东麓有明代所建的寄畅园，以精湛的造园艺术和独特的风格享有盛名。北京颐和园中的谐趣园就仿此而造。山上多清泉，最著名的惠山泉为“天下第二泉”，“二泉映月”乐曲即诞生于此，无锡泥塑“惠山泥人”也出于惠山。

锡山位于惠山之东，高75米。山顶有龙光塔和龙光寺，山底有龙光洞，此处犹如一粒明珠紧挨惠山嘴边，故有“游龙戏珠”美名。1958年在锡山与惠山之间开凿映山湖，两山连成一片，辟为锡惠公园。

4）梅园

位于无锡西郊的浒山上，距市区7千米，因园内遍植梅树而得名。园内布局以梅饰山，倚山饰梅，别具一格。全园有梅万余株，盛开时满山一片“香雪海”，是江南著名的赏梅景点。

5）太湖影视城

太湖影视城是中央电视台无锡外景基地，规划建六处景点，目前建成唐城、三国城、水浒城、欧洲城。它已形成集影视拍摄、娱乐、游览、饮食于一体的游览胜地。电视连续剧《三国演义》、《唐明皇》、《水浒传》和电影《杨贵妃》等均在此拍摄。

4．镇江游览区

镇江位于江苏省中部、长江下游南岸。镇江市三面山丘环峙，一面临水，江流壮阔，山峦秀丽，历来有“天下第一江山”、“山林城市”之称，为著名的江南古城。

1）金山

原位于镇江市区西北的长江江心，有“江心一朵芙蓉”之称。清道光年间与南岸陆地相接，现已成内陆山。金山高60米，相传唐代法海禅师开山得金故名为金山。

金山寺建于1 500多年前的东晋年间，为我国著名古刹之一。寺庙依山而建，殿宇厅堂，幢幢相接，亭台楼阁，层层相衔，山与寺混为一体，有“金山寺裹山”之说。

山间有法海、白龙、朝阳、仙人等四洞，其中法海洞和白龙洞有“白娘子水漫金山”的神话传说。山顶矗立着七层八角砖木结构的慈寿塔。金山的西面有“中泠泉”，为“天下第一泉”。

2）焦山

位于镇江市东北，是长江中的一个岛屿，高150米，因东汉末年隐士焦光避居于此而得名。因满山苍翠，宛如碧玉，故又称浮玉山。焦山的寺亭楼阁和文物古迹，掩隐在山荫云林之中，有“焦山山裹寺”之说。山间有定慧寺，是江南佛教圣地之一。山顶吸江楼是观赏日出和江景的好地方。此外，还有“板桥读书处”，焦光隐居的三诏洞，以及乾隆御碑亭、古炮台遗址等。

3）北固山

位于镇江市东侧江边，高48米，北临长江，山壁陡峭，形势险固，因而得名。山上古迹都与三国时刘备招亲，孙权、刘备联盟有关，如刘备到东吴招亲的甘露寺。多景楼是甘露寺风景最佳处，被北宋书法家米芾誉为“天下江山第一楼”。此外，还有试剑石、走马涧等名胜。

5．扬州游览区

扬州位于江苏省中部，长江与京杭大运河的交汇点上，始建于春秋末期，已有2 400多年的历史，又名广陵，历史上誉称“淮左名都”，是著名的风景旅游城市，国家历史文化名城。每年开春，春风浩荡，林木葱葱，绿满扬州，因此被誉为“绿杨城郭”。

1）瘦西湖

位于扬州市西部，又名长春湖。湖身狭长，长约4.3千米，清瘦秀丽，故名。瘦西湖水碧如带，逶迤曲折，花木扶疏，亭阁别致，呈现出“两堤花柳全依水，一路楼台直到山”的盛况。矗立湖心的小金山四周环水，景色秀丽。湖中莲花埂上的五亭桥，又名莲花桥。桥上建有五亭，造型典雅，每当晴夜月满之时，15个桥洞各含一月，金色滉漾，堪与杭州“三潭印月”媲美。

瘦西湖至平山堂的水道拐角带是二十四桥景区，包括总长达2 000米的二十四桥、望春楼、熙春台和吹箭亭等景点。新二十四桥是呈月牙形的白玉桥，桥身宽2.4米，桥跨24米，桥栏上刻有24幅玉女吹箫的浮雕，桥与水衔接处用湖石堆叠成巧云状，周围植以桂花，构成月、云、水图，恍若进入仙境。

2）大明寺

位于扬州市西北蜀岗上，因建于南朝刘宋大明年间，故称大明寺，是具有1 500多年历史的江南著名古刹之一，青砖灰瓦，幽静古朴。唐高僧鉴真曾于公元743年到753年间在大明寺居住和讲学，并住持大明寺。大明寺东侧有鉴真纪念堂，由碑亭、长廊和纪念堂组成，具有唐代建筑风格，正中供鉴真楠木雕像。

3）平山堂

位于大明寺西侧，是北宋庆历八年（1048年）文学家欧阳修任扬州太守时创建的，在堂前南望江南诸山与此觉平，故名平山堂。平山堂后为欧阳祠，其西为西园。现在把唐大明寺遗址、西园、欧阳祠等通称平山堂。

4）何园

位于扬州市徐凝门街，原名寄啸山庄。何园原是乾隆时双槐园旧址，后为光绪年间官僚何芷舫的私人花园，故名何园。何园是保存最完好、最富有扬州特色的园林之一。

何园结构逶迤曲折，层次深密，它以风格独特的“串楼”为主体，构成立体交通路径，临池可观赏游鱼嬉戏，登高可欣赏全园景色，在串楼隔板上又可饱览苏东坡、郑板桥等人诗画。

5）个园

位于扬州市东关街，据传原为清名画家石涛的寿芝园，至清代嘉庆、道光年间修建。个园内竹林苍翠，因竹叶形如“个”字而得名。个园是扬州园林中最具地方特色的一景，以假山堆叠精巧著名，运用色彩与景趣各异石料，表现春夏秋冬四季景色，形成四季假山奇观。

6. 连云港游览区

连云港位于黄海之滨，陇海铁路的最东端，是亚欧大陆桥的起点城市。连岛海滨旅游度假区有江苏省最大的天然海滨浴场。

1）云台山

由前云台山、后云台山、东西连岛等组成。其中前云台山主峰海拔624.4米，为江苏省的最高峰。其著名景点有花果山。相传明代著名文学家吴承恩的《西游记》对花果山的描写就取材于此，泉水、怪石、洞穴及满山的花果，形成一幅壮丽的画卷。

2）孔望山东汉摩崖画像石刻

位于连云港市南2千米，孔望山的西南部，依山崖的自然形势凿成，长15.6米，高9.7米。共有108个人像，最大的人物画像1.54米，最小的头像仅10厘米。经专家鉴定，这些画像石刻比敦煌莫高窟壁画还早200多年，是我国迄今发现最早的石窟寺艺术雕刻。

7. 徐州游览区

徐州位于江苏省西北部，古称“彭城”，具有4 000多年的历史，境内人文遗存众多，是国家历史文化名城。

1）云龙山

位于徐州市区南郊，北宋以前称石佛山。相传宋武帝刘裕小时候登此山时，山上出现了云龙环绕的异象，他当皇帝后就将此山改名为云龙山。云龙山东侧有石释迦牟尼半身像，高11.52米。在石佛两旁崖壁上，还有历代陆续雕刻的佛像200多尊。石佛附近的兴化寺，始建于南北朝。山上还有石室两座，一室有苏东坡、米南宫等人的题字石刻；另一室有14块石碑，刻有诸葛亮的《前出师表》和《后出师表》。

2）云龙湖

位于云龙山西，为人工湖，湖水面积约5.7平方千米。云龙湖三面环山，云龙山耸立其东，韩山横卧其西，泉山、五老峰等拱卫其南。每当晓春，这里杏花、桃花盛开，争研斗奇，山水相映，如入桃源仙境。

3）龟山汉墓

位于徐州龟山西麓，为西汉第六代楚王襄王刘注（公元前128—116年）的夫妻合葬墓。墓葬开口处于龟山西麓，呈喇叭状，由两条墓道、两条甬道及15间墓室组成。

9.4 浙江省

9.4.1 概况

浙江省简称“浙”，地处东南沿海、长江三角洲南翼，因境内最大的河流钱塘江（旧称浙江）江流曲折而得名，素有“鱼米之乡、丝茶之府、文物之邦、旅游胜地”之称。

浙江地势西南高，东北低，自西南向东北倾斜，呈梯级下降。山脉一直延伸到东海，露出水面的山峰构成半岛和岛屿。浙江沿海有2 000多个岛屿，是我国岛屿最多的省份。

浙江是中国古代文明的发祥地之一，历史悠久，积储深厚。早在5万年前的旧石器时代，就有原始人类“建德人”活动，全省境内已发现新石器时代遗址100多处。春秋时期分属吴、越两国，五代十国时期临安人钱镠建立吴越国。南宋建都杭州。

浙江省旅游业发达，形成了以杭州为中心的旅游网络，从地理上可划分为浙北、浙东和浙西三个旅游区域。浙北主要指浙江北部地区，包括杭州、宁波、绍兴、舟山群岛等地，旅游资源以山水和古迹为特色；浙东主要指浙江省东南部地区，包括温州、雁荡山、楠溪江等地，旅游资源以山水为特色；浙西主要指浙江西部地区，包括金华、富春江、新安江、千岛湖等地，旅游资源以江河、湖泊、溶洞为特色。

浙江省交通发达。杭州、宁波、温州、义乌、黄岩、衢州、舟山等地都有民用机场，其中杭州萧山机场和宁波栎社机场为国际机场。铁路有沪杭、浙赣两条干线。公路网发达，以杭州为中心，形成的高速公路网连接省内各主要城市和旅游景区。此外还有G104、G320、G329、G330等国道。水上运输方面，宁波、上海和舟山群岛成为了海上客运“金三角”，京杭大运河的杭州—苏州、杭州—无锡区段有游船对开。

浙江省的主要旅游线路如下。

（1）浙东水乡佛国游：杭州—绍兴—宁波—舟山。

（2）浙西名山名水游：杭州—钱塘江—富春江—新安江—千岛湖。

（3）浙南奇山秀水游：杭州—金华—缙云—东阳—武义—永康—温州。

（4）浙北丝绸古镇游：杭州—嘉兴—苏州；杭州—湖州—无锡。

9.4.2 主要旅游景区及景点

1. 杭州游览区

杭州位于浙江省北部，为浙江省的省会，地处钱塘江下游北岸，京杭大运河南端，古称钱塘，后称临安，是浙江省的政治、经济、文化、交通和旅游中心。

杭州是华夏文明的发祥地之一，市郊有4 700多年前的良渚文化遗址。历史上共有14个帝王建都于此，是我国七大古都之一，历史文化名城。杭州市素以风景秀丽而著称，是驰名世界的风景城市，全国重点风景旅游城市。

1）西湖

又名西子湖，是西湖风景区的核心，位于杭州城西，故名西湖。西湖三面环山，一面濒市，面积约5.6平方千米，环湖一周约15千米。苏堤和白堤将湖面分成外湖、北里湖、岳湖、西里湖和小南湖等五个部分。

西湖群山中的岩洞引人入胜，如灵隐飞来峰的玉乳洞、南高峰的烟霞洞、玉皇山的紫来洞等；还多众多名泉，如玉泉、龙井泉和虎跑泉，称西湖三大泉。而且，还有众多的著名古迹和历史文物集中分布在西湖及其周围，文物古迹与西湖风景融为一体，其中著名的有灵隐寺、岳庙、岳坟、六和塔、飞来峰摩崖造像、西泠印社等。

苏堤春晓、断桥残雪、平湖秋月、三潭印月、双峰插云、曲院风荷、花港观鱼、南屏晚钟、雷锋夕照、柳浪闻莺是最早的“西湖十景”。虎跑梦泉、龙井问茶、云栖竹径、满陇桂雨、九溪烟树、吴山天风、玉皇飞龙、宝石流霞、阮墩环碧、黄龙吐翠为“西湖新十景”。

2）岳王庙和岳坟

位于西湖西北角，栖霞岭南麓。南宋隆兴元年（1163年），岳飞之冤昭雪，改葬遗骸于此。

南宋嘉定十四年（1221年），改北山智果院为祠庙，即今天的岳王庙，以纪念著名民族英雄岳飞。岳庙的正殿中是岳飞塑像，上方挂有仿岳飞手书“还我河山”的大匾，大殿正门重檐中间高悬一个由叶剑英同志亲笔所题的“心昭天日”巨匾。岳庙照壁前的南北两厢各有一个碑廊，陈列着125块碑石，有岳飞诗词、奏扎等手迹，还有历代名人的题咏。

岳坟在岳庙西首，墓前建有墓阙。阙前照壁上有“尽忠报国”四字。墓地正中是岳飞墓，左面是岳飞之子岳云的墓，墓道两旁分列明代雕刻的石虎、石羊、石人、石马等。墓前两旁的铁栏内有四个反绑双手跪着的铁像，即千古罪人秦桧夫妇及同谋张俊、万俟卨。

3）灵隐寺

又名“云林禅寺”，位于西湖西面群山之中的灵隐山麓，背靠北高峰，前临飞来峰，建于东晋咸和元年（326年），至今已1 600多年，是我国佛教禅宗十刹之一，也是西湖畔最大的寺院。

灵隐寺隔溪相对的山峰，即为著名的飞来峰，高168米。飞来峰岩洞壁分布有五代至元代的380多尊石刻造像，在西湖石窟群中是最大的，也是我国南方重要的石窟艺术之一。

4）六和塔

位于杭州市钱塘江北岸的月轮山上，又名六合塔，系佛教名称，“六合”即合“天、地、四方”之意。塔建于北宋开宝三年（970年），为镇江潮而建，是我国砖木结构建筑物中珍贵遗产之一。

塔高59.89米，外观为13层，实为7层，每两层为一级，平面呈八角形，飞檐翘角上挂有104只大铁铃。室外有宽广的环廊。登塔顶望去，起伏的群山，点点江帆及钱塘江大桥，尽收眼底。

5）虎跑泉

位于西湖西南隅的大慈山下，距市区5千米。为西湖三大名泉之一，素有“天下第三泉”之称。虎跑泉泉水清甜，水质醇厚。

2. 嘉兴游览区

嘉兴位于浙江东北部，地势由南向北略斜，北部河港纵横，湖荡众多，是著名的江南水乡。

1）南湖

又称鸳鸯湖，在嘉兴城南，湖平如镜，景色绮丽。1921年7月，中国共产党第一次全国代表大会从上海移此继续举行，为全国著名的革命纪念地。

2）乌镇

位于桐乡市北，京杭大运河西侧，是典型的江南水乡古镇。乌镇拥有1 300多年的建镇史，文化底蕴深厚。区内河网纵横，民居临河而建，迤逦千余米的河岸边，水阁和廊棚透出水乡的悠悠韵味。古民居墙上多涂有类似于黑色的油漆，据说这种涂料可以起到保护墙面的作用，而黑色在江南桐乡一带被称之为“乌”，镇由此得名。

3）西塘

位于嘉善县，是一座具有千年历史的文化古镇。元代初步形成市集，至明代时已颇具规模。西塘地势平坦，河流纵横，自然环境十分幽雅。古镇内鳞次栉比的明清建筑与纵横交错的河流相映成趣。街衢多依河而建，民居临水而筑，并以桥多、弄多、廊棚多而著称。

3. 绍兴游览区

绍兴是具有鲜明江南风光特色和文化底蕴的历史文化名城，从春秋时代越国大夫范蠡筑城算起，已有2 400多年的历史。它是一座典型的江南水乡城市，全市有桥108座，被称为“桥都”。

1）大禹庙和大禹陵

位于绍兴东南6千米的会稽山麓，相传大禹东巡至此聚集诸侯，死后就葬在这里。大禹庙内现存有石刻碑文多处，称颂大禹治水的功绩，其中“岣嵝碑”最为珍贵，相传为大禹治水时所刻。

2）兰亭

位于绍兴市南部，晋代著名书法家王羲之杰作《兰亭集序》使它成为历代名胜。现存建筑有曲水流觞亭、王右军祠。祠内有墨池，相传为王羲之当年洗毛笔的地方，鹅池边竖有“鹅池”石碑一块，相传为王羲之所书。

3）沈园

位于绍兴市鲁迅路和延安中路之间，本系沈氏私家花园，故名。沈园是陆游与唐琬相遇的地方，陆游的名句“钗头凤”至今还留在园中墙上。

4）鲁迅纪念馆

位于绍兴市鲁迅中路，包括鲁迅故居、百草园、三味书屋和鲁迅生平事迹陈列厅。馆内陈列着鲁迅一生革命活动的实物、信札、手稿、照片等珍贵文物。

鲁迅纪念馆西有咸亨酒店，北有秋瑾纪念碑、周恩来祖居和蔡元培故居等景点。

5）东湖

位于绍兴城东3.5千米，它与杭州西湖、嘉兴南湖合称浙江三大名湖。东湖的背景有一条长、高达数百米的石崖，隔断了两个岩洞，只在崖中有一桃形窟窿，小船可以从中穿行，这就是著名的仙桃洞。

6）鉴湖

位于绍兴城西1.5千米，为浙江名湖之一。鉴湖长达数千米，但宽度却很小，最宽处不到1千米，由东跨湖桥、快阁、三山、清水闸、柯岩、湖塘等景区组成。

4. 宁波游览区

宁波简称“甬”，古称明州，地处我国海岸线中段，依山傍海，自古以来就是我国对外贸易的主要港口和海运的中转枢纽，国家历史文化名城。

1）保国寺

位于宁波市江北区洪塘镇北的灵山，其大雄宝殿是我国现存最早的木结构建筑之一。保国寺创建于唐，初名灵山寺，会昌五年（845 年）被废。唐僖宗广明元年（880 年）复建，赐额“保国寺”。

2）天童寺

位于宁波市鄞州区东吴镇太白山麓，始建于晋永康年间，明洪武十五年（1382 年）正式命名为“天童寺”。它是禅宗名刹，寺内还藏有很多佛经和书画。天童寺号称“东南佛国”，在日本和东南亚各国影响很大。

3）阿育王寺

位于宁波市鄞州区五乡镇，始建于东晋义熙元年（405 年），因存放一块驰名中外的释迦牟尼顶骨而闻名。阿育王寺与天童寺同为禅宗名刹，在中国佛教史上占有显著的地位。

4）天一阁

位于宁波城西天一街，建于明朝，是明朝兵部右侍郎范钦的藏书处。天一阁是我国现存最古老的藏书楼，原有藏书 7 万余卷，多系明代刻本和抄本，有很多是研究明史的珍贵文献。天一阁享有“南国书城”盛誉。

5）雪窦山

位于奉化市溪口镇西北，为四明山支脉的最高峰，海拔 800 米，有“四明第一山”之誉。山上有乳峰，乳峰有窦，水从窦出，色白如乳，故泉名乳泉，窦称雪窦，山名也因此得名。风景区包括溪口镇、雪窦山、亭下湖三部分，有千丈岩、三隐潭瀑布，妙高台、商量岗、林海等景观。因这里是蒋介石、蒋经国父子的故里而格外引人注目。

5. 普陀山风景名胜区

普陀山是舟山群岛的一个小岛，呈狭长形，南北长 8.6 千米，东西宽 3.5 千米，面积约 12.7 平方千米，最高峰佛顶山海拔 286.3 米。普陀山是我国四大佛教名山之一，为观世音菩萨的道场，普济寺、法雨寺、慧济寺是岛上最大的庙宇。普陀山集山、海奇观于一身，以“海天佛国”著称于世。

普陀山的自然风景得天独厚。全岛共有 16 座小山 18 个峰峦，山上异石遍布，林泉幽美。岛东部海岸沙滩平坦开阔，沙质匀细洁净，为我国沿海沙质最好的沙滩之一，是理想的天然海滨浴场。普陀山气候冬暖夏凉，十分宜人，是避暑旅游胜地。

6. 雁荡山风景名胜区

雁荡山位于浙江省东南部乐清市东北，以山水奇秀闻名，号称“东南第一山”。共分为北、中、南三座雁荡山，各具特色，并称“东瓯三雁”，其中以北雁荡山最为著名，范围最大，景色最佳，为国家级风景名胜区。

雁荡山胜迹多达 300 余处，共分为七个景区，即灵峰、灵岩、大龙湫、雁湖、显胜门、羊角洞和仙桥，其中以灵峰、灵岩、大龙湫为最杰出，称为“二灵一龙”，为雁荡风景“三绝”。

1）灵峰

高约 270 米，与右边的倚天峰相合如掌，称合掌峰，又似男女二人相依，故又称夫妻峰。雁荡第一大洞观音洞，位于合掌峰内，是沿垂直裂隙崩塌而形成的竖洞，后经人工开辟扩大，洞深 40 多米，高约百米。从洞口拾级而上，仰望洞顶，仅留一线，故名“一线天”。

2）灵岩

灵岩寺，建于北宋，是雁荡十八古刹之一。灵岩寺周围群峰环列，环境清幽，寺后有小龙湫、龙鼻洞、天窗洞等。灵岩景区还有许多象人、象物、象禽、象兽的奇岩怪石，如老僧拜塔、金鸟玉兔等。

3）大龙湫

雁荡瀑布最著名的是大龙湫瀑布，瀑高 190 米，是我国瀑布中以瀑高流长、变化繁复而见长的一大名瀑。

7. 楠溪江风景名胜区

楠溪江位于浙江永嘉县境内，是瓯江的一条支流，长 103 千米，其间有 72 湾 36 滩，浅滩和急流交错分布，自古以来就是旅游胜地。楠溪江两岸分布有数以百计的宋明清风格的古老村寨，每一村寨前都有一座别致的“路亭”建筑，还有戏台、祠堂、庙宇等建筑，都基本保存完好。

8. 富春江—新安江风景名胜区

包括富春江、新安江、千岛湖（又称两江一湖），景区跨富阳、桐庐、建德、淳安四县市，面积 1 123 平方千米，为国家级风景名胜区。上接黄山，下连西湖，山清水秀、境幽史悠，以水见长，山、水、林、岛、洞并茂，人文景观众多，是我国东南部著名的“黄金旅游线”。

1）瑶琳仙境

位于桐庐县境内富春江畔，距杭州市 115 千米。瑶琳仙境系一人型石灰岩溶洞，规模宏大，气势壮观，为全国闻名的游览胜地。主洞长约 900 余米，面积 28 000 平方米，洞内钟乳累累，气温宜人，常年保持在 18℃左右。根据溶洞的自然形态，分为七个洞厅，目前可供参观的有四个洞厅，面积 16 000 平方米。

2）严子陵钓台

位于桐庐县七里泷附近的富春江畔。钓台分东、西两台，东台相传是严子陵垂钓处，旁有“严先生祠”。距东台约 80 米处为西台。在东台岸边 53 米的钓台碑廊，依山而筑，古朴清雅。廊内陈列有 21 块石碑。

3）龙门古镇

位于富阳市富春江南岸，距杭州市西南 52 千米。东汉名士严子陵游览龙门山时称赞“此地山清水秀，胜似吕梁龙门”，龙门古镇因此得名。三国时东吴大帝孙权的后裔聚居于此，已逾千年。

4）千岛湖

位于淳安县境内，是新安江水电站大坝建成后形成的巨大人工湖，湖中有1 078个翠岛星罗棋布，故称“千岛湖”。水域面积573平方千米，东西长60千米，南北宽50千米。湖区山水穿插，岛丛出没，以山青、水秀、洞奇、石怪而驰名。

9. 金华游览区

金华地处浙江中部，已有1 700多年历史，是国家历史文化名城。

1）金华北山三洞

金华北山的双龙、冰壶、朝真三洞，为著名的风景区。双龙洞顶的壁纹起伏，有如两条巨龙腾飞，因此而得名，其精妙在于洞中有洞，里洞外洞之间有小溪贯穿。冰壶洞在半山，离双龙洞仅500米，内有一飞瀑从石隙中悬空而下，高约20米。朝真洞已近北山顶，洞穴曲折深长，洞中有洞。

2）东阳

东阳市素称“歌山画水之地”，山清水秀，风光旖旎，名胜古迹众多，有风景名胜30多处。

卢宅占地33万平方米，为江南最大的明清古建筑群，全国重点文物保护单位，被称为“中国民间故宫”。

横店影视城占地270公顷，拥有秦王宫、清明上河图、广州街、香港街、古民居、枪战片、武打片等10大影视基地，是亚洲规模最大的影视基地，被誉为“东方好莱坞”。

3）诸葛村

位于兰溪市，为诸葛亮后裔聚居地。南宋末年，诸葛亮后裔迁居此地后，为纪念先祖诸葛亮而按九宫八卦阵图式设计构建。村落具有布局奇巧、错落有致、气势壮观、结构别致、轮廓优美等特点。现保存有大公堂、丞相祠堂等建筑11座。

9.5 安徽省

9.5.1 概况

安徽省简称“皖”，兼跨长江、淮河两流域，境内丘陵、平原皆备，地形可以分为淮北平原、江淮丘陵、皖西大别山地、皖中平原、皖南低山丘陵。

安徽山川壮丽，旅游资源丰富，名山胜水遍布境内，自然景观与人文景观交相辉映。从地理位置可划分为皖南、淮南和淮北三大旅游区域。皖南地区位于安徽南部，是旅游资源最丰富地区，包括世界自然与文化双重遗产的黄山、世界文化遗产的西递和宏村等皖南古村落，旅游资源以风景名山和古镇民居为特色；淮南地区是指介于长江与淮河之间的地区，有合肥、寿县、凤阳等历史文化名城，旅游资源以名山风光为特色；淮北地区位于淮河以北地区，旅游资源以人文景观为特色。

合肥骆岗机场为安徽省的航空中心，黄山是重要的对外航空港，安庆、阜阳、芜湖、蚌埠等城市也有民用或联航机场。铁路有京沪、京九、陇海三大干线，合肥、蚌埠、芜湖、阜阳是全省主要的铁路枢纽。公路交通以合肥为总枢纽，构成通往全省各市县的公路网。水路交通主要有长江航线和淮河航线。

安徽省的主要旅游线路如下。

（1）古徽文化名人故里之旅：绩溪—屯溪—休宁—黟县。

（2）皖北历史文化访古之旅：合肥—凤阳—亳州—寿县—淮南。

（3）皖山皖水黄梅情之旅：天柱山—花亭湖—安庆。

（4）世界遗产探访之旅：屯溪—黄山风景区—黟县—歙县。

（5）皖东生态山水田园诗意之旅：合肥—宣城—宁国—太极洞。

9.5.2 主要旅游景区及景点

1. 合肥游览区

合肥位于安徽省中部，为安徽省省会，是全省政治、经济、科教、文化中心和水陆交通枢纽。南淝河穿城而过，市内道路宽阔，绿树成荫，有“绿城”的美誉。

1）逍遥津公园

位于合肥市东北角，是一座约 20 万平方米的城市公园，水面占三分之一。逍遥津为古时淝水上的一个渡口，是著名的三国古战场。

2）包公祠

位于合肥城东南的包河公园香花墩，又称“包孝肃公祠”，是纪念北宋清官包拯的祠堂。包河风景区面积 30.5 公顷，祠堂附近有包公井，又名“廉泉”，以及包拯墓园。

3）教弩台

教弩台是一个有红色墙垣的高坛，高 7.3 米，建筑突出。在台东有一小桥，相传是当时孙权兵败脱险的地方，因此又名“飞骑桥”。台西有听松亭，是合肥胜景之一。

2. 天柱山风景名胜区

又名皖山，安徽省简称“皖”即源于此。位于潜山县境内，因主峰海拔 1 488 米，峻拔高耸，直插云霄，势如擎天之柱而得名。

天柱山古称南岳，道教尊天柱山为第 14 洞天 57 福地，唐佛光寺、南梁山谷寺曾显赫一时。这里有李白、白居易、苏轼、王安石、黄庭坚等文人墨客存留的近 400 方摩崖碑刻，集历代文学和书法之精华于一体。

天柱山森林茂密，环境幽静，冬暖夏凉，是避暑休闲胜地。这里风光雄秀兼备，45座名峰各有千秋，有怪石86处、名洞22个，有奇松多处，加上秀水名瀑点缀其间，风景多而奇，雄而秀，素以奇峰怪石、飞瀑流泉、峡谷幽洞、险关古寨、雾潮云海知名天下。

3. 六安游览区

六安市位于安徽西部，大别山北麓，俗称“皖西”，是大别山区域中心城市。

1）寿县

寿县是一座具有2 000多年历史的历史文化名城，我国唯一保存着完整宋代城墙的县城。城北有闻名遐迩的历史名山八公山（我国豆腐的发祥地），还有赵国将军廉颇墓，楚公子春申君墓，西汉淮南王刘安墓等。八公山下淝水一带是历史上著名的淝水古战场遗址，“草木皆兵”成语即产生于此战役。

2）安丰塘

位于寿县城南30千米处，是我国古代著名水利工程之一，已有2 500多年历史，被誉为“神州第一塘”，为全国重点文物保护单位。塘堤周长25千米，面积34平方千米，蓄水量1亿立方米。放水涵闸19座，灌溉面积6.2万公顷。

3）天堂寨

位于金寨县西南边缘，与湖北英山、罗田两县接壤，主峰海拔1749.43米，为大别山第二高峰，面积120平方千米，为国家森林公园和国家级重点风景名胜区。景区内有奇松、怪石、云海、溪泉、飞瀑等奇观。

4. 滁州游览区

滁州位于安徽省东部，地处江淮要冲，濒临长江，属江淮丘陵。历史悠久，人文荟萃，山水秀美，风光绚丽，全市有自然人文景观100多处。

1）琅琊山

位于滁州市区西南，总面积11 700公顷，为国家级风景名胜区。因东晋元帝琅琊王司马睿曾避难于此而得名，又因宋代欧阳修《醉翁亭记》一文而闻名。山上有很多唐、宋、明各代的碑刻，醉翁亭为主要建筑。

醉翁亭建于北宋庆历六年（1046年）。当时欧阳修任滁州太守，常与宾客来此同游，因他号称“醉翁”，故起名“醉翁亭”。

2）韭山洞

位于凤阳县城南30千米处，因山暖多产野韭而得名，为喀斯特溶洞。全洞分为虎踞龙蟠、摘星揽月、峡谷幽深、清流碧影、玉溪泛舟五大景区，重要景点20多处。此洞在《水经注》中已有记载，留下多处唐人题刻。现存有南宋的石垒城、石鸡亭、七里大寨等遗址。

5. 巢湖游览区

巢湖是皖中旅游胜地。巢湖是全国五大淡水湖之一，国家重点风景名胜区。

1）褒禅山

位于含山县城东7.5千米处，是几座山的统称。东为灵芝山，古以盛产木灵芝而得名；中为起云峰，高耸挺拔；西有鳌鱼岭，传说有一罗汉出生于此，饮食后投碗于岭上，至今仍可见其坐卧痕迹，因此又称碗儿岭。褒禅山最著名的景观为华阳洞。

2）三大温泉

半汤、汤池、香泉为巢湖著名的三大温泉。半汤位于巢湖市郊汤山脚下，因冷热两泉合流而得名。汤池位于庐江县西部的汤池镇。香泉在县城北20千米的覆釜山下。三泉水温皆在60℃左右，含有多种活性元素，可饮可浴，被誉为“九天福地”。

6. 黄山游览区

黄山市旅游资源丰富，景观独特，不仅有大自然造就的天下无双的山水风光，而且有大量展现中国古老文化的人文景观。

1）黄山

位于黄山市的黄山区境内，秦称黟山，唐天宝六年（747年）改名黄山，传说轩辕黄帝曾在此修身炼丹。黄山有大小72峰，莲花峰、天都峰、光明顶是黄山的三大主峰，海拔高度都在1 800米以上，最高峰是莲花峰，海拔1 864.8米。方圆154平方千米的黄山风景区无处不景，无景不奇，为全国著名风景名胜区，1990年列入世界自然与文化双重遗产名录。

黄山是我国特点最多的名山，集泰山之雄伟、华山之险峻、恒山之烟云、庐山之飞瀑、雁荡之巧石、峨眉之秀丽于一体，尤以“奇松、怪石、云海、温泉”四绝闻名天下，自古就有“五岳归来不看山，黄山归来不看岳”的说法。

黄山风景区的景点多达400余处，分为温泉、玉屏、北海、松谷、云谷、白云六大景区。黄山四季景色各异，万千气候，晨昏晴雨，瞬息万变，风光无限。黄山日出、晚霞、云雾、华彩、佛光和雾凇等时令景观各得其趣，可谓人间仙境。

2）齐云山

位于休宁县境内，在屯溪西33千米处，古称白岳，因其“一石插天，与天并齐”，明嘉靖年间改名为齐云山。齐云山方圆110.4平方千米，自然保护区150平方千米，为红色沙砾岩构成，属于丹霞地貌，主峰廊岩峰585米。齐云山是中国四大道教名山之一。山中丹崖耸翠、怪石峭立，宫观道院点缀其间，碑铭石刻密布。清乾隆皇帝巡游江南，誉齐云山“天下无双胜境，江南第一名山”。

3）太平湖

位于合肥至黄山黄金旅游线上，是一处人工湖，面积88.6平方千米，有共幸、广阳、黄荆、龙门、三门等五大景区。

4）皖南古村落

黟县境内连绵的群峰与黄山联为一体，在历史上曾阻碍了古黟县与外部世界的交往，因而造就了黟县“世外桃源”般的生态环境和风情民俗。境内至今仍保存有完整古村落的古民居3 600幢，为皖南之首，被誉为“东方古建筑的艺术宝库”。西递、宏村、南屏、关麓、屏山等古民居建筑村落布局严谨，工艺精湛，蕴藏着极其丰富的文化内涵。其中西递、宏村在2000年列入世界文化遗产名录。

歙县古民居群布局典雅，园林、长亭、古桥、石坊、古塔到处可见，特别是以牌坊古建筑为代表的景观，如许国石坊、棠樾牌坊群等。

7. 九华山风景名胜区

九华山位于青阳县西南，古称九子山，共有99峰，其中以天台、莲华、天柱、十王等九峰最为雄伟，酷似莲花。唐代诗人李白描绘九华峰是："昔在九江上，遥望九华峰。天河挂绿水，绣出九芙蓉"，为此，九子山改称为九华山。主峰十王峰海拔1 344.4米。

九华山在1 500多年前的东晋末期开始建立寺庙，为地藏菩萨的道场，中国四大佛教圣地之一。极盛时的明清两代，有寺庙达300多座，僧众4 000多人，享有"佛国仙城"的称号。现存化成寺、月身宝殿、百岁宫等古刹78座，大小佛像6 000多尊，藏有与佛教有关的珍贵文物1 300多件。

九华山既有佛教圣迹，又有优美的自然风光，良好的避暑条件，终年游客不断，尤其是每年农历七月三十的地藏法会，国内外朝山者纷至沓来。

9.6 江西省

9.6.1 概况

江西省简称"赣"，因唐代属于江南西道，故名江西。江西地形呈向北开口的盆地地势，北部为鄱阳湖平原。

江西省历史悠久，人文荟萃，旅游资源的特点是自然与人文融为一体，构成复合的风景名胜。江西省从地理位置上可划分为赣北和赣南两大旅游区域，赣北地区包括南昌、九江、景德镇等地，旅游资源以名山、古迹、溶洞为特色；赣南地区包括吉安、赣州、井冈山等地，旅游资源以名山、革命纪念地为特色。

江西有南昌、九江、赣州和景德镇4个民航机场。铁路以京九、浙赣、皖赣、鹰厦、武九5条铁路为骨干。公路有高速公路连接各主要城市，还有G316、G319、G320、G323、G105、G206等6条国道。

江西省的主要旅游线路如下。

（1）江西红色文化之旅：南昌—井冈山—赣州—瑞金。

（2）名山名城名村陶瓷文化之旅：南昌—九江庐山—景德镇—婺源。

（3）名山名城道教文化之旅：南昌—龙虎山—龟峰—三清山。

（4）赣东文化名人之旅：南昌—临川—流坑—瑞金。

（5）赣西生态之旅：南昌—新余—宜春—萍乡。

9.6.2 主要旅游景区及景点

1. 南昌游览区

南昌古称洪都，汉初为南方昌盛之地，因而得名南昌。南昌是一座有着悠久历史的古城，又是一座富有光荣革命传统的英雄城市。这里爆发过举世闻名的南昌起义，现已建立了八一起义纪念馆、革命烈士纪念堂、南昌起义纪念塔等。

1）青云谱

位于南昌市南郊定山桥附近，是南昌市历史悠久的道院，始建于东晋太兴四年（321年），明末清初著名画家“八大山人”朱耷曾隐居于此。青云谱庭院古朴，古木树参天，曲径幽回，亭台玲珑，环境幽静。青云谱现辟为明末清初著名画家八大山人纪念馆，对研究清代绘画艺术具有很高的参考价值。

2）滕王阁

位于南昌市沿江路赣江边，为江南三大名楼之一。滕王阁为唐太宗李世民之弟李元婴都督洪州时建造的（公元653年），其封号为滕王，故名滕王阁，以王勃《滕王阁序》而扬名四海。

2. 庐山风景名胜区

位于九江市南部，相传公元前600多年，有匡氏七兄弟到庐山结庐隐居，故称“庐山”，也叫“匡七”或“匡庐”。庐山北依长江，濒临鄱阳湖西岸，海拔1 473.4米，在千里平原上拔地而起，异常雄伟。

“匡庐奇秀甲天下”，庐山以风景名山、文化名山、宗教名山、教育名山和政治名山著称于世。自然景观以“雄、奇、险、秀”而闻名，奇峰、泉瀑、云雾和植物并称庐山四大奇观。庐山良好的气候和优美的自然环境使其成为世界著名的避暑胜地。

牯岭地处庐山中心，海拔1 167米，有“云中山城”之称。牯岭是游庐山的必经之地，旅游接待设施完备。牯岭街东北1 500米处，山顶有一神奇泉池，久旱不枯，久雨不淹，称小天池。在牯岭街北有望江亭，海拔1 050米，可远眺长江，近览剪刀峡。

庐山还有仙人洞、大天池、龙首崖、含鄱口、五老峰、三叠泉等著名景观。

3. 景德镇游览区

景德镇位于江西省东北部，赣、浙、皖三省交界处，是世界闻名的“瓷都”，中国古代“四大名镇”之一，国家历史文化名城。

1）景德镇祥集弄民宅

位于景德镇市区中心，是一条保存较完整的明代巷道，内有明代住宅多处，其中三号、十一号两幢民居建于明成化年间（1465—1487年）。

2）陶瓷历史博物馆

位于景德镇市郊盘龙山，占地83公顷。室内陈列景德镇古代陶瓷珍品，以及古代建筑“明园”和“清园”。

3）古市街古瓷窑遗址

位于柳家湾以西1 000米的南市街，是五代至元代的古瓷窑遗址，总面积数万平方米。

4. 上饶游览区

上饶位于江西省东北部，信江上游，以山郁珍奇、上等富饶而得名，并以婺源乡村旅游资源和三清山道教名山而著名。

1）婺源

婺源风景清丽、古风犹存，是一幅美丽的江南山水风光。古村落依山傍水而建，有“小桥流水人家”的美誉。比较著名的有李坑村和延村等。

李坑村为南宋乾道三年（公元1167年）武状元李知诚故里，坐落在一条蜿蜒的小溪两边，四面环山，布局极有特色。260多户民居大多为明清古建筑，错落有致，村内的古桥、古亭、古树等与古民居融为一体，相得益彰。

延村是清代商人在家乡营建的古村落，如今尚存古民居57幢，大多是清代乾隆、嘉庆年间的建筑，也有少量是明代所建。村人遇到雨雪天气，由村头走到村尾，可以穿堂入室而不会弄湿衣服，由此可以看出“群屋一体”的规模。

2）三清山

位于玉山县北部，主峰玉京峰海拔1 819.9米，因玉京、玉虚、玉华“三峰峻拔、如三清列坐其巅”而得名。

三清山以古松、云雾、飞泉、道教古建筑称奇，有奇峰48座，怪石52处，景观300来处，还有日出、晚霞、响云、蜃景，被誉为“黄山姐妹山”。

5. 龙虎山风景名胜区

位于鹰潭市南郊20千米处的贵溪市境内，其名因“两峰对峙，状如龙虎”而得来，是中国道教发祥地。龙虎山有99峰，24岩、108个自然景区和近百处人文景观。源远流长的道教文化、独具一格的丹霞风光和世所罕见的春秋战国岩墓（悬棺）群构成了龙虎山景观三绝。

龙虎山风景区由上清古镇、上清宫、天师府、龙虎山、仙水岩等景区组成。原有龙虎观坐落在山岩中，又名“正一观”，为道教正一派最重要的宫观，现仅剩残垣。

6. 赣州游览区

赣州是江西南部一座历史悠久的古城，自然资源丰富，名胜古迹众多，是赣南著名的旅游城市。

1）通天岩

位于赣州城西北10千米，是著名的古迹和避暑胜地。通天岩包括忘归岩、同心岩、通天岩和翠微岩四大岩洞，景致各异。

通天岩共有石龛 279 座，石刻造像 248 尊，内容均为佛像神祇，多属唐宋时期作品，还有许多题刻，为我国古代石雕艺术的珍品，南方古代艺术宝库之一。

2）井冈山

位于湘赣边界的罗霄山脉中段，山势高大，主要山峰海拔都在千米以上，有八大景区、60 多个景点、320 处景观。

井冈山以“革命摇篮”蜚声中外，朱德亲笔题词为“天下第一山”，现有革命遗址 60 多处。五百里井冈，绵延起伏，具有雄、险、奇、幽、秀的特点，融秀美的自然风光和辉煌的革命史于一身。“红”与“绿”交相辉映的井冈山，是游览观光、休闲度假、科研修学、接受革命传统教育的理想之地。

井冈山有茨坪、龙潭、黄洋界、主峰、笔架山、桐木岭和仙口等七大著名景区。

9.7 湖北省

9.7.1 概况

湖北省简称“鄂”，地处长江中游，洞庭湖以北，故称“湖北”。其地形大致为东、西、北三面环山，中间低平，略呈向南敞开的不完整盆地。长江自西向东横穿全省，纵横交错的河流和星罗棋布的湖泊，构成了“水乡泽国”的绮丽景色。

湖北省的旅游资源以山水风光和三国遗迹见长，从地理位置上可划分为鄂东南、鄂西南和鄂西北三大旅游区域。鄂东南地区，包括武汉、荆州等地，旅游资源以楚风楚韵为特色，人文旅游资源极为丰富；鄂西南地区，包括宜昌、神农架等地，旅游资源以高峡平湖、古朴民俗为特色；鄂西北地区，包括襄樊市、武当山等地，旅游资源以道教文化、三国文化为特色。

湖北省的武汉、荆州、宜昌、襄樊、恩施等城市都有民用机场，其中武汉天河国际机场开辟有多条国际航线。铁路有京广、襄渝、汉丹、焦枝、枝柳等铁路干线。公路以大城市为中心，有高速公路相连接，还有 G106、G107、G207、G209、G316、G318 等国道。长江航运非常发达，上行重庆，下至上海都有客轮通达。

湖北省的主要旅游线路如下。

（1）奇异之旅：武汉—十堰—神农架—武当山。

（2）三峡之旅：武汉—宜昌—秭归。

（3）恩施之旅：恩施。

9.7.2 主要旅游景区及景点

1. 武汉游览区

武汉位于长江中游江汉平原东部，湖北省省会，长江中游与汉水交汇处，由汉口、汉阳、武昌三部分组成，交通便利，素以“九省通衢”著称。武汉的人文景观具有浓郁的楚文化特色，是国家历史文化名城。

1）东湖

位于武昌东郊，是武汉最大的风景区。面积87平方千米，湖面33平方千米，湖岸曲折，有“九十九湾”之称。

东湖湖水澄碧，青山环绕，楼亭点缀。湖中心有风光秀丽的湖光阁。西岸有行吟阁、听涛轩、水乡云、屈原纪念馆等景点。西北岸的九女墩，传说是太平军在保卫武昌战斗中牺牲的九位女英雄之墓。湖东南山峦重叠、松柏青翠，磨山植物园培育有奇花异草。

2）黄鹤楼

原在武昌蛇山的黄鹤矶上，建造长江大桥后移至距旧址1千米的蛇山峰岭上，被誉为江南三大名楼之一。相传黄鹤楼始建于三国时期，后屡毁屡修，现楼于1985年建成，以清代黄鹤楼为蓝本，高51.4米，五层，层层飞檐，四望如一，金碧辉煌，古朴端庄，是我国古典建筑的杰作。

3）归元寺

位于武汉市汉阳区翠微路西端，是武汉著名的佛教寺院，创建于清顺治十五年（1658年），占地46 900平方米，殿舍200余间，其中罗汉堂供奉的由“脱胎漆塑”工艺而成的500尊金身罗汉为该寺的特色。

4）古琴台

又名伯牙台、碎琴台，位于武汉工人文化宫内，是闻名中外的音乐文化古迹之一。相传春秋战国时期，楚国音乐家俞伯牙擅长弹琴，技艺高超，作有“高山流水”等名曲。古琴台就是伯牙鼓琴、子期听琴、伯牙摔琴之处。古琴台所在山丘就叫碎琴山。

5）武汉东湖海洋世界

位于武汉东湖，建筑面积约3万平方米，有热带雨林馆、热带雨林亚马孙河、海底隧道、海底世界馆、海兽表演馆、海洋生物标本馆、科普电教馆、家庭水族生态馆等游览区，为集观赏性、趣味性、知识性、参与性、娱乐性于一体的大型海洋动物世界。

2. 赤壁游览区

湖北有两个赤壁，都是历史上有名的胜地。一是三国赤壁，在蒲圻市（现名赤壁市）西北，长江南岸南屏山上，是三国时期周瑜大破曹操的地方，通称“周郎赤壁”或“武赤壁”。当年孙刘联军以火攻大破曹军，火光冲天照亮江岸崖壁，由此得“赤壁”之名。临江赤壁山，有一米见方的“赤壁”石刻字，相传是周瑜所书。此外还有历代名人墨客的题诗赋词，对后世影响很大。另一处赤壁位于黄冈市黄州古城外，也在长江之滨，故又称黄州赤壁。苏东坡被贬黄州，到此误以为是赤壁之战处，作前、后《赤壁赋》和《赤壁怀古》，使黄州赤壁名扬海内，因此人们称之为“东坡赤壁”或“文赤壁”。现在为赤壁公园，存有历代书法作品。

3. 荆州游览区

荆州位于湖北中部长江北岸，北依汉水，是我国著名的历史文化名城。

1）楚纪南故城

位于荆州城北5千米，古称郢，为春秋战国时楚国的都城，历时400余年，是当时我国南方最大、最繁华的都会。现仍留有土筑城墙，城内外发掘大量的古迹、古址和古墓。

2）荆州古城遗址

即现在荆州市，因地势险要，为历代兵家必争之地。三国时期，围绕它的归属进行了长期的军事争夺，留下了大量古迹。现存的荆州古城相传最早是三国蜀将关羽所建。城墙大规模重建于明代，墙高9米，为护城河环绕，城墙蜿蜒起伏，巍峨矗立，素有“铁打的荆州城”之说。现在古城为清代重建。

3）荆州博物馆

位于荆州市荆州中路，是我国地市级最大的博物馆，馆内有堪称“国宝”的越王勾践剑和西汉古尸。

4）龙泉公园

位于荆门城区象山大道南端西侧，占地28公顷，分山上、山下和文明湖等三大景区。龙泉书院位于文明湖畔，建于清高宗乾隆十九年（公元1754年），是一座历史悠久、闻名江汉的学府，现为龙泉中学。

5）明显陵

位于钟祥市城北7.5千米的松林山，是明世宗嘉靖皇帝父母合葬墓。2000年列入世界文化遗产名录。

陵园由30余处规模宏大的建筑群组成，面积183.13公顷，外城周长3 600米，是中国最大的单体帝王陵之一。

4. 宜昌游览区

宜昌古称夷陵，素有“三峡门户”、“川鄂咽喉”之称，是巴楚文化的交汇之地，有着悠久的历史和灿烂的文化，也是巴楚文化的发祥地。

1）葛洲坝

位于宜昌市西北的南津关，是长江干流的第一座大型水力发电工程。工程建筑屹立江心，电站厂房以长约200米、高70米的雄姿列峙坝上，闸下瀑布倾泻、飞流直下，雄伟壮观。两岸峰岗罗列，景色壮阔。

葛洲坝西北不到20千米的西陵山腰，有一天然石灰岩溶洞，因唐代诗人白居易和宋代文学家苏轼等“前后三游”而名扬千古，故名“三游洞”。洞内布满了自唐以来历代著名文学家的诗歌、散文、题记等石刻。

2）三峡水库

三峡工程坝址在湖北宜昌三斗坪附近的中堡岛上，大坝全长2 309米，最大坝高185米，坝内水位直到重庆，形成一个总库容量393亿立方米，总面积1 045平方千米的巨大型人工湖。三峡水库年发电量847亿千瓦小时，为世界上最大的水电站。

屈原故里在群山环抱的秭归县乐平镇，县城东建有屈原坟和屈原庙。

昭君故里位于香溪上游兴山县城西北的明妃村，建有王昭君纪念馆。

5. 神农架风景名胜区

位于湖北省西北的神农架林区，三峡以北的长江和汉水之间。相传神农在此品尝百草，医治百病，由于山峰陡峭，只好搭架上山采药，故名“神农架”。神农架面积3 250平方千米，一般高度在海拔1 000米以上，超过3 000米的高峰达6座，被称为“华中屋脊”。

神农架是我国著名的原始森林林区和自然保护区，有“绿色宝库”之称，以丰富的动植物资源著名，有珙桐、水杉、鹅掌楸等“活化石”树种。猴子石、燕子垭等地以动物景观见长，猴子成趣，燕子成群。

神农架的景观具有雄伟、险峻、深邃、奥秘等特色。巴东峡和红坪峡以奇峰怪石著名，构成了“一奇、二怪、三险、四美”的特色。冰冻山的冰洞和潮水河的“潮水”以水文奇观闻名：冰洞内宛如水晶宫；潮水河每天三次涨潮，每次水量陡增一倍，半小时后恢复原状。神农架的离奇、神秘和“野人”的传说，不仅为科学界所重视，也因此迎来了众多猎奇的旅游者。

6. 襄樊游览区

襄樊位于汉水中游南北两岸，系襄阳和樊城的合称，国家历史文化名城。襄樊地势险要，自古以来就是兵家必争之地。

1）襄阳古城墙

襄阳古城墙因有我国最宽的护城河而著名，平均宽180米，最宽处250米。自古以来就享有“铁打的襄阳”的声誉。

2）夫人墙

位于襄阳城墙西北角拐弯处，是公元前373年，为抗击秦军入侵，守将朱序的母亲韩夫人亲自率妇女所筑。

3）古隆中

位于襄樊城西15千米处，三国时期著名的政治家、军事家诸葛亮曾隐居于此。东汉建安十二年（207年），刘备为访求贤士而“三顾茅庐”，诸葛亮提出了统一全国的谋略，即著名的《隆中对》。古隆中青山幽谷，景色秀丽，有武侯祠、三顾堂、野云庵、抱漆亭、躬耕田等古迹。

7．武当山风景名胜区

位于湖北省西部，汉水南岸，又名“太和山”，方圆 400 千米，有“八百里武当”之称。武当山风景区有 72 峰、36 崖、24 涧、11 洞、9 泉、3 潭等胜景，主峰天柱峰海拔1 612米。

武当山是我国道教第一名山，以其珍贵的道教建筑群驰名中外。其宫观庙宇始建于唐，明永乐年间大兴土木，建筑面积达 160 万平方米，形成宏伟壮观的“真武道场”，其主要建筑为天柱峰顶的金殿和紫霄宫等。

武当山又是武当拳术的发源地，为我国的武术留下了宝贵的遗产。

9.8　湖南省

9.8.1　概况

湖南简称“湘”，地处长江中游，洞庭湖以南，故名“湖南”。省内东南西三面环山，向东北敞开，呈不对称的马蹄形盆地。境内丘陵山地广布，北部为洞庭湖平原。

湖南自然景观与人文景观极为丰富，素以名山名水、名楼名寺、名城名人著称于世。湖南旅游资源既有秀丽的山水风光，又有丰富的文化遗迹，形成以长沙、岳阳、衡阳为中心的湘东集中区，以武陵源自然风光为特色的湘西集中区。

湖南省的长沙、张家界、常德、永州、怀化等城市设有民用机场。铁路有京广、浙赣、湘桂、湘黔、枝柳 5 条铁路干线贯穿全省，此外还有石长铁路。公路有高速公路连接各旅游城市，还有 G106、G107、G207、G209、G319、G320、G322 等国道。

湖南省的主要旅游线路如下。

（1）楚湘文化游：长沙—屈原祠—岳阳。

（2）名山风情游：长沙—张家界—猛洞河—凤凰—怀化。

（3）名城名人故里游：长沙—韶山—花明楼。

（4）宗教文化与湘南风光游：长沙—南岳—郴州。

9.8.2　主要旅游景区及景点

1．长沙游览区

长沙位于湘江下游，湖南省省会，别称“星沙”，是全省政治、经济、文化中心，国家历史文化名城。它是一座具有 2 000 多年历史的“荆楚名城”，为近代革命发祥地之一。

1）岳麓书院

位于岳麓山东麓，为宋代四大书院之一，也是我国目前保存最完好的一座古代书院。始建于宋太祖开宝九年（976 年），历经宋、元、明、清，原名不变，被誉为“千年学府”。现存书院建筑大部分为清代所重修。书院内众多的建筑和文物，为中国教育史的研究提供了宝贵资料。

2）岳麓山

又称麓山，位于长沙市区湘江西岸，林木葱郁，流水潺潺，风景秀丽。岳麓山有众多近代仁人志士的墓地，名胜古迹众多，主要有爱晚亭、麓山寺（湖南最早的佛教寺庙）、白鹤泉、禹王碑、黄兴墓、蔡锷墓、云麓宫等。

3）橘子洲

位于长沙市区西部湘江中，因历史上广种橘树，故名，是“潇湘八景”的“江天暮雪”所在地。因毛泽东诗词《沁园春·长沙》而闻名。洲长 4.75 千米，宽 45～140 米，由水陆洲、牛头洲等组成，现辟为公园。

4）天心阁

位于长沙市中心，与岳麓山遥相对峙，是长沙古城的一座城楼，也是古城长沙仅存的城市标志。1938 年毁于“文夕大火”，1983 年重修，增建了两座二层的辅阁，三阁以通廊相连接，浑为一体。

5）湖南省博物馆

位于长沙市东风路 28 号，是湖南省最大的综合性历史艺术博物馆，也是中国南方有影响的博物馆，占地面积 51 000 平方米，建筑面积 21 785 平方米。文物藏品非常丰富，其中马王堆汉墓文物、商周青铜器、楚文物、汉唐陶瓷、历代书画等蜚声中外。

6）世界之窗

位于长沙市开福区，占地 39 万平方米，将世界奇观、历史遗迹、古今名胜及世界民居、民族风情、世界歌舞艺术表演汇集于一园。它是湖南省最大的文化旅游项目，也是湖南省重要的影视基地。

7）大围山国家森林公园

位于湘赣交界处，因层峦叠嶂，群山盘绕，故名大围。最高峰七星岭，海拔1 607.9米，是长沙地区的最高峰。大围山有 1 300 公顷山顶草原，3 300 公顷原始次生林，集“山奇、水秀、林幽、石怪”于一体，是避暑、旅游、观光、疗养胜地。

8）花明楼

花明楼炭子冲，位于宁乡县城南约 30 千米，至韶山冲也只有 30 千米，是刘少奇的故居。

9）灰汤温泉

位于宁乡县西南的灰汤镇东务山下，距县城 50 千米。因泉沸如汤滚，汽腾如灰雾，故名“灰汤”。灰汤温泉已有 2 000 多年历史，是我国著名高温温泉之一。其水温常年保持在

90℃左右，素有“天然药泉”之称。

2．韶山风景名胜区

位于韶山市，是伟人毛泽东的故乡。风景区以毛泽东故居为核心，以及纪念毛泽东的各种现代建筑，构成了丰富多彩的人文景观。著名景点有毛泽东故居、毛氏祠堂、毛泽东纪念馆、毛泽东铜像及广场、韶峰、毛泽东诗词碑林、滴水洞、虎歇坪等。

3．岳阳游览区

岳阳位于湖南省东北部，西临洞庭湖，北接长江，素有“湘北门户”之誉。古称巴陵，又名岳州，国家历史文化名城。“洞庭天下水，岳阳天下楼”，岳阳名胜古迹甚多，旅游资源十分丰富。

1）洞庭湖

古称云梦泽，为我国第二大淡水湖，跨湘、鄂两省，接纳湘、资、沅、澧四大水系后注入长江，面积2 740平方千米，历史上号称“八百里洞庭”。洞庭湖上碧波万顷，浩无涯际，素以气象万千、美丽富饶而闻名天下。“潇湘八景”中的“洞庭秋月”、“远浦归帆”等两景均在此处。东洞庭湖自然保护区为我国著名的观鸟胜地。

洞庭湖不仅富饶美丽，且富有传奇色彩，“二妃殉节”、“吕洞宾三醉岳阳楼”、“柳毅传书”等，无不有声有色，引人入胜。

2）岳阳楼

位于岳阳市西门城楼上，为我国江南三大名楼之一。相传其前身是三国时东吴将领鲁肃检阅水军的阅兵台，唐开元四年（716年）中书令张说谪守岳阳，在阅兵台旧址建楼，定名“岳阳楼”。宋庆历五年（1045年）重修岳阳楼，宋朝文学家范仲淹作《岳阳楼记》，以“先天下之忧而忧，后天下之乐而乐”的名句传于后世，使岳阳楼名扬天下。

岳阳楼主楼三层，高19.72米，纯木结构，顶呈头盔状，具有独特的风格，是我国古建筑的杰作之一。其建筑特色可归纳为八个字“三层、飞檐、盔顶、纯木”。岳阳楼临洞庭湖而建，与浩渺的洞庭湖巧妙配合，素有“洞庭天下水，岳阳天下楼”的盛誉。岳阳楼两侧还建有三醉亭、仙梅亭、怀甫亭等三座辅亭，与岳阳楼一起构成一组气势磅礴的建筑群。

3）慈氏塔

位于岳阳楼南500米的湖滨，始建于唐开元年间，宋朝重修，为湖南现存最早的古塔建筑。慈氏塔为砖石结构，八角七级，高39米，占地46平方米。塔顶置二吨重的铁相辅。相传建塔费用不够，有寡妇慈氏相助，得以成功，故称慈氏塔。

4）君山

又名湘山，也称洞庭山，四面环水，是洞庭湖中的一个小岛。全山共有72个大小山峰，海拔多在40米左右。君山除湖山胜景外，还有神奇的传说和驰名的特产，现存有二妃墓、柳毅井、秦始皇封山印等景点。君山银针茶誉满中外。

5）屈子祠

位于汨罗市玉笥山上，为纪念屈原，于清乾隆年间所建。公元前278年，爱国诗人屈原因感救国无望，于汨罗江投河自尽。

玉笥山东北5千米的烈女岭有屈原墓，有疑冢12座，其中一墓有“故楚三闾大夫之墓”碑。

6）张谷英村

位于岳阳县东的渭洞乡笔架山下，是一片楼阁参差、屋脊相连、天井相接的大屋场，总建筑面积1.08万平方米，堪称“天下第一村”，已有500多年的历史。屋场内渭溪河迂回曲折，穿村而过，河上大小石桥47座。全村有巷道60条，纵横交错，四通八达。

4. 常德游览区

常德位于湖南省的西北部，是湖南建城最早的城市之一，迄今已有2 000多年的历史。

1）桃花源

位于桃源县西南15千米处的水溪附近，面临沅水，背依群山，因东晋诗人陶渊明所写的《桃花源记》和《桃花源诗》而得名。桃花源的建筑和名胜均与陶渊明的诗文有关。现存古迹有菊圃、方竹亭、秦人洞、集贤观、摄风亭等，以及历代诗人的题咏和碑刻等。

2）铁经幢

经幢是宗教纪念性建筑物，一般为石建，而此经幢却用生铁铸成，仿木结构，在我国现存经幢中少见，为全国重点保护文物。

原在德山山麓，现迁入滨湖公园，高4.335米，底部直径0.9米，重1 520.8公斤，属北宋的遗物。

3）夹山寺

位于石门县城东南15千米，始建于唐咸通十一年（870年），清顺治初，有奉天玉和尚住持，后圆寂，葬于寺旁。近年在寺西侧发掘到奉天玉和尚墓志铭和“犷符碑”，又于庙墙中得梅花诗木刻版，从而引起史学界对李自成归宿问题的探讨。

4）壶瓶山自然保护区

位于石门县南坪河乡，面积15平方千米，最高海拔2 099米，南、西、北三面险峻，其中神景洞、顶平一带有13 000公顷的原始森林。

5. 南岳衡山风景名胜区

位于湖南省中部衡阳市境内，山势雄伟，盘亘八百里，有大小山峰72座，其中以祝融峰、天柱峰、芙蓉峰、紫盖峰、石禀峰最为著名。

衡山地处亚热带，温暖湿润，植物繁茂，处处是茂林修竹。衡山又烟云奇特，变幻莫测，有“七分山水三分云”之说，自然景色十分秀丽，因而有“南岳独秀”的美称。衡山名胜古迹很多。祝融峰之高、藏经殿之秀、方广寺之深，水帘洞之奇为衡山“四绝”。

1）祝融峰

为衡山72峰中的最高峰，海拔1 300.2米。相传上古祝融氏葬此，故名。从峰顶俯视，众山罗列，景物雄奇。峰顶建有祝融殿，又名老圣殿。还有摩崖石刻及望日台和望月台。

2）藏经殿

位于衡山赤帝峰下，相传为南朝陈光大二年（568 年）僧慧思所建，此殿因藏明太祖朱元璋所赐《大藏经》而得名。

3）方广寺

位于衡山莲花峰下，建于南朝梁武帝天监二年（503 年）。清初寺毁于火，后经修葺，为木结构建筑。方广寺地处幽谷，附近林木茂密，峰峦环峙，历来就有“不游方广不知南岳之深”之说。

4）水帘洞

位于衡山紫盖峰下，山泉水源来自峰顶，流经山涧，汇入石池，水满溢出，垂直下倾，成为瀑布，高 70 米，好像水帘。

5）南岳庙

位于衡山麓的南岳镇，唐开元十三年（725 年）始建，是衡山最大、最雄伟的建筑，占地 9.8 万平方米，它与泰山岱庙、嵩山中岳庙并称于世，是我国五岳庙中规模最大、布局最完整的古建筑群之一。其正殿高 22 米，殿内外有 72 根石柱，象征南岳 72 峰。

6）忠烈祠

位于衡山半山腰，1943 年为纪念抗日战争牺牲的将士而建。忠烈祠由下而上，有台阶 399 级，形制规模均仿照南京中山陵。忠烈祠分前门、纪念堂、致敬碑、正殿、后殿、“七.七”纪念碑，均用乳白色花岗石砌成，配以翠绿琉璃瓦，庄严而肃穆。七七纪念碑像五颗倒置的炸弹，象征汉、满、蒙、回、藏各民族联合起来抗日。

6. 郴州游览区

郴州位于湖南省东南部，地处南岭山脉与罗霄山脉交错、长江水系与珠江水系分流的地带。自古以来为中原通往华南沿海的“咽喉”，素有湖南的“南大门”之称。

1）莽山国家森林公园

位于宜章县境内，与广东接壤，主峰海拔 1 902 米，总面积 2 万公顷，是南北动植物荟萃之地，被中外专家学者誉为“生物基因库”、“中国天然动植物博物馆”。

2）东江湖

位于资兴市境内，是一处融山、水、湖、岛于一体的风景名胜区和旅游度假区。风景旅游资源主要集中分布于东江湖、天鹅山国家森林公园、程江口等三大区域内。

7. 张家界游览区

张家界地处湖南省西北部的澧水之源，武陵山的腹地，处于云贵高原隆起区与洞庭湖沉降区之间，形成了高低悬殊、奇峰林立、万石峥嵘、溪谷纵横的自然奇观。

1）武陵源风景名胜区

由张家界国家森林公园、索溪峪自然保护区、天子山自然保护区三大景区构成的武陵源核心风景区，总面积达 369 平方千米，景区面积为 264 平方千米。

武陵源风景区具有原始生态系统，为国内外罕见的蔚为壮观的砂岩峰林地貌景观，景区内3 000座石峰拔地而起，800条溪流蜿蜒曲折，可谓峰、林、洞、湖、瀑于一身，集奇、秀、幽、野、险于一体。“五步一个景，十步一重天”，被誉为“扩大了的盆景，缩小了的天境”、“中国山水画的原本”。1992年列入世界自然遗产名录。

武陵源的山川秀色，自然成型，自然成趣，自然成景，自然成名，野趣横生。这里气候宜人，年平均温度16℃左右，是避暑旅游胜地，一年四季皆可旅游，尤以5～11月为最佳。

2）茅岩河

位于张家界市区以西35千米处，是澧水上游，沿河两岸青山绿水、风光如画，故又称“百里画廊”。其主要景点有血门沟、洞子坊、茅岩滩、夹儿沟、温塘温泉、麻阳古渡、茅岩河峡、水洞子瀑布等。

3）九天洞

位于桑植县西南17千米，洞因有九个天窗与外界相通而得名。洞分上、中、下三层，最下层低于地表面400多米。洞中石林密布，钟乳悬浮，岩浆铸成的各种精致景物婀娜多姿。其中九星山玉柱、九天玄女宫和寿星宫堪称三大奇观绝景。

4）八大公山国家级自然保护区

位于桑植县的西北部，距张家界市170千米，与湖北交界。其面积2.3万公顷，是亚热带地区保护最完整、面积最大的原始次生林区，植物种类达3 000种以上，其中珍稀濒危植物28种。原始森林、珙桐林丛是八大公山的特色景观。

8．湘西游览区

湘西自治州位于湖南西部，为土家族、苗族聚居区，旅游资源以奇异山水和民俗风情为特色。

1）猛洞河

位于张家界西部的永顺县境内，距张家界市约90千米，景观以清静幽深的河水和喀斯特地貌景观为主，游览区面积4 000公顷，是我国南方著名的漂流风景河段。

此外还有许多与土家族有关的古建筑及遗址，王村古镇是历代土家族土司王居住的地方，更因电影《芙蓉镇》名扬海外。此外，还有老司城、溪州铜柱、不二门、土家族历史博物馆等景点。

2）凤凰古城

凤凰古城为苗族聚集区，独具特色的苗寨和边城景象及苗族风情，令人沉醉。凤凰古城景区主要有沈从文故居、熊希龄故居、万寿宫、天皇庙、三宫阁等古建筑，以及清代留下的古城八景和别具一格的吊脚楼。

县城外有黄丝桥古城堡、奇梁洞及著名的苗疆边城。

9．怀化游览区

怀化市位于湖南省的西南部，西靠贵州，是一个以民族文化为特色的新旅游区。

1）受降纪念坊

位于芷江县七里桥境内，建于1946年2月，是中国人民抗日战争胜利的标志。

2）黔城芙蓉楼

位于洪江市黔城古镇㵲水岸边，占地9.1万平方米，因唐代著名诗人王昌龄常在芙蓉楼宴宾吟诗而名闻遐迩。

3）皇都侗文化村

位于通道侗族自治县黄土乡，由头寨、尾寨、盘寨、新寨组成。相传古夜郎国王从这里经过，为美丽风光和浓郁民风陶醉，许言在此建都，"皇都"一名由此而来。这里有被称为侗族建筑"三宝"的风雨桥、鼓楼、凉亭，群众文艺活动活跃，有"侗戏之乡"的美誉。

4）高椅古民居村落

位于会同县高椅乡，古村落历史悠久，文化内涵浓厚，自然风光优美，生态环境良好。现存有明洪武十三年至光绪七年（1380—1881年）的建筑104栋。

10. 永州游览区

永州位于湖南省南部，五岭北麓，湘、粤、桂三省区结合部。因潇水和湘江贯穿全境，故又世称"潇湘"。

1）九嶷山

位于宁远县城南30千米，面积达200平方千米。史载，舜帝南巡崩葬于此，至今保存全国仅有的舜帝陵和历代祭碑等重要古迹，自古以来为旅游胜地，现为国家森林公园。

舜帝陵是九疑山风景区的标志性人文景观，占地20公顷，由陵山（舜源峰）、舜陵庙、神道及陵园组成。

2）浯溪碑林

位于祁阳县城2.5千米处，北临湘江，留有唐代以来诗文书赋画的刻石，计有505方，形成全国罕见的露天碑林，现为全国重点文物保护单位。其中，唐代元结所撰《大唐中兴颂》，由著名书法家颜真卿大楷正书，摹刻于崖壁，因文奇、字奇，石奇，故称"摩崖三绝"。

3）千家峒

位于江永县千家峒瑶族乡，地处江永、道县和广西灌阳三县交界之地，是世代瑶胞寻找的故地。离县城5.5千米处，为千家峒的入口，有千家峒口、四块大田、鸟山、马山、石狗等景观。

思考题

1. 分析长江中下游旅游区旅游地理环境的基本特征。

2. 长江中下游旅游区的旅游资源有什么特色?
3. 分析吴越文化和楚文化两种不同的地域文化特征。
4. 江苏两大旅游区域分别有哪些主要旅游城市和旅游景点?
5. 简述苏州四大名园及其特色。
6. 简述浙江三大游览区的特色及主要旅游地和旅游景点。
7. 安徽有哪些名山旅游资源?分别有什么特色?
8. 说出江南三大名楼的名称及其所在地。
9. 简述江西两大旅游区域的特色及主要旅游景点。
10. 湖北旅游资源的特色是什么?有哪几大旅游区域?各有哪些旅游景点?
11. 简述湖南湘东旅游区和湘西旅游区的主要旅游地。
12. 请写一篇以江西“红色旅游”为题材的导游辞。

第10章 华南旅游区

华南旅游区包括广东省、广西壮族自治区、福建省、海南省、台湾省、香港和澳门特别行政区，位于我国南部南亚热带和热带地区，是我国对海外沟通的重要窗口。该区旅游业独具特色，是我国旅游的热点地区。

10.1 旅游地理特征

10.1.1 旅游地理环境特征

1. 旅游自然环境

1）位居东南沿海，海岸景观丰富

本区面临东海、南海之滨，处于东亚、东南亚及大陆的中心位置，是亚洲至欧洲、非洲和大洋洲的航道要冲，地理位置优越。曲折的海岸造就了众多的港湾且多良港，海上交通运输非常便利。

本区海域广阔，岛屿众多，有岩基岛、沙洲岛和珊瑚岛等多种类型。海蚀地貌分布广，海岸多为岩岸，形成海蚀崖、海蚀柱、海蚀洞、海蚀台地等极富有观赏价值的景观。生物海岸也是本区海岸地貌一大特色，红树林大面积断续分布在河口淤泥质海滩上，珊瑚礁集中分布在海南，是热带、亚热带特有的海岸景观。

2）地形破碎，地貌景观奇丽

本区处于我国地势的三级阶梯上，地形以海拔500米左右的低山丘陵为主，平原狭小，也没有高大的山脉。由山脉向沿海地势逐渐下降，多为丘陵、台地，地表形态破碎且起伏不平，谷地、小平原散布其间。沿海和河道入海口是一些面积较小的平原和三角洲。

从总体看，本区大体可分三部分。东部一带花岗岩广泛出露，加上高温多雨的气候，形成了不少著名的山水风景，如罗浮山、清源山、太姥山等。花岗岩的球状风化现象极为突出，福建东南沿海地区多以千姿百态的奇石形成著名风景点，如厦门鼓浪屿的日光岩，还有许多地方的“风动石”等。中部南岭和武夷山一带多红色沙砾岩分布，形成危岩高耸、景色奇丽的丹霞地貌，成为著名风景区，如丹霞山、金鸡岭、冠豸山等。广西和粤西地区都有岩溶地貌分布，如广东肇庆的星湖、广西桂林等。

3）地热资源丰富，温泉众多

本区位于环太平洋火山地震带沿线，故地热资源丰富。广东境内温泉出露达200多处，几乎县县有温泉。福建也有近200处，海南达100多处，其中以广东从化、福建福州、海南七星岭温泉最为著名。福州温泉出露点多，在市内形成了一个南北长达5千米、东西宽1千米的温泉集中区，为全国所罕见，被称为“温泉城”。台湾位于环太平洋火山地震带，近代火山地貌景观典型，地热资源丰富，是我国温泉密度最高的省份，其中北投、阳明山、关子岭和四重溪温泉号称为台湾“四大温泉”。

4）热带、亚热带季风气候

本区位于低纬度地区，属于亚热带、热带季风气候，终年气温较高，大部分地区年平均气温在20℃以上，长夏无冬，春秋相连，季节更替不明显，旅游业的淡季与旺季差别较小，一年四季都适于旅游，春秋两季最佳，冬季更是我国避寒疗养的旅游中心。

台风是本区气候的又一重要特点，每年有10次左右的台风在本区登陆，常导致水、风灾害，往往给游客带来很大不便。

在湿热条件下，本区自然植被为常绿的热带雨林、季雨林和常绿阔叶林，花果期长，林木“茎花现象”、“附生现象”非常普遍。高大的棕榈科植物构成特殊风貌，是华南热带景观的标志。

2. 旅游人文环境

1）岭南特色文化

明清以后，特别是鸦片战争后，华南受外国势力侵入，加之海外贸易及大批农民出海谋生等因素，当地的政治、经济、文化受西方文化的影响很大。因此，本区的人文旅游资源表现出中原文化和西方文化的痕迹，形成中西文化交融的岭南特色文化。主要表现为：一是园林和建筑吸收中原文化和江南园林艺术，借助西方园林构园手法，形成独特的岭南风格，如广州的庭园、惠州西湖；二是文化艺术独具特色，如福建梨园戏、广东粤剧、潮州戏、广东汉剧、闽剧、莆仙戏、高甲戏、漳州布袋木偶戏和客家山歌等都很有特色；三是地方文化和民族风情十分突出，地方方言有闽北话、闽南话、客家话、广州话（白话）等四种，民俗风情丰富，少数民族都有独特的服饰、语言、风俗、礼仪和歌舞艺术。

2）著名的侨乡

本区是我国著名的侨乡，是华侨密集地区。广东的潮汕地区、梅州地区、珠江三角洲地区，海南的文昌、琼海、万宁、琼山，福建的厦门、晋江、泉州、南安、漳州、永春、福清都是著名的侨乡。海外华侨的分布以东南亚最多，每年都有大量华侨回国观光、寻根祭祖、探亲访友，成为本区入境旅游的稳定客源之一。

3）发达的社会经济

本区是我国最先对外开放的地区，经济发展迅速，对外贸易十分兴旺，雄厚的经济基础和繁荣的贸易，对旅游业有极大的促进作用。如每年春秋两季的广交会吸引了各国和我国其他地区的商人前往洽谈，促进了商务旅游和购物旅游的发展。

4）便利的交通

本区交通运输发达，以航空、铁路和海运为骨干与区外联系，依靠公路和内河运输联系区内各地。国际海港众多，海上运输发达，开辟了到东亚、东南亚、南亚、非洲、欧洲、美洲各港口的国际航线。公路四通八达，形成了较完善的网络。发达的交通为旅游业的发展提供了最基本的条件。

10.1.2 旅游资源特征

1. 旅游资源类型丰富并分布集中

本区旅游资源类型丰富。自然风光中，山、水、岛、林齐全，人文资源中体现了多种文化的交融，既有中原传统文化的印记，也有西方现代文化的烙印，还有鲜明的地方民俗文化特征，其中现代城市风光和人造主题公园尤为突出。

本区旅游资源在地域分布上相对集中，如福州、泉州、厦门、漳州、广州、佛山、韶关、潮州、汕头、海口、三亚、南宁、桂林、柳州、香港、澳门、台北、台南等地，均成为本区旅游中心城市和主要旅游目的地。

2. 具有显著热带特色的森林景观

本区地处热带、亚热带，常绿阔叶林与热带雨林、季雨林终年繁茂，表现出独特的南国风光，海滨四季可进行海岛观光和海上休闲娱乐活动。在饮食、服饰等民风民俗和民居建筑风格等方面，也体现了热带环境的特点。

3. 以多元融合和现代特色为主的人文旅游资源

本区的人文旅游资源表现出南北文化与中西文化融合的痕迹，形成本地特色文化。例如，传统民居建筑保留了中原聚族而居的传统；岭南园林有江南和北方园林的风格，又借助了国外的构景手法。在泉州、漳州、潮州等侨乡南北并蓄和中外兼容的古迹比比皆是。本区在现代又是我国改革开放的前沿，现代城市建筑及主题公园等设施具有显著的现代特色。

4. 近现代革命遗迹较多

本区拥有许多革命遗迹、遗址、陈列馆等革命圣地。广州市花都区官禄布村有太平天国领袖洪秀全故居。虎门要塞现保留沙角炮台和威远炮台遗址，在销烟池旁建有人民抗英纪念馆。广州三元里村有“三元里人民抗英斗争纪念碑”、黄花岗有七十二烈士墓。广州及附近地区保留、修建和新建了各种类型的纪念孙中山先生的建筑物和纪念性场所，如孙中山故居及陈列馆、中山纪念堂及纪念馆、黄埔军校旧址等。此外，广州还有北伐战争时期和第二次国内革命战争时期的北伐誓师大会会场遗址、省港罢工委员会旧址、广州农民运动讲习所及纪念馆、广州公社旧址及广州起义史料陈列室等。福建上杭县古田村的古田会议旧址及会议陈列馆、龙岩红四军司令部旧址、闽西革命烈士纪念碑等。

10.2 福建省

10.2.1 概况

福建省简称“闽”，地处东南沿海，与台湾省隔海相望，在历史上是“海上丝绸之路”、“郑和下西洋”、伊斯兰教等重要文化发源地和商贸集散地。福州、厦门是全国重要的通商口岸。福建境内丘陵、山地约占全省面积的90%，海岸曲折多岛屿，兼有山海之优。

福建旅游形成了三大区域：一是以武夷山为代表，包括三明市的闽北、闽西地区，旅游资源以山、水、洞、古物景观为特色；二是以福州为中心的闽东北地区，旅游资源以古迹、山、水、滨海景观为特色；三是包括厦门、漳州、泉州等旅游城市的闽东南地区，旅游资源以自然景观为特色。

福建拥有福州长乐和厦门高崎两个国际机场，以及晋江、武夷山民用机场。福建的主要铁路干线有鹰厦铁路，福州和厦门车站是主要铁路客运站。福建的公路有同江至三亚、北京至福州的国道主干线，另有G316、G324、G319等国道。福建沿海港口码头泊位达50多个，与上海、香港和世界上60多个港口通航。

福建省的主要旅游线路如下。

（1）闽西北山岳绿色生态游：武夷山—邵武—泰宁—将乐—永安—连城—新罗。

（2）山海大观游：武夷山—厦门。

（3）福建土楼之旅：永定—南靖—华安。

（4）红色旅游胜地游：上杭—长汀。

（5）蓝色滨海生态旅游线：宁德—福州—莆田—泉州—厦门—漳州。

10.2.2 主要旅游景区及景点

1. 福州游览区

福州市位于福建省东部闽江下游，福建省省会，与台湾省隔海相望，建城已有2 200多年历史，国家历史文化名城。

福州城自古就以俊美秀丽著称。宋代以来，福州榕荫满城，享有“榕城”的美称。因城内多温泉，故又有“温泉城”的称号。城内奇秀的于山、乌山和屏山，使福州成为一个“山在城中，城在山中”的独特城市，加上千年历史的乌塔和白塔，以及横贯城区的闽江，构成了“三山两塔一条江”的独特景观。

1）三山

“三山”是福州的别称，分别为于山、乌山和屏山。于山位于市中心，状如巨鳌，原为“于越族”居住地。现存戚公祠、大士殿、九仙观，以及宋代以来的100多处摩崖题刻。乌石山简称乌山，位于福州城西南，相传是汉代何氏九兄弟登高射乌之处。山间多奇景，怪石嶙峋，林阴蛪胜，亭榭交错，唐时即为游览胜地。屏山在福州旧城正中，因其形如屏而得名，屏山海拔62米，共有29景。

位于乌山寺东麓的乌塔，高35米，五代时期用花岗石砌造，外表略带黑色。位于于山的白塔因其外表涂白灰而得名。两塔东西相对，合称“榕城双塔”，是福州的标志。

2）鼓山

位于福州市东郊闽江北岸，海拔900多米，俯临闽江，风景秀丽，山顶有大石如鼓而得名。鼓山是福州的著名风景点，佛教一大丛林，驰名南洋各地。

鼓山以五代时期修建的涌泉寺为中心，共有景物160多处。涌泉寺是闽中名刹，始建于五代，重建于唐建中四年（783年）。寺中在天王殿下有大龙潭，有罗汉泉从殿左涌出，故名涌泉。涌泉寺东面崖壁上石刻密集，是福建省书法艺术的宝库。

3）西湖

位于福州市区西北的卧龙山下，原为蓄水浇灌而建，后为闽王的御花园，筑有亭台楼观，成为规模极大的园林。现园内有动物园、博物馆、展览馆等，是一个综合性的公园。

2. 厦门游览区

厦门市由厦门岛、鼓浪屿岛、九龙江北岸沿海地区及附近小岛、海域组成。它面对金门，与台湾、澎湖列岛隔海相望。相传在远古的时候，这里是白鹭栖息的地方，故有“鹭岛”之称。

厦门依山面海，风景优美，气候温和，自然景观丰富多彩，是我国著名海港风景城市，著名的避暑和疗养胜地，在国内外享有盛誉，被称为“花园城市”。

1）鼓浪屿

位于厦门西南的一个小岛，古名圆洲仔，因西南海滨礁穴受浪冲击，声如擂鼓，明代改称“鼓浪屿”。鼓浪屿隔鹭江与市区相望，面积1.77平方千米，为国家重点风景名胜区。

鼓浪屿完好地保留着许多具有中外各种建筑风格的建筑物，有“万国建筑博览会”之誉。岛上层峦叠翠，环境幽雅，花香扑鼻，有“海上花园”的美称。岛上居民普遍喜欢钢琴和小提琴，素有“钢琴之岛”的美称。其主要游览点有日光岩、菽庄花园、皓月园、郑成功纪念馆和环岛路。海滨游泳场以银色的沙滩和诱人的海景吸引着游客。

2）南普陀寺

位于厦门市东南五老山下，闽南著名古刹之一，有1 000多年历史。因寺以奉祀观音为主，又在我国佛教四大名山之一的浙江普陀山之南，故称南普陀寺，是闽南佛教圣地。

普陀寺背山面海，寺后五老山五峰并列，山头高耸于云雾之中，面临万顷碧波，山光水秀，梵语钟声，犹如仙境，有“五老凌霄”之称，为厦门胜景之一。寺周围的岩石上保留着许多有价值的雕刻。

南普陀寺还建有国内最大禅堂，占地近万平方米，共分三层，底层为僧众精舍，二楼为会议大厅，三楼为坐禅大厅。

3）万石岩

位于厦门市东南狮山山麓，满山都是石头，形态万千，是典型的花岗岩石蛋地貌。万石岩占地面积82公顷，是一处集怪石、奇花、异树、山泉于一体的风景名胜区。除著名的万石岩植物园外，还有万石岩、中岩、太平岩、醉仙岩、紫云岩等众多奇景。

万石岩植物园占地2.27公顷，有热带、亚热带植物3 000多种，被誉为“海山花”绿色博物馆。

4）集美

位于厦门海堤靠大陆一侧，是一个三面环海的小半岛。原来人们称它为“尽尾”或“浔尾”，以后取其谐音代之为“集美”。1912年，爱国华侨陈嘉庚先生开始在家乡集资兴学，形成了海内外闻名的“集美学村”，有集美学校、厦门大学等。

半岛东南端有陈嘉庚兴建的园林建筑——鳌园。园内有高28米的毛泽东手书的“集美解放纪念碑”，碑座四周雕刻着国家领导人和名流学者的对联、题词和各种浮雕石刻，有“博物大观”之称。园内还有陈嘉庚先生的陵墓及为纪念陈先生一生爱国而建的“归来堂”等。

3. 漳州游览区

漳州市位于九龙江畔，地形以平原为主，多产花木、水果，素有“花果之乡”之称，以漳州蔡板乡的水仙花最为驰名，有“凌波仙子”之称。

1）芝山

位于漳州市西北，因曾长紫芝，得名紫芝山，简称芝山。芝山山峰挺拔高峻，山上有甘露、威镇、日华三亭，为登临观日的景点。

2）南山寺

位于漳州市南部，建于唐代，清重建，是闽南著名古刹。寺内有大钟和血书《华严经》、《大藏经》、《贝叶经》、红菜花树等“五绝”。玉佛阁供奉的佛像是来自缅甸的纯白大理石雕刻而成，高2米，重约2吨，色泽晶莹，又称玉佛。寺内还有一尊高6米的唐代石雕大佛。

3）赵家堡

位于漳浦县湖西乡灶山，初建于宋末，重建于明朝，是古城堡垒式村居群宅。最初为宋皇族赵若在宋朝灭亡后，携带家眷避难隐居之所。

城堡具有典型的宋代建筑风貌，砖木结构，四排房屋环拱而成，酷似八卦图，故又称“八卦楼”。城堡用两道城墙分隔为内城、外城。内城有一座三层四合院式的“完璧楼”，为“完璧归赵”之意，以此楼寄托怀宋之情。主建筑是赵家府第，为并立的五座五进建筑群。城堡中有一古桥梁横跨两湖之上，名为“汴派桥”，意为后裔念念不忘京城汴京。

4）云洞岩

位于龙海市步文乡鹤鸣山，怪石洞穴，幽曲迷离。岩顶有风动石，石壁上摩崖石刻及文华墨宝琳琅满目，有“闽南第一碑林”之称。

5）东山风动石

位于东山岛东山古城东门的海滨石崖上，高4.37米，重约200吨，是东山岛的标志性景观。东山风动石以奇、险、悬而居全国60多块风动石之最，被古代文人誉为“天下第一奇石”。

4. 泉州游览区

泉州市地处福建省东南部，枕山面海，与台湾隔海相望，是一座具有1 700多年的历史文化名城。唐宋时期，泉州就是海上丝绸之路的起点，享有“东方第一大港”的盛誉，因此留下了许多极为珍贵的历史宗教遗迹和古典建筑。在泉州，佛教、道教、基督教、天主教、伊斯兰教、婆罗门教、摩尼教等多种宗教并存，素有“宗教博物馆”之称。

1）开元寺

位于泉州市区西街，始建于唐垂拱二年（686年），开元二十六年（738年），唐玄宗诏以年号改今名。开元寺占地面积33 000平方米，是福建省内规模最大的佛教寺院。

寺中主体建筑大雄宝殿，又名紫云大殿，始建于唐，后屡经修缮，高20米，面积1 389平方米，殿柱均为石柱，近百根，故又俗称百柱殿。斗拱间附雕有带翅膀飞天乐伎24尊，造型优美独特，为中西艺术结合的杰作。殿西廊塑有十八罗汉，为国内殿宇建筑所罕见。殿后廊檐下有两根青石柱，为元代遗物，上刻印度神话故事，精美动人，是研究中印文化交流的珍贵资料。

“不游开元寺不算到泉州，不登东西塔不算到开元寺”。大雄宝殿前的东西二塔，是全国石塔中最高的一对。西塔名仁寿塔，建于五代梁贞明二年（916年），高44.06米；东塔名镇国塔，建于唐咸通六年（865年），高48.24米。两塔形制相同，原为木塔，宋代改为石塔，充分显示了闽南地区古代石工技艺的水平。

大雄宝殿后的甘露戒坛，与北京戒台寺、杭州诏庆寺并称为我国三大戒坛。藏经殿藏经近万卷，其中有宋版经书20余卷，为稀世珍宝。阁下辟为古钟陈列室，陈列有自宋以来的12口铜铁钟。

2）清净寺

位于泉州市鲤城区，又称艾苏哈卜清真寺，是我国现存最古老的伊斯兰教寺院，建于北宋，建筑仿叙利亚大马士革伊斯兰教堂，充满浓厚的阿拉伯风格。

3）草庵

位于晋江华表山麓，始建于元至元元年（1264 年），是目前世界上唯一保存下来的摩尼教遗址。庵内依崖辟凿石为龛，龛内镌刻波斯摩尼光佛一尊，是世界上最重要的摩尼教文物。

4）清源山

位于泉州城北 3 千米处，是道教名山，有“闽南蓬莱第一山”之誉。清源山有三峰，中峰为清源洞，洞内有“虎乳泉”，又名泉山，泉州之名由此而来。左峰为瑞像岩，由整块天然岩石雕凿而成，有释迦牟尼像一尊，高 4 米。右峰有太上老君巨型石雕坐像一尊，高 5.1 米，堪称宋代石像雕刻艺术瑰宝，是全国最大的道教石雕。

5）洛阳桥

又名万安桥，位于泉州城东 13 千米，建于南宋，已有 900 多年的历史，为我国古代名桥之一。洛阳桥首创“筏形基础”造桥墩的技术，为了使桥基和桥墩联结稳固，因地制宜，创造了“种蛎固基法”。洛阳桥桥面的大条石每块重达 20 ～ 30 吨，全桥共计 300 余块，利用潮汐涨落浮运架梁的施工方法，是我国古代桥梁史上的创举。

6）三贤四贤墓

三贤四贤墓是伊斯兰教创始人穆罕默德的三弟子和四弟子的陵墓。相传唐高祖武德年间（618—626 年）穆罕默德曾派弟子四人，远涉重洋来中国传教，大弟子到广州，二弟子到扬州，三弟子和四弟子到泉州。

整个墓是石质的，墓的周围围以石栏，甬道、台阶、回廊都为石条石板，三贤四贤的石棺放在石亭之中，石亭高 5 米，由四根石柱支撑。两座并列石棺长约 2 米多，棺前设石香炉，石棺周围有一半月形石廊，立有许多石碑石刻，其中有一块石碑用阿拉伯文写成，记述着石墓重建时间，并介绍了三贤四贤的事略。传说自这里埋葬三贤四贤以后，经常发生夜里显圣的事，故称灵山圣墓。

5. 莆田湄洲妈祖庙游览区

妈祖庙位于福建湄洲岛，是妈祖升天圣地。相传妈祖是北宋时期湄洲岛上的一位渔家女子，原名林默，精通天文、天象和医学，终年奔波于海上，救死扶伤，死后被尊为“海神”，历代统治者更封她为“天妃”、“天后”。人们尊敬她，为她建庙，据统计，海内外共有妈祖庙不下千余座，其中泉州湄洲妈祖庙规模最大。近几年，海外的妈祖信徒纷纷拥向湄洲岛，形成“妈祖寻根热”。现辟为国家旅游度假区。

6. 武夷山风景名胜区

武夷山位于武夷山市西南 15 千米处，是福建与江西的界山，为纪念彭武彭夷兄弟治水功绩而得名。

武夷山最高峰海拔 2 157 米，红岩挺秀，碧水流淌，山水辉映，素有“奇秀甲于东南”之誉，兼有黄山的奇峰云海，又有桂林山清水秀的特色，是我国著名的风景胜地。1999 年列入世界文化与自然双重遗产名录。

武夷山风景区峰峦起伏，沟谷纵横，碧水丹山，环曲回抱，是典型的丹霞地貌旅游区。武夷山的独特魅力在于它的36峰奇景及山崖峭壁之下曲折多姿的九曲溪。九曲溪是武夷山景点集中的地方，全长7.5千米，溪水碧绿清澈，萦回九曲。“曲曲山回转，峰峰水抱流”，每曲各有异境。泛筏九曲是游武夷山最为独特的活动项目，乘筏顺流而下，步移景换，变化无穷。武夷山还有丰富的文物古迹，如唐宋时期的寺院、道观、楼殿、亭台建筑和历代名人的摩崖石刻。

武夷山不仅风景奇秀，而且拥有得天独厚的生物资源和富饶的物产。其植物种类达3 000多种，野生动物达400多种，有“蛇的王国”和“昆虫世界”之称。“武夷岩茶”历史悠久、驰名中外，有“乌龙”、“水仙”、“肉桂”、“大红袍”等十多个品种，其中“大红袍”更是名冠武夷岩茶之首。

7. 三明游览区

三明市位于武夷山与戴云山脉之间的闽西北山区，是福建省新兴的工业城市和重点“绿三角”旅游区。

1）金湖

位于泰宁城西，是1980年拦截闽江支流金溪修建电站形成的人工湖泊。金湖周围是千姿百态、千岩万劾的丹霞地貌，其景观融湖光山色于一体，形成独特的碧水丹山、人文相映、绚丽多彩、幽秀奇绝的风光，有“桂林的水，武夷的山”之称。金湖有景点40多处，湖中绿岛星罗棋布，别有情趣。其主要景点有双乳峰、大赤壁、情侣峰、鸳鸯湖、甘露寺、尚书府第等。

2）玉华洞

位于将乐县城南7千米的天界山下，是福建最大的石灰溶洞，因洞内岩石“光洁如玉，华光四射”而得名，有“闽山第一洞”之称，洞内有160个景点。

3）永安桃源洞

位于永安市城北9千米处，总面积28.78平方千米，属于丹霞地貌。桃源洞是两峰间裂开的一条巨大的山隙，有6个景点。

10.3 广东省

10.3.1 概况

广东省简称“粤”，地处我国大陆南部，是中国的南大门，与香港、澳门接壤，临近东南亚诸国。优越的地理位置使其成为对外开放的“窗口”。广东省地形北高南低，北部多山，南部为滨海平原，海岸线漫长，岛屿众多。

广东旅游形成了四大旅游区域：一是以广州为主的珠江三角洲地区，包括广州、深圳、珠海、佛山、东莞、肇庆、中山、从化等旅游城市，旅游资源以名山、峡谷、温泉、洞穴、古迹、人造景观为特色；二是以韶关市为中心的粤北地区，旅游资源以名山、丹霞地貌、古迹为特色；三是粤东地区，包括潮州、汕头、惠州等旅游城市，旅游资源以名山、古迹和客家民俗风情为特色；四是雷州半岛地区，包括湛江、茂名等旅游城市，旅游资源以滨海为特色。

广东省交通发达，广州、深圳、汕头、珠海、湛江、佛山、惠州、梅州等城市都有民用机场，其中广州白云机场是全国客流量最大的国际机场之一。铁路有京九、京广、广梅汕、三茂等铁路干线。公路以广州为中心，连接各主要城市的高速公路网，并有G105、G106、G107、G205、G321、G324、G325等国道。水运航线从香港、澳门、深圳、珠海，可直达广州、肇庆、梧州等内河港口，雷州半岛南端的海安港是连接海南岛的门户。

广东省的主要旅游线路如下。

（1）粤中旅游线：七星岩—鼎湖山—白云山—从化温泉—南海西樵山—佛山祖庙。

（2）粤东旅游线：惠州—梅州—潮州—汕头。

（3）现代都市旅游线：广州—深圳—珠海—佛山。

（4）开平碉楼之旅：江门—开平。

10.3.2 主要旅游景区及景点

1. 广州游览区

广州市位于广东省中部，珠江三角洲北部，地跨珠江两岸，为广东省省会，别称“羊城”，简称“穗”，五羊塑像是广州的标志。广州市终年树木常绿，四季鲜花盛开，号称“花城”。广州市历史文化悠久，已有2 000多年历史，是国家历史文化名城，地处南亚热带，是理想的避寒地，为全国重点旅游城市之一。

1）越秀公园

位于广州市北白云山余脉越秀山（又名观音山），是广州最大的公园。园内有人工湖，体育场、展览馆、中山纪念碑和纪念堂、五羊雕塑、南明绍武君臣冢、四方炮台等古迹或纪念性建筑物。

著名的镇海楼（原名望海楼，俗称五层楼）建于明初，楼高28米，呈长方形，扼守中国南疆，取名“镇海”，富有“雄镇海疆”的意思，是广州著名古迹，现为广东省博物馆，为广州市标志性建筑。

中山纪念碑位于山顶，全部以花岗石砌筑，正面刻有孙中山遗嘱全文，气势雄伟。纪念碑通过数百级石阶与越秀山南麓中山纪念堂联成一体。

五羊塑像矗立于越秀山西部的五羊山上。五羊雕像现作为广州市市徽。

2） 白云山

位于广州市北部，是南粤名山之一，被称为“羊城第一秀”，由 30 多座山峰组成，登高可俯览全市，遥望珠江。每当雨后天晴或暮春时节，山间白云缠绕，山名由此得来。自古以来白云山就是有名的风景胜地，“蒲涧源泉”、“白云晚望”、“景泰归增” 等为“羊城八景”。现在白云山风景区新开辟了山北公园（明珠楼）、山顶公园（天南第一峰）和麓湖公园，成为广州最大的游览胜地。

3） 中山纪念堂

位于广州市东风中路，是广州人民和海外华侨为纪念孙中山先生集资兴建的，1931 年建成。这里原是 1921 年孙中山先生在广州出任非常大总统时的总统府旧址。中山纪念堂建筑面积 3 700 平方米，高 49 米，是广州近代著名的建筑杰作。

4） 香江野生动物世界

位于番禺大石镇，1997 年 12 月 26 日开业，以野生动物大规模种群放养和珍稀动物新、奇、特著称，是中国最大的白虎欣赏、繁殖基地，拥有白虎 60 多只，占世界白虎总量的 1/3，为广东省科普教育基地。

5） 从化温泉

又名“流溪河温泉”，位于从化市温泉镇，距广州市 75 千米。景区面积 20 多平方千米，分为河东，河西两部分。河东是疗养区，有泉眼 10 多处，其水温最高 70℃，最低 30℃，利于治疗多种慢性疾病。河西是旅游区，整个风景区到处绿竹斑驳，楼台亭榭，曲廊流水，气氛迷人。

6） 黄埔军校旧址

黄埔军校即陆军军官学校，位于黄埔长洲岛。1924 年 5 月，孙中山在中国共产党和苏联的帮助下，创办了黄埔军校，培养革命军事干部。现存有孙中山纪念碑和孙中山铜像、孙中山纪念室、军校校舍，以及“黄埔军校史料陈列室” 等，为全国重点文物保护单位，广州市爱国主义教育基地。

7） 光孝寺

位于广州市光孝路，是广东最古老的建筑之一，故有“未有羊城，先有光孝寺”之说，与六榕寺、海幢寺、华林寺并称广州“四大丛林”。光孝寺初为西汉南越王赵建德住宅，三国时辟作宛圃，后为庙宇。唐高僧慧能在此受戒开创佛教南宗，为“禅宗六祖”。南宋绍兴二十一年（1151 年）改名光孝寺。光孝寺现为全国重点文物保护单位。

光孝寺内有东、西两座千佛铁塔，是五代南汉时所铸，至今已有 1 000 多年历史。塔身每层有大佛一尊，四周围着小佛，四面合计 1 000 个佛像。

8） 三元里

位于广州市北，1841 年鸦片战争中，广州附近 103 乡人民自动组织起来奋起抗英，于 1841 年 5 月 30 日大败英国侵略军于牛栏岗。在三元里村口的山冈上建有纪念碑，村尾的原三元里古庙改建为三元里人民抗英斗争纪念馆。

9）虎门

位于东莞市虎门镇，依山傍海，扼控珠江，为广州屏障。此外曾建关塞，设炮台，称为虎门要塞。1839 年林则徐在虎门滩销毁所收缴的鸦片，并在虎门要塞抗击英国侵略者。现在销烟处建公园并设纪念馆。

10）飞来峡

飞来峡又名清远峡、禺峡、中宿峡，位于清远市东 11 千米处，北江中下游，全长 9 千米，是北江三峡中最险要的地方。峡江迂回曲折，水碧晶莹，两岸各有 36 峰，夹江相对，起伏连绵。

飞来峡素有“名山洞府”、“幽谷藏珍”之称，被列入道教第 19 福地。峡中古迹有飞来寺、飞霞洞、藏霞洞、锦霞禅院等。历代名人墨客，如韩愈、张九龄、苏轼、朱熹、海瑞、袁枚等都慕名前来，留下了不少碑刻及摩崖石刻。

2. 肇庆游览区

肇庆市位于广东省中南部，距广州 118 千米，具有 1 200 余年的历史，是国家历史文化名城，也是著名的风景城市，以美丽的七星岩和葱郁的鼎湖山闻名于世。

1）鼎湖山

位于肇庆市东北 18 千米处，相传黄帝曾在此铸鼎，因此得名。鼎湖山是我国著名的南亚热带森林自然保护区，是干旱的北回归线上的绿洲，占地 110 多公顷，有江、湖、山、峡、瀑、潭、洞等多种天然景观。鼎湖山森林茂密，古木葱茏，有植物 2 000 多种、兽类 40 多种、鸟类 178 种、蛇类爬行动物 20 多种，以其完整的亚热带森林生态系统而成为联合国教科文组织指定的自然保护区。

鼎湖山中庙宇众多，香火鼎盛，驰名东南亚地区。山南的庆云寺，为岭南名刹之一。羚羊峡附近老坑出产的端砚是我国著名的文房四宝之一。

2）七星岩

又名星湖，位于肇庆市东北 4 千米，面积约 6 平方千米。湖中修有 20 余千米的长堤，将湖分为波海湖、中心湖、东湖、湖光湖、青莲湖和里湖等 6 部分。湖滨有 7 座石灰岩山，称七星岩。七星岩为全国重点风景名胜区。

星湖的七岩和八洞历来都是胜景。石室洞是星湖最大的洞，顶高 31 米，洞内奇岩怪石，千姿百态。水洞为石室洞主洞，游人可乘舟游览观赏洞内奇景。洞内还有自唐以来的摩崖石刻 270 多幅，故有“千年诗廊”之称。

七星岩神奇的山峰、幽雅的岩洞、澄碧的湖水相互结合，浑然一体，构成了一幅美丽的图画，被誉为“西湖之水，桂林之山”。

3. 西樵山风景名胜区

位于佛山市南海区西南，距广州 68 千米，以风光绮丽著称，久负“岭南佳境”盛名，号称有 72 峰，36 洞、28 瀑布、21 岩及清泉 32 处，因此又称“泉山”。

西樵山分西部、中部和东部景区。西部景区风景秀美，名胜密布。白云洞是全山景观最佳处，也是入山的门户，因明代学者何白云在这里结庐读书而得名，主要建筑有奎光楼、白云古寺、三湖书院、云泉仙馆、白塔等。中部和东部景区是古代采石场遗址，多清泉怪石和奇岩异石。

4. 佛山游览区

佛山市位于广东省中南部，珠江三角洲腹地。早在唐宋时期，佛山就成为我国南方的商贸重镇，至明清时更是鼎盛一时，与河南开封朱仙镇、湖北汉口镇、江西景德镇并称为我国的四大名镇。佛山市为国家历史文化名城。

1）佛山祖庙

位于佛山市祖庙路，是著名的古迹，占地面积约 3 500 平方米。佛山祖庙建于九百年前的宋代，本名灵应祠，由于创立最早，为佛山众庙之始，故称祖庙。佛山祖庙在建筑上的特点是集陶瓷、木雕、砖刻艺术之大成，庙中陈列着许多铸造工艺品，这些珍贵的文化艺术遗产具有很高的历史和艺术研究价值。

2）清晖园

位于佛山市顺德区，是清代广东四大名园之一，建于清嘉庆五年（1800 年）。其主要建筑有笔生花馆、内庭、书楼、船厅、惜荫书屋、碧溪草堂、水榭等，以书画、雕刻、工艺美术装饰为特征，园中景色层层，含蓄幽雅。

5. 深圳游览区

深圳市位于广东省南部沿海，东临大鹏湾，与香港新界接壤，是我国对外贸易重要口岸之一，我国最现代化的城市之一，为香港居民和海外侨胞的度假胜地，也是国内外游客的观光游览胜地。

1）华侨城

位于深圳湾畔，面积 4.8 平方千米。拥有锦绣中华、世界之窗、欢乐谷、中华民俗村等著名景观，形成了以文化旅游景区为主体，其他旅游设施配套完善的旅游度假区。

深圳世界之窗是深圳大型文化旅游景区，占地 48 万平方米，景区分布有 5 大区共 118 个景点。

锦绣中华是目前世界上面积最大、内容最丰富的实景微缩景区，占地 30 万平方米，分为主景区和综合服务区两部分。

中国民俗文化村毗邻锦绣中华微缩景区，占地 18 万平方米，内有 24 个山寨小村，以多姿多彩的民族歌舞吸引着游客。

欢乐谷位于深圳华侨城杜鹃山，是最新一代的大型主题公园，占地面积 32 万平方米。欢乐谷充分运用现代高新娱乐科技手段，满足人们参与、体验的时尚旅游需求。

2）观澜湖高尔夫球会

位于深圳市宝安区的观澜，面积 30 万平方米。它是被国际高尔夫球巡回赛事会认可的国际比赛球场。同时，球会设有灯光夜场、对公众开放的高尔夫球练习场、五星级度假酒店和亚洲最大的网球中心。

3）中英街

位于深圳市盐田区的沙头角，原名“鹭鹚径”。1898年刻立的“光绪二十四年中英地界第×号”的界碑树于街中心，将原沙头角一分为二，东侧为华界沙头角，西侧为英（港）界沙头角，故名“中英街”。至今仍为“一国两制”分界线的标志。

4）西丽湖度假村

位于深圳市区西北，四面青山环抱一湾碧水，空气清新，环境幽雅。整个度假村充满着浓郁的乡土气息和民族色彩，被称为大众化的乐园。

5）石岩湖温泉乡村俱乐会

位于深圳市区西北石岩水库一侧，以温泉浴和乡村风味取胜。此外，还有帆板、摩托艇、骑马、射击场、射箭场、网球场等康体运动和休闲项目。

6）深圳湾大酒店游乐场

位于深圳市区西部香蜜湖与蛇口之间，是深圳湾畔著名的游乐场，也是深圳市第一个现代化大型游乐园，其特点是粗犷、豪放、惊险、刺激，以声、光、化、电组成，多色调、多式样的游乐设施，给游客提供新鲜奇异的各种享受。

6. 珠海游览区

珠海市位于珠江出海口的两岸，陆连澳门，水通香港，由112个岛屿组成，有“百岛之市”的美称。

1）石景山旅游中心

位于珠海市中心，依山临海，山上怪石嶙峋，海滨花木繁茂，海滩广阔。中心还设有骑马场、网球场、高尔夫球场、射击场等游乐场所和高级宾馆，是集住、食、游、娱于一体的旅游区。

2）东澳岛

位于万山群岛中南部，面积4.62平方千米，是珠海市海上旅游的经典海岛。全岛森林覆盖率82%，并完整地保留着原始自然的生态环境，洁白的沙滩、湛蓝的海水、明媚的阳光，构成了东澳岛完美的生态旅游环境。

3）圆明新园

位于珠海市石林山下，占地面积近1.4平方千米，以北京圆明园焚烧前的建筑为母体，选择了其中的30个景点按一比一的比例复原。圆明新园于1997年建成开放。

6. 韶关游览区

韶关市位于广东省北部，自然景观和人文景观丰富多彩，异彩纷呈。

1）丹霞山

位于仁化县城南9千米处，自古有“岭南第一奇山”之称，因岩石“色渥如丹，灿若明霞”而得名。丹霞山面积180平方千米，由20多座岗丘和36个岩洞组成，以奇、险、美著称，有主峰、阳元石、翔龙湖、锦江、大石山、韶石山六大景区。丹霞山与罗浮山、西樵山、鼎湖山并列为广东四大名山。

2）金鸡岭

位于乐昌市坪石镇，属于丹霞地貌，方圆3平方千米。因山上有三块巨石相叠，似雄鸡，鸡头朝南，岩石为红色沙砾岩，故名金鸡岭。其主要景观有万古金城、一线天、狮子岩、石宿等景点。

3）南华寺

位于韶关市南22千米处，具有上千年的历史。寺庙建筑雄伟，主要名胜有卓锡泉、唐代千佛袈裟、武则天圣旨、清代千佛、宋代灵照塔、北宋木雕罗汉、六祖真身像，以及柳宗元、苏轼等唐宋名人碑铭等。

4）九泷十八滩

位于北江上游的坪石金鸡岭至乐昌城区之间的武江河段，又名乐昌峡，全长60千米。所谓九泷，指的是龙湖，新泷、垂泷等9条溪流；所谓十八滩，指的是切玉滩，三层滩、和尚滩、蓑衣笠麻滩等18个河滩。

5）梅关

位于南雄市城北28千米，粤赣两省交界处的梅岭上，是古代连接长江、珠江水系陆路最短的交通要道。公元前214年，秦军在岭口设横浦关，又称秦关，是梅岭最早的关隘。现存关楼建于宋嘉祐年间，为砖石结构，古朴雄伟。北面门额题有“南粤雄关”和南面门额题有“岭南第一关”。梅关古道是全国保存最完整的古驿道。

7. 潮州游览区

潮州市位于韩江下游，是我国历史文化名城和著名的侨乡。

1）广济桥

又名湘子桥，横跨于潮州市东韩江上，始建于宋，是我国著名古桥之一。广济桥桥长570米，分东、中、西三段，中段江心因水流湍急，难以造墩架梁，用18艘梭船联成浮桥，能开能合，是世界上最早的一座开关式活动大石桥。在24座桥墩上各有一座各异的楼台亭阁，在我国桥梁史上绝无仅有。1958年拆浮桥段，改直道大桥。

2）开元寺

位于城区开元路，建于唐玄宗开元二十六年（738年）。开元寺规模庞大，肃穆壮观，面积13万平方米，是一组较完整的唐代建筑群。现藏有唐代石刻、宋代铜钟、元代陨石香炉、明代木雕千佛塔、清初正版《大藏经》等历代文物。

3）祭鳄台

位于潮州市韩江北堤上，是为了纪念唐代文学家韩愈驱鳄治潮的功绩而建的。祭鳄台古朴典雅，雕绘十分精巧、壮观。亭内基座有鳄鱼石雕像，鱼背竖有巨碑，正面刻有韩愈的《祭鳄鱼文》。

8．汕头游览区

汕头市位于韩江入海口，为粤东最大城市，是一座美丽的海港城市。其主要景点有东妈屿岛、青云岩、海门莲花峰、海潮古刹西岩、灵山寺等。

1）东妈屿岛

位于汕头市东2千米处的海中，是一个风光秀丽的小岛，面积约1平方千米。岛上有妈祖庙、望海亭等景点。岛外的半月形海湾，浪平沙软，是理想的海水浴场。同时，这里也是观潮的好地方。

2）南澳湾

位于南澳岛的东端，被誉为“东方夏威夷”。湾口朝东南，湾腹很深，湾弧达2.9千米。南澳湾滩平阔、沙细白、水碧清，是粤东著名的天然海水浴场和旅游度假胜地。

9．惠州游览区

惠州市位于广东省东南部，珠江三角洲东北端，南临南海大亚湾，素有“粤东重镇”、“岭南名郡”之誉。

1）惠州西湖

位于惠州市区内，已有1 000多年的历史，以“五湖”、“六桥”、“八景”闻名。景区面积19.6平方千米，保护范围52.5平方千米，由西湖景区、红花湖景区、金山湖景区构成。

2）罗浮山

又名东樵山，为道教名山。罗浮山位于博罗县境内，与南海区境内的西樵山齐名，享有“南粤名山数二樵”的盛誉，成为广东地区著名的旅游胜地。罗浮山方圆120多千米，由罗山、浮山相连而成。罗山主峰飞云顶海拔1 282米。

10．湛江游览区

湛江市位于雷州半岛上，是广东西部的主要城市，我国南部沿海著名海港，也是我国对外贸易港口和渔业基地之一。

1）湖光岩

位于湛江西南20千米处，是一个火山湖，形成于100万年前。湖面3.6平方千米，水色湛蓝晶莹，湖光山色，桥亭水榭。湖边有楞严寺、白衣庵等古刹。湖畔巨石上有南宋李纲所书“湖光岩”三个字，十分醒目。

2）吴阳金海岸旅游度假区

位于吴川市吴阳镇东南1千米的滨海地带，总面积12平方千米。其海岸线长18千米，沙滩4平方千米，沙质细软，海面宽阔，沿海防风林带8平方千米，绿色覆盖率达75%以上。

吴阳还是粤西著名古镇，已有1 300多年历史。现存文物古迹众多，主要有双峰塔、古城、读书楼、古兴隆寺、城隍庙、白衣庵、限门寨东炮台遗址、芷萘港遗址等。

10.4 广西壮族自治区

10.4.1 概况

广西壮族自治区简称“桂”，地处沿海地区西南部，南临北部湾，西南与越南接壤，是我国边疆省区之一。广西丘陵盆地被山脉和高原所环绕，石灰岩分布面积较广，在湿热气候条件下，形成了风景秀丽的岩溶地貌。南部海湾则是沙滩遍布，海岸地貌类型复杂多样。以壮族为代表的少数民族，具有鲜明的广西民俗特色，构成了多姿多彩的民族风情。

广西旅游形成两大区域：一是包括桂林、柳州等旅游城市的桂北地区，旅游资源以自然景观为主，兼有民族风情，而岩溶景观占有突出的地位；二是包括南宁、北海等旅游城市的桂南地区，旅游资源以独特的海洋资源、亚热带风光和边关风情为特色。

广西的桂林、南宁、北海、柳州、梧州等城市都有民用机场，其中桂林国际机场是广西最大的空港，有飞往港、澳地区及日本的航班。湘桂线是广西最重要的铁路干线，南昆线、南防线、钦北线、黔桂线、黎湛线一起构筑了大西南的出海通道，南宁、柳州是铁路交通枢纽。公路形成了以南宁为中心的高速公路网，以及“五横三纵”的国道主干线。水运有梧州至肇庆、广州和香港的珠江客运航线，海上有北海至海口客运航线。

广西壮族自治区的主要旅游线路如下。

（1）桂林山水精华游：桂林—阳朔—兴安—资源—龙胜。

（2）北部湾滨海休闲度假游：北海—防城港（东兴）—钦州—南宁。

（3）“刘三姐”风情游：桂林（阳朔）—柳州—河池宜州—来宾忻城。

（4）壮、苗、瑶、侗、仫佬族风情游：南宁—金秀—柳州—宜州—罗城—融水—三江—龙胜—桂林。

（5）中越边境游：南宁—凭祥—越南谅山—凭祥—南宁；南宁（北海）—东兴—越南芒街—越南下龙湾—东兴；北海—越南下龙湾—北海—南宁。

10.4.2 主要旅游景区及景点

1. 南宁游览区

南宁市位于北回归线以南，广西壮族自治区首府，简称“邕”，是著名的水果之乡和花园城市。

1）青秀山

位于南宁市东南约10千米，俗称青山，是南宁市最著名的风景区。青秀山由青山岭、凤凰岭等18座大小岭组成，总面积4.07平方千米，主峰海拔289米。青秀山建有热带雨林大观、棕榈园、水月庵、龙象塔、泰国园、瑶池、天池等景点，以及世界上最大的苏铁园。

2）伊岭岩

位于武鸣县境内，以溶洞著名，溶洞面积约2.4万平方米，形似海螺，游程1 100米，是我国著名的游览岩洞之一。

3）大明山

位于武鸣县东北部，是广西中部弧形山脉西翼的一组大山，主峰龙头山海拔1 764米，为桂中南最高峰。春岚、夏瀑、秋云、冬雪，为大明山景观特色，素有“广西庐山”之称。位于大明山下的金伦洞，是最丰富的原始石漠溶洞景观。

4）德天风景区

位于大新县，距南宁市145千米，与越南毗邻。景区内有景点40余处，最为著名的是横跨中越两国的德天瀑布。

5）花山

位于宁明、龙州两县境内，以古代壮族的大量山崖壁画为主要特色。花山现保留的60多处崖画中，绘有人像3 000多个，延绵数十里。其中以宁明花山崖画规模最大，统称为花山崖画或花山崖画廊。

6）友谊关

又称鸡陵关、界首关、大南关、镇夷关，位于凭详市中越边境上，始建于1368年。因其建筑雄伟，形势险峻，有“天下第二关”之称，也是我国九大名关之一。关下南友公路通往越南，湘桂铁路与国际线连接直抵越南首都河内，是中国通往中南半岛各国的重要关口。友谊关的名胜古迹有白玉洞、金鸡炮台等。

2．北海游览区

北海市位于广西南部，三面环海，因坐北向海而得名。北海是一座风景秀丽的海港城市。

1）北海银滩

位于北海市东南面，距离市中心10千米，面积达22平方千米，被誉为“天下第一滩”。北海银滩具有“滩长平，沙细白，水温净，浪柔软，无鲨鱼”等特点，可容纳国际上最大规模的沙滩运动娱乐项目和海上运动娱乐项目，是我国南方最理想的滨海浴场和海上运动场所，有“南方北戴河”、“东方夏威夷”之美称。

2）涠洲岛

位于北海市南21海里的海面上，总面积24.74平方千米，是我国最大、最年轻的火山岛，也是广西最大的海岛。全岛绿树茂密，气候宜人，风光旖旎，堪称人间天堂、蓬莱宝岛。岛上建有涠洲天主教堂、法国天主圣母教堂、三婆庙等。

3．桂林游览区

桂林市位于广西东北部，漓江西岸，是一座具有2 000多年历史的古城。桂林山水以其

"山青、水秀、石美、洞奇"而闻名。桂林是我国著名的旅游城市。

1）七星公园

位于漓江东岸，距市中心1 000米，占地面积40公顷，是桂林市最大、游客最盛的综合性公园。因七星山的七座山峰犹如天上的北斗七星坠地，因而得名。公园内有"北斗七星"、"驼峰赤霞"、"月牙虹影"等胜景。

七星岩在七星公园普陀山腹，又称栖霞洞、碧虚岩等，是桂林最著名的游览胜地之一。

2）芦笛岩

位于桂林市西北郊的石灰岩溶洞，距市中心5千米，是一个以游览岩洞为主、观赏山水田园风光为辅的风景名胜区。因其洞口长满能做笛子的芦笛草，因而得名。洞深240米，游程曲折起伏约500米，洞内保存有唐代以来的壁书77则。

3）象山景区

位于桂林市中心漓江西岸，包括象山、伏波山、叠彩山，占地23.88万平方米。象山景区开发历史悠久，集奇山、秀水、异洞、美石于一身，还有丰富的摩崖石刻、佛像及诸多历史文化遗迹，是桂林山水文化的精华，在国际上享有很高的知名度。

象山公园以象鼻山为主体，位于市内桃花江注入漓江处，滨江路的南端，因其山形酷似一头巨象临江汲水而得名。象鼻山海拔200米，高出江面55米，长108米，宽100米，山体占地1.3万平方米，主要景点有水月洞、象鼻岩、象眼岩、普贤塔、云峰寺及舍利塔。

4）漓江

漓江是桂林山水的重要组成部分，发源于桂林东北的苗儿山，流经桂林、阳朔，是一段桂江中的著名河流，在梧州入西江。桂林至阳朔83千米的漓江，沿途风光绮丽，江山如画，是桂林山水的最佳处，被誉为"人间仙境"。从桂林顺流而下，有"象山水月"、"冠岩胜景"、"半边渡"、"九马画山"等著名景观。

5）阳朔

位于桂林市东南，距桂林约60千米，以山青、水秀、峰奇、洞巧闻名，素有"阳朔山水甲桂林"之称。漓江流经县内的63千米河段是漓江风光最精粹部分，为典型的岩溶地貌。全县还遍布着奇山秀水、美石异洞等自然景观。

阳朔县城阳朔镇是有1 400年历史的古镇，人文景观极为丰富，最著名的是西街。该街有众多的工艺品店、书画店、旅馆、咖啡厅、酒吧、中国功夫馆等，也是外国人聚集最多的地方，被称为洋人街。

6）桂林冠岩景区

位于桂林市南29千米处、漓江东岸的草坪乡，因山形如帝王的紫金冠而得名。冠岩是一个巨型地下河溶洞，全长12千米，发源于桂林东面的海洋山。洞中石笋林立，宛若仙境，洞中的地下暗河堪称一绝，既可观洞中奇景，又可领略探险的乐趣。

7）兴安灵渠

又名湘桂运河、兴安运河，位于兴安县境内，原名"秦凿渠"，后以漓江上游为零水，又称“零渠”，唐以后改为灵渠。

相传灵渠是秦始皇时命史禄于公元前223—214年修筑，沟通湘、漓二水，全长33千米，是我国最古老的一条人工运河，其设计灵巧，结构完整，有“世界奇观”之称。灵渠主要有“秦堤春晓”、“苏桥秋月”、“飞来石”和“万里桥”等胜景。

8）龙脊梯田

位于龙胜县东南部和平乡境内。龙脊梯田始建于元朝，完工于清初，距今已有650多年历史。景区面积66平方千米，梯田分布在海拔300～1 100米之间，规模宏大，如链似带，从山脚盘绕到山顶，小山如螺，大山似塔，层层叠叠，高低错落。龙脊梯田规模磅礴壮观，气势恢弘，有“梯田世界之冠”的美誉。

9）资源八角寨

又名云台山，位于资源县东北部梅溪乡大坨村，主峰海拔814米。云台山因云涌峰浮而得名，山峰顶部有八角，故又名八角寨。八角寨因丹霞地貌发育最典型，分布最集中，特点最突出，被誉为“丹霞之魂”。

4．柳州游览区

柳州又称龙城，是具有2 000年历史的文化古城，地处广西壮族自治区中部偏东，是全国的交通枢纽。

1）龙潭公园

位于柳州市区南部，距市中心3千米，是一个集自然山水、民俗文化村、岩溶植物园的特色于一体的风景名胜区。潭的四周环列七座俊美的石山，称七女峰。

2）柳侯公园

位于柳江北岸中心广场东侧，始建于1906年，面积约20公顷，是在原来柳侯祠的基础上扩建而成的综合性文化公园。

柳侯祠原名罗池庙，位于柳侯公园西北隅，是为纪念唐代思想家、文学家柳宗元而兴建的。祠内陈列着有关柳宗元的史料、图表、诗文和碑刻。

3）鱼峰山

位于柳州市南区，高88米，山小而高，其形如立鱼，故又名“立鱼峰”或“石鱼山”。相传鱼峰山是壮族歌仙刘三姐传歌升天的地方，至今仍有三姐岩、对歌坪等遗址。半山腰有七个岩洞，彼此贯连相通，人称“灵通七窍”。洞内有元、明、清以来的摩崖石刻50多处。

4）都乐公园

位于柳州市东南郊12千米处，方圆20千米，群山叠翠，峰峦起伏，以岩溶洞穴景观为主体，具有浓郁的田园风光。整个公园由12座山峰、46个岩洞、3 000多米长的清溪和4个人工湖组成。

5）忻城莫土司衙署

位于忻城县城关镇翠屏山北麓，始建于明万历十年（1582年），总面积38.9万平方米，其中建筑占地面积4万平方米，主要由土司衙门、莫氏祠堂、土司官邸、大夫第、三界庙等建筑组成。它是全国现存规模最大、保存最完好的土司建筑群，被誉为“壮乡故宫”，为全国重点文物保护单位。

6）程阳风雨桥

又叫永济桥、盘龙桥，位于三江侗族自治县古宜镇北20千米处，建于1916年，河中有五个石砌大墩，桥长64.4米，宽3.4米，高10.6米。整座桥梁不用一钉一铆，大小条木，凿木相吻，以榫衔接。桥上有栏杆和屋顶，还有5个多角亭，具有独特的侗族韵味。程阳风雨桥现为全国重点文物保护单位。

5. 桂平西山风景区

位于南宁市以东的桂平市，以西山为中心，包括金田村、金田营盘、浔州古城、白面洞天、大藤峡、紫荆山、大平山原始森林等，总面积约2 000平方千米。

桂平西山，又名思灵山，山上古木参天、青泉甘洌、怪石嶙峋、石径曲幽，以“石奇、树秀、泉甘、茶香”著名。西山历史悠久，保留有较为完整的广西佛教庙宇建筑，如龙华寺、李公祠、乳泉亭、飞阁等。历代文人墨客赞赏西山诗词对联达4 000余首。

金田村距桂平市城北24千米，是太平天国金田起义的策源地，现辟有陈列馆。

10.5　海南省

10.5.1　概况

海南省简称“琼”，地处中国最南端，包括海南岛和西沙群岛、中沙群岛、南沙群岛的岛礁及其海域。其中，南沙群岛的曾母暗沙是我国最南端的领土，海南岛为我国第二大岛。海南岛的少数民族有黎族、苗族、回族等，有浓郁的民族风情。

海南省是一个以避寒、冬泳、潜水、度假为主的著名旅游胜地。海南旅游形成了四大区域：一是海南岛的北部地区，包括琼山、文昌、定安、儋州等地，旅游资源以名胜古迹、热带森林、海滩等为特色；二是琼海、万宁地区，包括琼海市和万宁市，旅游资源以名山、名胜古迹为特色；三是三亚地区，包括三亚市和陵水县，旅游资源以滨海资源、动物资源、名山为特色；四是海南中部地区，包括五指山市和琼中县，旅游资源以名山和民族风情为特色。

海南省有海口美兰机场和三亚凤凰机场，还有专门进行岛内客运的小型客机。陆上交通以公路为主，东线和西线以高速公路为主体，形成了环岛交通网络。粤海铁路是我国第一条跨海铁路，北起广东省湛江市，横跨琼州海峡，直达三亚。海南省海运发达，海口、三亚、八所、洋浦为四大港口。

海南省的主要旅游线路如下。

(1) 东海岸海滨旅游线：海口—琼海—万宁—三亚。

（2）黎苗民族风景旅游线：海口—五指山—三亚。

（3）西海岸原始丛林旅游线。

10.5.2 主要旅游景区及景点

1. 海口游览区

海口市位于海南省北端，北临琼州海峡，海南省省会，是一座环境优美、热带风光浓郁的海滨城市。海口旅游以热带海滨为主要特色。

1）五公祠

位于海口市东南5千米处，素有“琼台胜境”之称。“圣祠叠翠”为海南第一名胜。五公祠建于清光绪十五年（1889年），为纪念被贬来海南岛的唐代李德裕、南宋李纲、赵鼎、胡铨、李光五人而建祠堂，故称五公祠。

在五公祠东侧，有建于明代的苏公祠，是祭祀苏轼的祠堂。

2）海瑞墓

位于海口市西郊滨崖村，为一长方形陵园，四周为石砌围墙，陵墓格局与杭州的岳坟相似，只是规模稍小，墓高近3米。每年阴历2月20日为海瑞祭日，当地百姓都要前来祭祀。

3）秀英古炮台

位于海口市海秀大道秀英村，离海岸约200米的小山丘上，由清政府1890年建造。秀英古炮台有大小炮台五座，自东向西成一直线，占地3.3万平方米。它与广东虎门炮台、上海吴淞炮台、天津大沽炮台并称中国古代四大炮台。

4）西秀海滩

位于海口市庆龄大道，海岸线长约1 200米。现已建成集国际帆船帆板训练及比赛基地、国际游艇俱乐部、大众海滨游乐场和水上运动中心，为滨海综合竞技、运动、休闲、娱乐旅游胜地。

5）马鞍岭火山

位于秀英区石山镇，海拔约200米，是第四纪火山喷发形成，为完整的死活山。顶部有火山口遗迹，周围有几千个小死火山或死火山眼，邻近有火山岩洞群，如仙人洞、卧龙洞等。

6）东寨红树林保护区

位于琼山区东寨港海域，绵延50千米，面积4 000多公顷，是我国1980年建立的第一个红树林保护区。

7）东郊椰林

位于文昌市东郊镇，椰树成片，环境优美，海水清澈，是天然海滨浴场，可开展各种沙滩运动和水上运动。

2. 琼海游览区

琼海市位于海南岛东部，万泉河下游，因地处琼州的东海岸，故名“琼海”。琼海的旅游资源以万泉河为主，有青山、田园、古塔、河海等风光。

1）万泉河

发源于五指山，是海南第三大河。风景区是以自然河流景观为主体，主要景点有万泉河码头、红色娘子军雕像、沙洲岛等。一首《我爱五指山，我爱万泉河》和一部《红色娘子军》使万泉河美名远扬。

2）博鳌

位于万泉、龙滚、九曲三河汇合流入大海之口的博鳌港。博鳌港水中有岛，岛中有水，海湾沙滩，广阔平坦，景色秀丽，被誉为奇妙的南国风光画卷。2001年开始的“博鳌亚洲论坛”使其蜚声海内外。

3）官塘温泉

位于白石岭山脚下，总面积20公顷，日流量达万吨，温度70℃～90℃，是休闲度假和疗养胜地。

3. 万宁旅游区

万宁市位于海南岛东南部，东南临南海，是著名的侨乡。

1）东山岭

又名笔架山，位于万宁市城东2千米，海拔184米，方圆10千米，由三座山峰组成，有景点100多处，被誉为“海南第一山”。

唐宋以来，东山岭留下许多佛寺尼庵，素有“仙山佛国”之称，主要有潮音寺、净土寺、真武殿、望海亭、文宗堂、乡仙祠等。现存最著名的是李纲祠。

2）兴隆农场

位于万宁市境内的太阳河畔，群山环抱，环境幽美，景色宜人。其主要景点有温泉、热带花园、热带植物园、东南亚风情村等。

3）日月湾

位于万宁市加新、田新之间，依山傍水，北面有山岭环抱，南濒南海，是个半月形的海湾。海湾沙滩洁白松软，海面风平浪静，为天然海水浴场。

4. 三亚游览区

三亚市古称崖州，位于海南岛南端，是中国最南端的城市，具有独特的热带海滨风光，是一个充满神奇色彩的避寒胜地，被称为“东方夏威夷”。

1）天涯海角

原名下马岭，位于三亚市以西25千米，因热带海滨和形状各异的石柱而闻名。在无数的海滩巨石中，有两巨石，一刻“天涯”、一刻“海角”，侧旁另有一尊形似钢柱的石头，刻有“南天一柱”，更增添了“天涯海角”顶天立地的气势。在古代，历代封建王朝都将此地作为流放犯人的地方，把它视作天之涯、海之角，有去无回，故有“天涯海角”之称。优美的自然风光和传奇的历史故事，使这里成为充满传奇色彩的游览胜地。

2）鹿回头

位于三亚市南5千米，是一座由珊瑚礁石形成的山岭，形似一只金鹿站立海边回头观望，故名“鹿回头”。鹿回头三面碧波围绕，一面依傍青山，气候温和，椰树、槟榔树果香飘逸，是游客观海避寒佳地。

3）亚龙湾

原称牙龙湾，位于三亚市以东25千米。亚龙湾三面环山，一面临水，形成一个群峰拥抱的大海湾。亚龙湾海面波平如镜，周围是典型的南国海滨风光。沙滩绵延7千米，沙粒洁白细软，被誉为“天下第一湾”。海底有珊瑚礁、热带鱼、海底珍品、野生贝类。此处终年可以开展游泳和多种水上运动。

4）南山文化苑

位于三亚南山，是集佛教文化、民间风情、热带海洋风光和历史古迹于一体的多功能大型文化旅游区，可以开展旅游度假、学术交流和文化考察。南山文化苑共建有三大主题公园，即南山佛教文化区、中国福寿文化园和南海风情文化园。

5）西岛

又名玳瑁岛，位于三亚湾国家自然保护区内，距三亚8千米，面积2.8平方千米。环岛海域生长着珊瑚，聚集着热带海鱼，岛上风景秀丽，空气清新，沙滩柔和，是一个休闲度假胜地。

6）崖州古城

位于三亚市西40千米，即现在的三亚市崖城镇。自南北朝起建制崖州，历代的州、郡、县治均设于此。自宋朝起，有不少著名的政治家、文学家被流放到这里，故崖城又有“幽人处士家”的称号。

5. 五指山游览区

位于海南岛中部五指山市和琼中县境内，主峰为海南最高峰，海拔1 867米。五指山五峰耸立，形似五指，故名。山上热带林木覆盖，奇花异草漫布，气候独特，晨凉、午热、夕暖、夜寒，一日有“四季”。山周围是黎族、苗族聚居区，充满黎、苗族风土人情。

位于五指山市的中华民族文化村，占地40公顷，是集民族民居建筑、民俗风情、民间艺术于一体的大型民族文化游览区。

位于昌江上游的坝王岭长臂猿自然保护区，古木参天，流水淙淙，猿声不绝。

10.6 台湾省

10.6.1 概况

台湾省简称“台”，地处我国东南海面上，由台湾岛、澎湖列岛、钓鱼岛、赤尾屿等海岛组成，其中台湾岛是我国最大的岛屿。岛的北面是东海，西南面是南海，东面是一望无际的太平洋，西隔台湾海峡与福建省相望。台湾的地形以山地为主，中央山脉纵贯南北。台湾物产丰富，素有“宝岛”之称。台湾盛产多种热带、亚热带农林产品，有“水果之乡”、“糖库”和“粮仓”之称。

台湾旅游资源丰富，是世界著名的旅游胜地。著名的阿里山、多姿的乌来瀑布、秀丽的日月潭等自然风光绮丽多姿，还有众多的庙宇古迹，独特的少数民族风情，不同风格的园林风景及游乐场所，都令人向往。

台湾交通发达，有20多家航空公司，其中中华航空公司、长荣航空公司为最大的两家国际航空公司。台湾环岛铁路班次密集，十分方便。高雄、基隆、花莲为主要的国际海港。

台湾省的主要旅游线路如下。

(1) 台湾自然与民情之旅：金门—南投—澎湖。

(2) 台湾体会之旅：台北—高雄—台中—台南。

10.6.2 主要旅游景区及景点

1. 台北游览区

台北市位于台北盆地中央、淡水河右岸，是台湾的政治、经济、文化和教育中心，为台湾第一大城市，是台湾北部的游览中心。

1) 大屯火山群

大屯火山群是由众多火山、温泉和喷气孔组成的火山风貌，为台湾最著名的火山区，地域覆盖了台北市和台北县，面积430平方千米，海拔超过千米的山峰有29座。大屯山火山口直径360米，深60米，雨季积水成湖，有“天池”之称。其东北的小观音山火山口最大，东西1 100米，南北1 300米，深达300米。

2) 阳明山

位于台北市区北，纱帽山后侧，七星山以南，海拔443米。阳明山以溪谷、温泉、瀑布著称，是台湾最具自然风味的公园，分前山公园和后山公园。

前山公园又称为中正公园，位于七星、纱帽二山鞍部的台地，原称草山公园。园内多亭榭，低山清溪，小桥流水。在前山公署通向金门的路旁，有一道“草山瀑布”，终年长流，长白如练。

后山公园是阳明山胜境的精华所在，每年二月下旬至四月初，是阳明山花季，万花齐放，姹紫嫣红。除了锦簇花团外，还有“山涧怪石”、“莲花池”、“鱼乐园”、“快雪亭”、“水河台”和“阳明飞瀑”等胜景。

3) 北投温泉

位于台北市西北12千米，是台湾最大的温泉区。泉水中含有硫磺，可治疗风湿及皮肤病。北投公园是北投温泉风景区的中心，古木丛林，环境幽静。北投还有中和寺、玉皇宫、善光寺等历史古迹，是疗养和度假的理想之地。

4）乌来瀑布

位于台北县乌来乡，是台湾著名的瀑布之一。乌来瀑布高82米，宽约10米，凌空直下，声若雷鸣，珠花四射，十分壮观。每当晨昏之际，云雾弥漫崖顶，水从云中腾出，景色尤为绮丽，故有“云来之泷”的美称。

5）龙山寺

位于台北市内，是台湾著名佛寺之一。其建筑规模宏大，始建于清乾隆三年（1738年），正殿供奉主神观音菩萨，石殿中央奉祀妈祖，各厢供奉四海龙王、十八罗汉、城隍等，是台湾佛道混合世俗寺院的一个典型。

2. 台中游览区

台中市位于台湾岛西部的中央，台中盆地的中心，为台湾第三大城市，也是台湾中部的历史文化名城。台中市内环境优美，街道整洁幽雅，有“宁静之都”的雅称。

1）日月潭

位于台湾中部玉山以北，湖面海拔760米，水域面积900多万平方米，是台湾第一天然大湖。潭中有一美丽小岛，原称玉岛或珠子屿，现名光华岛。以此小岛为界，把日月潭分成南北两半，北半湖形如日轮，南半湖状似新月，故名日月潭。

日月潭环湖皆山，林木葱郁，山中有水，水中有山，山水相映，一年四季晨昏晴雨雾雪，景色各异。潭畔山麓有许多亭台楼阁，潭西的涵碧楼是观赏湖光山色的最佳处；潭南的玄奘寺是台湾的佛教圣地，陈列玄奘大师舍利子，寺后有高45米的九层慈恩塔；潭北有文武庙，主祀关公与孔夫子；潭东有高山族村落。

2）九族文化村

位于南投县鱼池乡，紧邻日月潭，占地62万平方米，包括雅美、阿美、泰雅、赛夏、邹、布农、卑南、鲁凯、排湾等九族部落景观，呈现了台湾传统山地文化的特色。

3）阿里山

位于嘉义县东北，包括塔山、祝山等18座山峰，最高峰大塔山海拔2 663米。阿里山景色优美，气候凉爽，是台湾著名的风景游览区和最佳避暑胜地。

阿里山的森林、云海和日出，誉称三大奇观。阿里山素有神秘的森林王国之称，山中多千年古木，其中有一棵树龄3 000多年的红桧，树高50多米，树围20多米，被誉为“阿里山神木”。这里云海壮观，以大塔山断崖和塔山云海最为有名。祝山顶上的观日楼是阿里山观日出的最佳处。

4）玉山

玉山山脉纵贯台湾岛中部，在中央山脉以西，近南北走向，长约280千米，山峰海拔多在2 000米以上。

玉山山脉主峰，名玉山，海拔3 952米，是台湾岛上的最高山峰，也是中国东部最高山峰。玉山山脉虽位居热带和亚热带，但山顶常年积雪，因色白如银，“浑然如玉”，故称玉山。玉山景色极为壮观，以“奇峰、云瀑、林涛、积雪”四景闻名，同时也是冬季滑雪的好场所。

3．台南游览区

本区以台南、高雄为中心，有以台南市为中心的历史古迹区、以高雄为中心的风景游览区和以热带景观和独特海滨风光为特色的恒春半岛。

1）台南

台南市是台湾最古老的城市，名胜古迹数量为台湾之冠，仅寺庙及教堂就达 200 多座，人称“五步一神，三步一庙”。其主要景点有安平古堡、孔庙、开元寺、赤嵌楼等。

安平古堡是台湾历史最悠久的一座古城镇，始建于明末，当时称为红毛楼，为当时占据台湾的荷兰人创建。郑成功收复台湾后，改名为安平镇，作为承天府。古堡内现存有古老的街市房舍、古灯塔、古寺庙和亿载金城等古迹。

孔庙是台湾最早的文庙，内有清朝皇帝御笔匾额数块。

赤嵌城因砌嵌城垣的红砖，朝夕辉映，如红霞而得名。赤嵌城始建于明末，楼高 12 米，建筑特殊，坚固美观，现为台南市历史馆，内有郑成功像和许多明清时期的文物，是台湾最著名的古迹之一。

2）高雄

高雄市位于台湾岛的西南，地处嘉南平原与屏东平原之间，面临台湾海峡南口，是台湾最大的港口城市，也是岛上的第二大城市。高雄一派热带风光，有万寿山公园、西子湾浴场（台湾最大的海水浴场）、左营莲池潭、佛光山等景区。莲池潭景区有仿山东曲阜孔庙格局兴建的台湾最大的孔庙。

位于高雄县大树乡的佛光山，是台湾最著名的佛教圣地。其寺庙建筑庄严，大多为印度风格的佛堂，颇有特色。

3）鹅銮鼻

台湾南端的恒春半岛，好像一条角尾伸入太平洋巴士海峡。半岛上有两个著名的岬角，分据东、西两方，西边的叫做猫鼻头，东边的就是鹅銮鼻。

鹅銮鼻岬角约长 5 千米，最高点海拔 122 米，属珊瑚礁台地，原称南岬。“鹅銮”是当地排湾族部落土语的音译，原意为“帆”。鹅銮鼻前临巴士海峡，是南海与太平洋往来的必经航道，著名的“东亚之光”灯塔就屹立在这里。

4）关子岭

位于台南县白河镇东面，是阿里山斜落嘉南平原的丘陵，是台湾著名游览胜地，主要景点有大仙寺、碧云寺、水火同源、红叶公园、关子岭温泉等。关子岭以温泉而闻名，与阳明山、北投和四重溪合称为台湾四大温泉。

4．台东游览区

本区包括台东和花莲两县，自然风光十分丰富，尤以壮丽的断崖幽谷最为突出，这里有台湾八景中的“鲁阁幽峡”和“清水断崖”。

1）太鲁阁公园

位于东海岸的花莲县北立雾溪谷内，又称“鲁阁幽峡”，是一座气势磅礴的峡谷公园。从天祥至太鲁阁的19千米，是由大理石所形成的峡谷，断崖高达千米，最为壮观。太鲁阁公园的主要景点有长春祠、文山温泉、九曲洞、天祥等。

2）清水断崖风景区

位于花莲县东北，断崖由中央山脉东侧的大断层所造成，长达10千米，险峻雄伟，一面峭壁插天，一面浩瀚大海，是太平洋西岸著名的大海崖区。

10.7 香港特别行政区

10.7.1 概况

香港地处广东省南部珠江口外东侧，素有“东方明珠”之称，北与深圳毗邻，西隔珠江口与澳门相望，南为浩瀚的南海。香港由香港岛及附近小岛、九龙和新界三部分组成，总面积1 104多平方千米。香港在清代属广东省新安县，鸦片战争后处于英国管辖之下，甲午战争后英国又强行租借九龙半岛及其附近岛屿和新界，租期为99年。1997年7月1日，中国政府恢复了行使对香港的主权，实行“一国两制”。

香港的自然风光和名胜古迹等旅游资源相当贫乏，但其内容广泛的游乐活动场所，世界优良的天然海港，世界著名的金融中心之一，有“世界商品橱窗”和“购物天堂”的自由贸易港，吸引着本地和外地旅游者，促进了旅游业的发展。

香港是东西方和东亚、东南亚地区海空交通运输枢纽。香港是世界著名航空港之一，有定期航班或定期包机飞往国内外各大城市。铁路有京九、沪港、广九等线路，还有港岛、观塘、荃湾、将军澳及东涌等地铁路线。香港维多利亚海港是世界最优良的天然深水港，也是世界最繁忙的航运港口之一。

香港的主要旅游线路如下。

（1）香港岛万象之旅：太平山顶—浅水湾—海洋公园—香港仔—香港会展中心—维多利亚公园。

（2）九龙半岛感受之旅：黄大仙—油麻地及旺角—香港科学馆—尖东海滨—太空馆。

（3）离岛风情体验之旅：大屿山—长洲岛—南丫岛。

10.7.2 主要旅游景区及景点

1. 港岛游览区

香港岛是香港的工商业活动中心，其中中环、湾仔、铜锣湾等地最为繁华。

1）太平山和山顶公园

位于香港岛西部，古称香炉峰，又称扯旗山。太平山数峰并峙，海拔554米，是香港岛最高峰，自古以来就是香港的标志。

太平山空气清新，风景优美，山上有柯士甸道公园和山顶公园。山顶缆车总站有一船形瞭望台，可俯瞰香港全貌。同时，太平山也是欣赏香港夜景的最佳处。

2）中环

位于港岛区的中心地带，是香港历史最悠久、最富传统特色的地区之一，为香港的商业、旅游及金融中心，也是特区政府决策及权力中心，特区政府总部及立法会大楼均坐落于此。中环也是一个最著名的旅游及购物中心之一。

3）湾仔

位于中环较低的位置，又称为“下环”，为繁盛的商住中心。保存了湾仔旧邮政局、洪圣古庙等历史建筑物，同时也拥有多座世界级的摩天大楼与现代建筑物，其中具有代表性的有香港会议展览中心及中环广场。此外，位于湾仔海旁的金紫荆广场已成为香港自助游的重要景点。

4）海洋公园

位于南朗山上，由黄竹坑公园和南朗山公园组成，两公园间以空中吊车相接，游客可在200米高处“飞行”1.4千米，鸟瞰深水湾、浅水湾景色。

南竹坑公园具有许多寓教于乐的设施，园中的“世界花园”汇集了中国式、日本式和欧美式的风景园林精华。

南朗山公园面对南海，设有海洋动物表演馆、海涛馆和海洋馆等三大场馆。

5）浅水湾

位于港岛南部，遍布豪华住宅和别墅。这里水清沙细，滩床宽阔、平缓、浪小，海滩设施齐备，是理想的海水浴场。

2. 九龙游览区

九龙是香港的一个工商业活动中心，其中尖沙咀、油麻地、旺角等地最为繁华。

1）尖沙咀

位于九龙半岛南端，是九龙区内最重要的商业中心、旅游区和购物天堂。尖沙咀最著名的景点是星光大道和尖沙咀海滨。在尖沙咀文化中心一带的海滨，可以欣赏维多利亚港夜景。

2）旺角

位于九龙中部，是香港最繁华的地区之一。旺角得名于“芒角”村，在30年代“芒角”被改称为“旺角”，取其“兴旺”之意，并沿用至今。区内有西洋菜街、女人街、波鞋街、花园街等多条著名的购物街。

3. 新界及离岛游览区

新界及离岛地区以住宅为主，著名景点有青马大桥、宝莲寺、天坛大佛、迪斯尼乐园、西贡海鲜等。

1）香港迪斯尼乐园

位于大屿山竹篙湾，占地126公顷，背靠北大屿山，面向竹篙湾，是迪斯尼全球的第11个主题乐园，我国第一个迪斯尼主题乐园，包括有美国小镇大街、明日世界、探险世界和幻想世界。

2）天坛大佛

位于大屿山的木鱼峰之巅，是世界最大的露天释迦牟尼佛铜像。大佛高33.9米，重250吨，由200多块青铜板组成。因座基的形状是仿照北京天坛的圜丘而设计，故取名为“天坛大佛”。它是香港的重要标志之一。

10.8 澳门特别行政区

10.8.1 概况

澳门地处珠江口的西南岸，毗连广东珠海，东距香港40海里。澳门由澳门半岛、氹仔岛和路环岛组成，总面积约28平方千米，人口40多万。明朝时，澳门属广东省香山县，1553年葡萄牙人借口货物受潮借地晾晒进入澳门，后在此设租界，鸦片战争后被强占。1999年12月20日中国恢复了行使对澳门的主权。

澳门面积较小，自然旅游资源较少，但近代人文旅游资源较多。澳门是世界上宗教建筑最密集的地区之一，基督教、天主教、佛教及伊斯兰教建筑林立，其中以妈阁庙（俗称妈祖庙）、观音堂、莲峰庙三大古刹最为著名。澳门是世界有名的赌城，博彩吸引了很多旅游者。澳门又是自由港，是旅游者的“购物天堂”。

澳门国际机场已开辟航线29条，有往返于香港和澳门的直升机航班。

澳门的主要旅游线路如下。

（1）半岛活力之旅：大三巴牌坊—妈阁庙—东望洋山—大炮台城堡—澳督府。

（2）风光休闲之旅。

10.8.2　主要旅游景区及景点

1）大三巴牌坊

位于炮台山下，是圣保罗教堂的前壁遗迹。教堂建成于1637年，体现了欧洲文艺复兴时期建筑风格与东方建筑特色的结合，是当时东方最大的天主教堂。圣保罗教堂先后经历3次大火，屡焚屡建，在1835年10月26日的第三次大火后就仅存教堂正门大墙至今。因为它的形状与中国传统牌坊相似，所以俗称“大三巴牌坊”。现在，大三巴牌坊已成为澳门的象征之一。由包括大三巴牌坊在内的12处历史建筑所组成的“澳门历史建筑群”，在2005年被列入世界文化遗产名录。

2）东望洋山

位于澳门半岛东南部，海拔91米。山上有三大名胜古迹，即古旧的教堂、破落的城堡炮台和历史悠久的灯塔。站在山顶远眺，澳门风光尽收眼底。

3）妈阁庙

位于澳门半岛西南的妈阁山下，已有600多年历史，是澳门最古老的庙宇。每年农历3月23日为妈祖诞辰，人们纷纷前来祈拜，香火甚盛。

4）卢氏公园

又称卢廉若公园，是澳门三大名园（卢园、张园、唐园）之首。公园仿照苏州园林建筑，富有江南园林景色，是澳门避暑的最佳处，也是东南亚地区罕见的园林美景。

5）白鸽巢公园

白鸽巢公园是澳门最大的公园，相传建园人喜爱鸽子，曾在园内养白鸽数百只，故名。园内绿树参天，假山奇岩点缀其间，建有贾梅士博物馆，藏历史文物2 000多件，其中有广东陶器和近代名画600多件。

6）观音堂

又称普济禅院，是澳门最大的佛教寺院，建筑气势雄伟，保存着明清南方庙宇的特色。殿堂内珍藏着许多名人字画、佛像、经卷，以及一些有价值的历史文物。这里也是清末《中美望厦条约》签约处。

思考题

1. 分析华南旅游区旅游地理环境的基本特征。

2. 华南旅游区的旅游资源有什么特色？

3. 分析岭南文化的特征。
4. 福建有哪些主要旅游城市和旅游景点?
5. 简述广东四大旅游区域的特色及主要旅游地和旅游景点。
6. 简述广西两大旅游区域的特色及主要旅游地和旅游景点。
7. 简述海南区域旅游的特色。
8. 台湾有哪些著名旅游地和旅游景点?
9. 简述香港和澳门的主要旅游景点。
10. 试分析侨乡对华南旅游区旅游业的影响。

第11章 西南旅游区

西南旅游区包括四川省、重庆市、云南省、贵州省，自然旅游资源独具特色，民族风情浓郁，旅游业正处于高速发展中，在国内和国际旅游中占有越来越重要的位置。

11.1 旅游地理特征

11.1.1 旅游地理环境特征

1. 旅游自然环境

1）地表结构复杂多样，岩溶地貌发育典型

本区处于我国地势的第一、二级阶梯，北靠秦巴山地，南与越南、老挝、缅甸接壤，西及横断山脉，东连湘西、南岭山地。该区自西向东分为三大地貌单元，横断山区、云贵高原和四川盆地。

滇西与滇南山地处于青藏高原东侧的横断山脉中南部和南段，河流众多，水系密集，分割强烈，山高谷深，形成雄伟壮观的峡谷风光。著名的虎跳峡、三江并流就分布的云南西部。

云贵高原由云南高原和贵州高原组成，地势西北高、东南低，西部、北部切割强烈。这里湖光山色，涌泉遍布。云南高原因断裂下陷，形成了众多盆地或断陷湖，如滇池、洱海。这里又多温泉，是我国温泉最多的地区，以腾冲火山区的温泉最著名。贵州高原地形复杂，山岭、丘陵、河谷、平坝交错分布，地表凹凸不平，所以贵州有“地无三里平”之说。

云贵高原东部石灰岩分布广泛，岩溶地貌发育典型。溶蚀或沉积形成的各种岩溶地貌，如地面上的石林、峰林，溶洞中的石笋、钟乳石、石花、石幔、石柱等，造型与世间某种生物、人物相像，形成了众多的风景区。例如云南东部的石林，贵州西南的峰丛，可谓是“无山不洞、无洞不奇”。

四川盆地四周山地高原环绕，有“红色盆地”之称。盆地东部平行的岭谷自然景观壮丽，盆地中部低山丘陵岩溶地貌发育，盆地西部成都平原沃野千里。

2）河流众多，水景丰富

本区有长江、元江、澜沧江、怒江等水系，河流众多，水力资源极其丰富。这些河流给农业、交通及旅游业带来了得天独厚的资源。该区水色秀美，多为其他地区所不曾见到的奇景，既有雄伟的高山峡谷三江并流、金沙江的虎跳峡，又有绮丽的洱海、婀娜多姿的花溪、闻名中外的黄果树瀑布，还有梦幻天堂之称的九寨沟、黄龙等。本区还是我国温泉集中地之一，也是我国奇泉的集中地，如乳泉、间歇泉、打鼓泉、珍珠泉等。

3）以亚热带季风气候为主，气候类型多样

本区绝大多数地域属于亚热带季风气候，具有夏热而长，冬寒而短，春秋相等，四季分明，降水丰沛但季节分配不匀的特点。而且，受地形影响，水热差异明显。

云贵高原温度变化小，干湿季明显。云南高原冬季受热带气团控制，气温较高，夏季受海拔影响，天气凉爽，有四季如春、冬暖夏凉的特点。昆明是我国有名的春城。贵州高原由于受地形地势的影响，天气多变，雨日多，且多小雨和夜雨，夜雨日数占全年雨日162～220天的74%，有“天无三日晴”之说。

四川盆地北有山地屏障，冬季温暖湿润，秋季降水较多，有“秋雨绵绵”之说。川西高原为独特的青藏高原气候，但其位置偏东，西南季风可溯河谷而上，水热条件较高原其他地区为佳，垂直变化明显。

横断山脉气候受地形影响，垂直变化明显，低地为热带、亚热带气候，随着地势升高，气温随之下降，一些高山常年积雪，从而形成气候垂直变化，有“一山有四季，十里不同天”之说。

4）动植物资源丰富

本区因地形复杂，地势高低悬殊，气候垂直和水平分异显著，环境千差万别，为多种动植物的生存提供了适宜的条件。因此，区内动植物资源十分丰富，种类达15 000种以上，有无数的奇花异草和众多的珍禽异兽，如大熊猫、小熊猫、金丝猴、扭角羚、梅花鹿、黑颈鹤、大鲵等珍稀动物，水杉、银杉、珙桐、红豆杉等珍稀植物。

植物种类丰富首推云南，达12 000多种，几乎占全国植物种数的一半，居全国第一，被誉为“植物王国”。其中云南西南部为我国最大的热带植物宝库，西双版纳是我国最大的热带植物基地。

2．旅游人文环境

1）历史古迹甚多

本区人文旅游资源独特古老，历史古迹众多。早在距今170万年前，云南元谋猿人就在这里生息繁衍，贵州黔西观音洞和贵州桐梓岩灰洞发现旧石器时代早中期原始人栖息之所。除史前文化遗址外，还有各个历史时期的文化遗址。

本区自古就是我国与东南亚各国经济文化交往的陆路通道，被誉为“西南丝路”。这条古道沿途形成了许多历史遗迹和历史名城，如昆明、遵义、丽江、大理、成都等历史文化名城，以及古代茶马古道等历史遗迹。

2）民族风情极富吸引力

本区是我国少数民族数量与人口最多的地区，云南世居少数民族有24个，约占全省人口的38%，主要有彝、白、哈尼、傣、苗、景颇等民族。贵州共有17个世居少数民族，占全省人口的37.8%，主要有苗、彝、侗、瑶、布依、仫佬等族。

西南民族风情旅游资源，堪称文化旅游的迷宫。无论是民族服装、饮食、歌舞等民俗，还是婚嫁、民居等传统习俗，都丰富多彩，不仅代表着多元的民族文化，而且洋溢着“异国”风情。

11.1.2　旅游资源特征

1. 旅游资源种类多样

本区旅游资源种类多样。在自然旅游资源中，有典型岩溶地貌，还有构造遗迹、冰川雪峰、高原草甸、风景河流与峡谷瀑布等。在人文旅游资源中，有众多的名胜古迹、近现代革命遗迹、民族风情和古建筑等。奇异的山水与古朴的民族风情形成了本区的特色。

2. 旅游资源的地位突出

本区特殊的自然地理环境和人文环境，形成了独特的旅游景观，其旅游价值极高。云南有三江并流、丽江古城等世界遗产，以昆明为代表的春城，珍稀的动植物，绚丽的民族风情；贵州有织金洞、龙宫、黄果树瀑布、荔波樟江、遵义会议旧址，以及少数民族风情；四川有九寨沟、黄龙、峨眉山、乐山大佛、青城山、都江堰、大熊猫栖息地等世界遗产，川西高原神秘的藏传佛教文化、摩梭母系文化等；重庆有大足石刻世界遗产和长江三峡风光等。这些资源在国内，甚至在国际上占有突出的重要地位。

3. 旅游资源保持原生态特色

本区由于地形、地貌等复杂因素的影响，存在着一些偏僻之地，受人类干扰较少，自然生态环境良好，为某些野生动植物的生存创造了条件，保持了生物种类的多样性和独特性。为了保护这些稀有的动植物及其原生态环境，建立了各种自然保护区，较好地保护了自然原貌。山地高原的阻碍，制约了交通的发展，导致了民族种类的多样性。本区无论是自然旅游资源还是人文旅游资源，原生态特色鲜明，为多种旅游活动的开展提供了最基本的条件，对旅游者具有强烈的吸引力。

11.2 四川省

11.2.1 概况

四川省简称“川”，地处我国西南地区，长江上游，是我国古代文化发生发展最早的地区之一。四川境内有藏、羌、彝等少数民族，地形分为四川盆地和川西高原两大单元。四川地域辽阔，历史悠久，有着丰富的自然和文化旅游资源，如世界自然遗产的九寨沟、黄龙、大熊猫栖息地，世界文化遗产的都江堰、青城山，世界自然和文化双重遗产的乐山大佛、峨眉山，川西高原神秘的藏传佛教文化和摩梭母系文化等。四川旅游在国内占有相当的地位。

四川旅游形成了三大区域：一是川中北部地区，包括成都、乐山、广元等城市，旅游资源以蜀汉遗迹为特色；二是川西部地区，包括九寨沟、卧龙、黄龙等旅游地，旅游资源以自然景观、人文景观、宗教古迹为特色；三是川南部地区，包括自贡、宜宾和泸州等地，旅游资源以文物古迹和自然风景为特色。

成都是西南地区重要的航空枢纽，有国际和地区包机航线多条，连接曼谷、香港，宜宾、西昌、达州、泸州、九寨沟等也有机场。铁路有宝成、成渝、成昆、内昆等干线。公路以成都为中心，呈辐射状分布，主要干线有川藏、川青、川陕、川陇、川渝、川滇线，成都至都江堰、绵阳、峨眉山、雅安、宜宾等城市都有高速公路。

四川省的主要旅游线路如下。

（1）四川世界遗产之旅：成都—青城山—都江堰—九寨沟—黄龙；成都—都江堰—青城山—乐山大佛—峨眉山。

（2）九寨梦幻天堂之旅：成都—九寨沟—黄龙。

（3）川西北高原甘南藏文化风情之旅：兰州—临夏—夏河—玛曲—若尔盖—红原—色达—甘孜—马尼干戈—石渠—德格—理塘—巴塘—康定—成都。

（4）甘南川西风情之旅：香格里拉—稻城—海螺沟—贡嘎山—丹巴—四姑娘山—卧龙—成都。

（5）海螺沟、四姑娘山、稻城之旅：成都—四姑娘山—稻城—理塘—康定—泸定桥—海螺沟—雅安。

（6）红原大草原、米亚罗、西岭雪山之旅：成都—古尔沟—若尔盖—红原；蜀南竹海—兴文石海—大峡谷温泉。

11.2.2 主要旅游景区及景点

1. 成都游览区

成都市是四川省和西南地区的政治、经济和文化中心，四川省省会。成都市是锦缎的故乡，有“锦城”之称。又因五代时遍植芙蓉，故又称“芙蓉城”或“蓉城”。成都气候温和，夏无酷暑，冬无严寒，土地肥沃，物产丰富，山川秀丽，四季常春，素有“天府”之称。

成都市建城已有 2 300 多年的历史，秦汉以来一直是西南重镇，曾是蜀国国都，国家历史文化名城。市内与郊区分布着许多名胜古迹。

1）广汉三星堆遗址

位于广汉市南兴镇，是距今 3 000 年的古蜀国文化遗址，它代表了长江流域商代文明的最高成就。遗址分布范围达 12 平方千米，出土了大量的青铜器及其他文物，是四川境内迄今发现的范围最大、延续时间最长、文化内涵最为丰富的古文化、古城、古国遗址。

2）武侯祠

位于成都市武侯祠大街，占地 37 000 平方米，是国内纪念蜀汉丞相诸葛亮的主要胜迹。武侯祠始建于西晋末年，与刘备昭烈庙相邻，明初武侯祠并入昭烈庙。1672 年重建，形成现存武侯祠君臣合庙。其主要建筑有大门、二门、刘备殿、文臣武将廊、过厅、诸葛亮殿，殿宇富丽壮阔，布局有致，环境幽雅。祠西侧为惠陵，即刘备墓。

武侯祠内共有蜀汉历史人物泥塑像 40 余尊，碑碣、钟、鼓、匾联等 80 余件，是研究蜀汉历史的重要资料。

3）杜甫草堂

位于成都市草堂路，我国唐代伟大诗人杜甫在成都的故居遗址。后人为纪念杜甫，经历代修建、扩建，至今占地 20 公顷，主要建筑有大廨、诗史堂和工部祠。杜甫草堂内还有宋、元、明、清历代杜诗精刻本、手抄本和多种外文译本。在草堂两侧扩建了庭园建筑，古朴素雅，景色清幽，富有诗情画意。

4）青羊宫

位于成都市一环路西二段，为西南地区最大的道教宫观。宫内保存着道教主要典籍《道教辑要》，为全国仅有。

5）望江公园

位于成都市九眼桥锦江南岸。为纪念唐代女诗人薛涛，明清两代先后在这里建起了崇丽阁、濯锦楼、浣笺亭、五云仙馆、流杯池和泉香榭等建筑。民国时辟为望江公园，成为市内著名的风景点。

6）永陵博物馆

位于成都市西北角三洞桥，是五代时前蜀皇帝王建的陵墓，史书上称永陵。王建墓冢为圆形，高 15 米，直径 80 余米。墓室采用地面起拱筑墓，是古代帝王陵墓中唯一的地上陵墓。当地老百姓一直误传是诸葛亮的抚琴台，并因此而成为当地的地名，直到 1942 年发掘时，才确知是王建的陵墓。

7）都江堰

位于成都平原西部的岷江上，距成都 56 千米，是战国时期秦国蜀郡太守李冰及其子率众修建的一座大型水利工程，是我国现存的最古老而且依旧在使用的伟大水利工程。2000年都江堰与青城山列入世界文化遗产名录。

都江堰一带风景优美，有不少古迹名胜，有纪念李冰父子的伏龙观、二王庙和长约500米、横跨内外两江的安澜桥。

8）青城山

位于都江堰市西南17千米处，距成都约66千米。因山形如城，故称青城，是中国道教发祥地之一。全山原有道教宫观70余座，现存38处遗迹，著名的有建福宫、天师洞、三岛石、祖师殿、朝阳洞、上清宫，以及天然图画、金鞭岩、石笋峰、丈人山等名胜古迹。山上树木葱茏，层峦叠翠，素有"青城天下幽"之誉，是游览避暑胜地。

9）西岭雪山

位于成都市西大邑县境内，总面积483平方千米。最高峰庙基岭海拔5 364米，终年积雪。唐代大诗人杜甫寓居成都草堂时曾眺望此景，写下了"窗含西岭千秋雪"的名句，故名。景区集林海雪原、高山气象、险峰怪石、奇花异树、珍禽异兽、激流飞瀑等景观于一体。

10）龙池国家森林公园

位于成都平原与青藏高原的过渡地带，距成都市84千米，海拔1 800～3 280米，面积3.2万公顷。野生动植物资源丰富，被誉为"野生植物基因库"、"动物天然乐园"。公园内三叶虫、珊瑚及腕足动物等古生物化石随处可见，区内自然环境独特，景色绝佳，集湖、石、村、瀑于一身，融奇、险、幽、雄为一体，为"春看花、夏戏水、秋观叶、冬赏雪"的四时旅游胜地。

11）大邑地主庄园

位于大邑县安仁镇，是大地主刘文彩的宅园，修建于1928—1942年，占地47 000平方米，房屋350余间，分老公馆、新公馆两处。庄园内存有大量实物，是研究我国封建地主经济的一处典型场所。1958年在此建四川大邑地主庄园陈列馆，内有著名泥塑艺术品《收租院》。

2. 乐山游览区

乐山市位于四川省西南部，为风景优美的旅游城市，素有"天下山水之观在蜀，蜀之胜曰嘉州"的美称。1996年，峨眉山—乐山大佛列入世界自然与文化双重遗产名录。

1）峨眉山

位于峨眉山市境内，雄踞四川盆地西南，山势逶迤，如"螓首峨眉，细而长，美而艳"，故名。主峰金顶3 079.3米，景区面积154平方千米，胜景百余处，素有"天下名山"、"峨眉天下秀"之称。

峨眉山是我国四大佛教名山之一，普贤菩萨的道场。寺庙始建于东汉，明清时期曾多达100多处，保留至今的尚有10余处，著名的有报国寺、伏虎寺、万年寺等，其中最宏伟的是报国寺。金顶附近的普光古寺的正殿后有一座明代铜殿，称为金殿，因其在阳光下闪闪放光，金顶由此而得名。日出、云海、宝光、圣灯，被称为峨眉金顶的四大奇观。

峨眉山山上树木丛生，苍翠鲜艳，是西南地区的“植物王国”，被誉为“自然博物馆”，有许多珍禽贵兽和奇花异草。

峨眉山还以猴群著称，九老洞和洗象池一带经常出现猴群，向旅游者拦路乞食，十分惹人喜爱，增加了旅游的乐趣。峨眉山地势高，气温低，盛夏时只有13℃～14℃，是避暑胜地。

2）乐山大佛

位于乐山市东，凌云山西壁，岷江、青衣江、大渡河三江会合处，是一座石雕弥勒佛坐像。大佛开凿于唐开元元年（713年），至贞元十九年（803年）建成，历时90年。大佛头齐山顶，脚踏大江，通高71米，被誉为“山是一尊佛，佛是一座山”，为世界最大的古代摩崖石刻佛像。在凌云山顶还建有凌云寺、灵宝塔和宋代诗人苏东坡的读书楼，使壮丽的凌云山更为增色。

1990年在乐山市城区东侧，发现由乌龙山、凌云山和龟城山联襟而成的长达4 000多米、仰卧江上的“乐山隐形睡佛”，形神逼真，气势恢弘，为今古奇观。

3．剑门蜀道风景名胜区

位于四川北部，秦岭巴山连绵起伏，峭壁险峻，成为四川与中原之间交通的巨大障碍。战国时期，人们便在这里修建道路，沟通川陕。古蜀道是川陕古道的重要组成部分，它北起四川广元与陕西宁强交界处的七盘关，经清风峡、明月峡、千佛崖、剑门关、剑阁，至梓潼。其所经之地，全是峻岭陡崖、急流深涧，道路十分艰险，故李白云“蜀道难，难于上青天”。

1）明月峡古栈道

位于广元市朝天区嘉陵江谷口，是剑门蜀道风景旅游线的起点。明月峡古栈道是迄今全国所有栈道中地理位置最险要、形制结构最科学、保存最完好、最具古栈道风貌的一处。

2）剑门关

位于剑阁县城南33千米的剑门山区。剑门山由大、小剑山组成，共72峰，被称为“蜀道之锁钥”、“川北之屏障”。剑门关位于大剑山东北坡，两崖相峙，万仞壁立，形成天然城墙的唯一“城门”，被誉为“天下雄关”、“剑门天下险”。古剑门关城是一座石砌的关城，后修路时被毁，留有舍身崖、姜维城、姜公祠、金皇洞、仙女桥等景观。

3）广元千佛崖摩崖造像

位于嘉陵江东岸，是四川境内规模最大的石窟群，原有佛像17 000多尊，1935年修川陕公路时被毁掉一半。现存窟龛400多个，佛像7 000多尊，为南北朝以来的历代作品，以唐代的居多。

4．自贡游览区

自贡市位于四川盆地西南部，以恐龙、井盐、灯会而享誉海内外，有“千年盐都”、“恐龙之乡”、“南国灯城”之称。

1）自贡恐龙博物馆

位于自贡市大山铺，在世界上与美国国立恐龙公园、加拿大恐龙公园齐名，合称为世界三大恐龙博物馆。外型很像一座巨大的岩窟，造型奇特，是我国大型专业性现场博物馆。博物馆占地2.5万平方米，陈列面积3 600平方米，分为三层。其陈列以大山铺恐龙化石埋藏现场及出土的恐龙化石为主。

2）自贡盐业历史博物馆

位于自贡市中心，建于1959年，是我国博物馆发展历史上最早建立的专业博物馆之一，是我国目前唯一的盐业史博物馆。馆址由两座古建筑组成，一是西秦会馆及其附属建筑，另一是王爷庙，分别为国家和省级重点文物保护单位。

5. 宜宾游览区

宜宾市三面环水，一面依山，形势险要，有“万里长江第一城”之称。市域范围内著名的景点有蜀南竹海和石海洞乡。

1）蜀南竹海

位于宜宾南部的长宁、江安两县连接地带，整个风景区面积约120平方千米。在20多座峰峦和300多个山丘上，楠竹如海，四季葱绿。竹林中飞瀑、流泉、湖潭众多，山谷幽静深邃。登高远望，苍山如海，碧涛起伏，是罕见的翠竹海洋。蜀南竹海春观笋、夏纳凉、秋观竹、冬赏雪。在竹海中还有许多形态各异的珍贵竹类50多种。

2）石海洞乡

位于宜宾南部的兴文县，全县石林、溶洞遍布17个乡，71平方千米，宏伟壮丽，景观迷人。已探明的大小溶洞达100多个，面积在1万平方米以上的溶洞就有20多个。其中，兴堰乡方圆30平方千米分布有各种造型的峰石，形态逼真，被誉为“天下奇观”、“中国一绝”。海岩区有地坑若干，坑如碗形，名为“漏斗”，漏斗底部的四周是笔直的悬崖，漏斗的直径为600米，最窄处也有500米，深200米，雄阔深险，为世界罕见。

6. 南充游览区

南充市位于四川盆地东北部、嘉陵江的中游，是具有2 200年历史的文化名城。

1）阆中古城

位于四川东北部，嘉陵江中游，为巴蜀要冲，川北重镇，素有“阆苑仙境，风水宝地”的美誉。

阆中古城已有2 300多年的历史，为国家历史文化名城。其面积1.78平方千米，是全国保存最完好的古城之一。棋盘式的古城格局，融南北风格于一体的建筑群，是我国建筑艺术的实物宝库。

2）滕王阁

南充的滕王阁，位于阆中市城北3.5千米处的玉台山腰，由滕王李元婴亲自督建。阁前耸立一石舍利塔，呈鱼状，高 8 米，建造于公元 4 世纪，早滕王阁 200 多年。阁后是青石崖，崖上有洞，洞壁刻有杜甫的《滕王亭子》和历代文人游滕王阁题咏的诗文。

7. 广安游览区

广安市位于四川省东部、华蓥山中段、渠江和嘉陵江中游，距重庆市区 100 余千米，是中国改革开放和现代化建设总设计师邓小平同志的故乡。

1）华蓥山

位于四川盆地东北部，华蓥市境内，景区面积 20 平方千米，以苍翠茂密的山林为环境基调，以秀丽的喀斯特石林、溶洞为典型的景观代表，集秀峰怪石、佛教文化、天坑溶洞、茂林修竹、革命遗迹于一体。其景观特点为“峰奇、石怪、山绿、谷幽”。

2）邓小平故居

位于广安城北协兴镇牌坊村，距城区 7 千米，占地 1 100 平方米，为小青瓦屋面的农家三合院，典型的川东民居。1904 年 8 月 22 日邓小平出生在这里。

现在展出的各种文物，真实地反映了邓家当时的生活原貌，历史地再现了邓小平光辉灿烂的一生。

8. 阿坝游览区

阿坝藏族羌族自治州位于四川盆地向青藏高原隆升的梯级过渡地带，有藏、羌、回、汉等民族，是旅游资源比较集中的地区。1992 年，九寨沟、黄龙列入世界自然遗产名录。

1）九寨沟

位于九寨沟县境内，岷山山脉之中，因九寨沟内有 9 个藏族村寨而得名。景区面积 62 平方千米，既是自然保护区，又是国家级风景名胜区。九寨沟以 108 个海子（湖泊）为代表，与九寨沟 12 峰联合组成高山河谷自然景观。

九寨沟以原始的生态环境，清新的空气，与雪山、森林、湖泊组合，形成神妙、奇幻、幽美的自然风光，显现“自然的美，美的自然”，被誉为“童话世界”、“人间仙境”。九寨沟的高峰、彩林、翠海、叠瀑和藏族风情被称为“五绝”。九寨沟景观分布在成 Y 型的树正、日则、则查洼 3 条主沟内，总长 50 余千米。

2）黄龙

位于松潘县境内，岷山主峰雪宝顶脚下，总面积 24 000 公顷，因黄龙寺而得名。黄龙寺风景名胜区以湖、溪、潭、泊为主，山、水、树、石并茂的风景区，其中尤以高山彩湖、叠瀑为主的钙华滩流景观特色闻名，为国家级重点风景名胜区

风景区含黄龙沟、雪山梁和涪江 3 部分，尤以壮丽奇特的黄龙沟露天岩溶景观最为知名。其山峰、熔岩、瀑布、彩池纷呈异彩，尤以“五彩池”与规模宏大的钙华滩流最为壮观。

3）牟尼沟

位于松潘县西南牟尼乡镜内，占地面积 160 平方千米，最低海拔 2 800 米，最高海拔

4 070米。景区内山、林、洞、海等相映成辉，林木遍野，大小海子可与九寨彩池比美，钙华池瀑布可与黄龙“瑶池”争辉，集九寨沟和黄龙之美于一身，却比九寨沟更为清静，尤其是冬季不会结冰，即使大雪纷纷，仍然可以进入。

4）桃坪羌寨

位于理县桃坪乡，全寨共有90多户人家。它是原始羌寨建筑文化艺术的“活化石”，被誉为“神秘的东方古堡”。

桃坪羌寨始建于公元前111年，已有2 000多年的历史，是羌族建筑群的典型代表，完整地保存了羌族古老的民族特点。所有建筑均以石块垒砌而成，错落有致，其间碉堡林立，风格独特。

4）四姑娘山

位于小金县境内，由横断山脉中四座毗连的山峰组成，传说为四个美丽的姑娘所化，故名。它是邛崃山脉最雄奇的山峰，海拔6 250米，为国家重点风景名胜区。

四姑娘山同卧龙自然保护区和米亚罗红叶风景区相毗邻，号称东方的阿尔卑斯山，总面积450平方千米，以雄峻挺拔著名，为各国登山家所瞩目。

景区内山势陡峭、苍劲粗犷，山沟内奇山异峰、冰川飞泉，大小高山湖和广阔的森林、草地，构成了独具特色的高原山地风光。景区内有双桥沟、长坪沟和海子沟等3个景区。

9．甘孜游览区

甘孜藏族自治州位于四川盆地与青藏高原的过渡带上，横断山脉中段，地理位置特殊，岭谷高差大，最低海拔为1 000米，最高峰贡嘎山海拔7 556米，其间高差达6 556米，金沙江、雅砻江、大渡河纵贯全境，形成了独特的地形地貌和多样化的生态环境，也形成了独特的自然生态景观。

1）贡嘎山

位于泸定、康定、九龙三县境内，以贡嘎山为中心，由海螺沟、木格错、五须海、贡嘎南坡等景区组成，面积1万平方千米，为国家级风景名胜区。贡嘎山地区为少数民族地区，区内有贡嘎寺、塔公寺等藏传佛教寺庙，具有丰富多彩的藏族、彝族等民族风情。

贡嘎山南北长约200千米，面积1 000余平方千米，主峰海拔7 556米，为四川省的最高峰，被誉为蜀中“群山之王”。主峰周围林立着145座海拔五六千米的冰峰，群峰耸立、雪山相连，气象万千。

2）亚丁

位于稻城县，地处青藏高原东南部、横断山脉东侧，面积7 323平方千米。其地貌较为特殊，群山起伏，山脊河谷相间，既有终年积雪的高海拔山岭，又有幽深诡秘的低海拔河谷，还有宽阔的草场，潺潺的溪流，景色变幻多姿。赤土河清澈秀丽，群鱼穿梭，河畔草场广袤，溪流交错，森林一望无际。波瓦山山势雄秀，四季景色分明，冬日白雪皑皑，春夏杜鹃遍开，秋天红叶似火。

3）木格措

位于康定县城北雅拉乡境内，面积 500 平方千米，以高原湖泊、原始森林、温泉、雪峰、奇山异石及长达 8 千米的叠瀑组合，构成了独特秀丽的旅游区。其主要景区有七色海、杜鹃峡、木格措海、红海、无名峰等。

木格措景区是登无名峰、大炮山的必经之路，也是登山的后勤服务基地。

4）海螺沟

位于泸定县境内贡嘎山脉东坡，全长 30.7 千米，面积 197 平方千米，是一处融现代冰川、温泉、雪山、原始森林和古冰碛湖为一体的大型综合性风景区，是四季均可登临的低纬度、低海拔现代冰川之一。

10．中国死海旅游度假区

位于大英县，是利用形成于 1.5 亿年前，深埋于地下 3 000 米的古盐卤海水资源，以“死海漂浮”为主，结合现代水上运动、休闲、瘦身、保健等要素建设，形成了一个集新颖性、时尚性、趣味性为一体的现代旅游度假区，景区面积 70 万平方米。

11.3　重庆市

11.3.1　概况

重庆市简称“渝”，位于中国西南部、长江上游。其地形分成两部分，西部为平原，属于四川盆地的一部分，东部的山地丘陵与鄂西山地联成一体。

重庆市旅游资源得天独厚，集山、水、林、泉、瀑、峡、洞等为一体。重庆市旅游形成了两大区域：一是以环都市为中心的渝西地区，包括重庆山城风光、大足石刻、缙云山、四面山和金佛山等，旅游资源以特有的自然景观和人文景观为特色；二是以长江三峡库区为主的渝东地区，旅游资源以高峡平湖、大江峡谷、三国文化为特色。

重庆市有江北、五桥、舟北等机场，江北国际机场是国内大型民用机场之一。铁路有川黔、成渝、襄渝等干线。公路以重庆为轴心，有成渝等多条高速公路，还有 G210、G212、G319 等国道线。重庆市 70% 的区县均可水路通达，以重庆、万州两港为主枢纽。

重庆市的主要旅游线路如下。

（1）长江三峡游：重庆—三峡—宜昌。

（2）长江小三峡乡村游：重庆—巫山—小三峡—陆游洞—重庆。

（3）大足石刻文化游：重庆—大足—成都。

11.3.2 主要旅游景区及景点

1. 重庆市区游览区

重庆是我国著名的历史文化名城，具有3 000多年的悠久历史和光荣的革命传统。由于特殊的地理环境和特殊的气候，重庆有很多别称，如因夏长酷热而得名“火炉”，因城市依山建筑而得名“山城”，因冬春时节云轻雾重而得名“雾都”。

重庆除以山城夜景著称外，还有南、北温泉著名风景区，以及革命纪念地“红岩村”、“曾家岩”、“歌乐山革命烈士陵园”等。

1）北温泉公园

位于重庆市北碚区缙云山下，嘉陵江温塘峡西岸，是重庆市著名的游览和疗养区。园内泉水清澈，水温在32℃～35℃，适宜沐浴，还可治病，建有游泳池和室内浴室。

园中景色以四大殿为中心，自下而上为关圣殿、接引殿、大佛殿和观音殿。观音殿全用铁瓦石柱建成，又名铁瓦殿。四大殿东侧有古香园、石刻园、观鱼池及荷花池等，西为苍翠的林木，北有乳花洞等景点。

2）南温泉公园

位于重庆市长江南岸的花溪畔，泉水含硫磺质，水温38℃左右，治疗皮肤病和风湿性疾病最具疗效。园内建有温泉浴室和游泳池，四季可游可浴。南温泉公园以泉、洞、山、水为特色，景色秀丽，极富自然趣味。花溪南岸的仙人洞，钟乳奇巧瑰丽，盛夏凉爽，是消暑胜地，称为“仙女幽岩”。园内还建有映泉楼、滨江亭、长廊、河心亭、烈士墓等景点。

3）红岩村

位于重庆西北郊，为抗日战争时期（1939—1946年）周恩来主持的中共中央南方局重庆办事处驻地。1945年8月28日至10月11日，毛泽东在重庆进行“国共和平谈判”期间住此，并在市内曾家岩50号两次接见各界爱国人士。1958年，红岩村与曾家岩两处合建为红岩革命纪念馆，拥有大量中国现代史的文物、图片和资料。

2. 缙云山国家自然保护区

位于重庆北碚区，嘉陵江温塘峡南面，因缙云寺得名，素有“小峨眉”之称。山中缙云寺，始建于南朝宋，后几经修葺扩建，明末毁于兵火，今存庙宇为清康熙二十二年（1683年）重建。缙云山山势雄峻，风景秀美，林木茂密，环境清幽，为游览避暑胜地。

3. 大足石刻游览区

位于大足县，距重庆市区87千米。大足石刻创于晚唐，盛于两宋，以佛教造像为主，儒、道造像并存，是我国晚期石窟艺术的杰出代表作。大足石刻艺术群有石刻造像70余处，总计10万尊，其中以宝顶山和北山石刻最为著名，保存最完好。北山石刻以人物造像个性鲜明为特色，石刻造像近万个；宝顶山石刻以故事性、趣味性强取胜，共13处，造像数以万计，以大佛湾为精华所在。大足石刻 1999 年列入世界文化遗产名录。

4．长江三峡游览区

长江三峡风景名胜区（重庆段）包括奉节白帝城、瞿塘峡、巫峡、神女溪、小三峡、大昌古镇、巫溪庙峡、忠县石宝寨、丰都名山、涪陵白鹤梁等区域，面积 1 095 平方千米，为国家重点风景名胜区。

1）丰都鬼城

位于重庆下游 172 千米的长江北岸丰都山，是集道、佛、儒教文化于一体的鬼文化宝库，堪称中国神曲之乡。现在的丰都鬼城，剔除了封建糟粕，展现的是历史遗迹和形象化的传说故事，已成为独具特色的游览胜地。

2）忠县石宝寨

位于忠县县城以东约 40 千米的长江北岸玉印山。石宝寨始建于清嘉庆二十四年（1819 年），依山取势，傍岩奠基，层层收缩而上，共建有 12 层塔形楼阁，顶上 3 层，下面 9 层，隐含“九重天”之意，通高 56 米。楼与山依岩石取势，山与楼浑然一体，是我国古建筑艺术中的珍品。

3）云阳张飞庙

位于长江南岸，与云阳县城隔江相望。庙前是滚滚大江，庙后是巍巍凤凰山，周围古木参天，幽静而肃穆。其主要建筑有结义楼。庙内收藏了历代书画碑刻、青铜编钟、巴国铜剑、汉代车马砖等文物千余件。因此，张飞庙又以“文藻胜地”著称。

4）白帝城

又称子阳城，位于瞿塘峡西口北岸，距奉节县城 8 千米。它东依夔门，西傍八阵，三面环水，一面靠山，孤峦独秀。李白“朝辞白帝彩云间，千里江陵一日还”的诗句使它初获盛名，“刘备托孤”更使它声名远扬。

5）瞿塘峡

又名夔峡，位于白帝城至巫山的大溪镇之间，全长 8 千米，两岸主要山峰海拔1 000～1 500米，是三峡中距离最短、江面最窄的一个峡谷，以雄伟险峻著称。

7）巫峡

又称大峡，西起巫山的大宁河口，东至湖北巴东的官渡口，全长 42 千米，是长江三峡中长而又整齐的峡谷，以秀丽而著称。著名的巫山十二峰屹立在南北两岸，千姿百态，幽美秀丽，是三峡山水美景最迷人的地段，是我国久负盛名的游览胜地。

5．巫山小三峡风景区

位于巫山县，小三峡南起龙门峡口，北至徐家坝，包括大宁河上的龙门峡、巴雾峡和滴翠峡，全长 50 千米，它兼有长江三峡之胜，却又别有天地，故称“小三峡”。小三峡两岸峰秀水清，野趣横生。龙门峡两岸峭壁耸立，峡内风平浪静，风景如画。巴雾峡山高谷深，云雾迷蒙，两岸多钟乳石，姿态万千，惟妙惟肖，美妙无穷。滴翠峡翠碧若滴，清泉汩汩。

11.4 贵州省

11.4.1 概况

贵州省简称“黔”或“贵”，建省时以首府贵州司而得名。贵州省地处云贵高原，境内地势西高东低，自中部向北、东、南三面倾斜，平均海拔在 1 100 米左右。贵州省山川秀丽、气候宜人、资源富集、民族众多，被誉为天然“大公园”。

贵州特殊的喀斯特地貌、原生的自然环境、浓郁的少数民族风情，形成了丰富的旅游资源。贵州旅游以岩溶景观、民族风情、革命遗址著称，并以贵阳为中心，可划分为三大旅游区域：一是以贵阳市、安顺市为中心的黔西地区，以岩溶地貌景观和少数民族风情为特色；二是以遵义市为中心的黔北地区，以自然生态景观和红色文化为特色；三是以凯里市、都匀市为中心的黔南地区，以少数民族风情为特色。

贵阳机场是省内主要民用机场，开通航线 30 余条。贵州的对外交通以铁路为主，有湘黔、川黔、贵昆、黔桂等干线铁路。公路以贵阳为中心，形成了连接主要城市和出省的高速公路网，有湘黔、黔桂、滇黔、川黔等国道，以及贵阳—黄果树、贵阳—遵义、贵阳—毕节等高速公路。

贵州省的主要旅游线路如下。

(1) 林城贵阳休闲度假游：贵阳—花溪—香纸沟—百花湖—开阳—修文—贵定。

(2) 壮美大瀑布、神奇喀斯特精华游：贵阳—平坝—安顺—镇宁—关岭—贞丰—安龙—兴义。

(3) 黔北名城、名河、名酒红色之旅经典游：贵阳—息烽—乌江—遵义—四渡赤水纪念地—仁怀—习水—赤水。

(4) 黔东南苗侗文化体验游：贵阳—凯里—雷山—榕江—从江—黎平—锦屏—天柱。

(5) 黔东名镇名水名山寻访游：贵阳—重安江—黄平—施秉—镇远—岑巩—铜仁。

(6) 地球“绿宝石”原始生态探秘游：贵阳—福泉—都匀—三都—荔波。

11.4.2 主要旅游景区及景点

1. 贵阳游览区

贵阳市古称筑城，简称“筑”，位于贵州省中部，是贵州省省会，贵州的旅游中心城市。这里岩溶地貌发育，少数民族汇集，名胜众多。

1) 花溪

位于贵阳市西南 17 千米处，山环水美，水清山绿，一派恬静的田园风光。它是贵阳市最著名的旅游度假胜地，被称为贵阳的花园。

2）青岩古镇

位于贵阳市花溪南 12 千米处，距贵阳 29 千米，是著名的文化古镇。青岩古镇的古楼、石板街、古寺庙、石牌坊、古民房、古油杉树展现了明清年间建筑和文化的贵州地方特色。

3）镇山村

位于贵阳花溪与天河潭之间的花溪水库中段，是布依族山寨，三面环水。一层层石板房依山而建，寨口建有石城墙和城门，恍如一座中世纪的古城堡。它有“民族自然生态博物馆”之称。

4）黔灵山

位于贵阳城北，由象王岭、白象岭、大罗岭和檀山等组成，被称为“黔南第一山”。这里峰峦叠翠，古树参天，奇石怪木，有植物 1 500 多种，还有成群的猕猴。山腰的宏福寺是贵州名刹之一，有“黔南胜境”之称。

山后的黔灵湖北岸有“圣泉”，终日不停，水味甘甜。山前的麒麟洞为岩溶地貌景观，当年张学良、杨虎城曾先后囚禁于此。

5）甲秀楼

位于贵阳南明河鳌矶石上，始建于明万历二十五年（1597 年），后几毁几建，曾改名来凤楼。甲秀楼有楼阁三重，高约 20 米，楼中联匾碑石甚多，以清代刘春霖仿昆明大观楼长联所作的甲秀楼长联最为著名。

6）地下公园

又名南郊公园、白龙洞公园，位于贵阳市南 8 千米。溶洞形成于 200 万年前，洞内钟乳石、石幔、石柱、石笋等琳琅满目，形状千奇百怪，惟妙惟肖，因颜色呈白色，故称白龙洞。洞外园林绿树成荫，繁花似锦，风光各异。

7）天河潭

位于贵阳市郊 24 千米，为喀斯特原始风光和苗族、布依族风情融为一体的自然古朴的旅游景区。天河潭山环水绕，林木葱郁，飞瀑流泉，溶洞暗河，民族村寨散布其间。河上 100 多个水车、水碾、水磨、香耙车等民间水利机械工具，构成一组壮观、独特的田园景色。

8）红枫湖

位于清镇市和平坝县境内，它是贵州高原最大的人工湖泊，因湖边红枫岭而得名。湖水面积 57 平方千米，湖中岛屿 100 多个，以岩溶地貌和湖光山色为特色，具有“阔、秀、奇、爽”四大特点，有“高原明珠”之称。

全湖分北湖、中湖、南湖、后湖四个部分，形成山里有湖、湖里有岛、岛上有洞、洞里有湖、湖洞相通的奇特景色。

2. 遵义游览区

遵义是贵州第二大城市，黔北重镇，是一座具有光荣革命历史的历史文化名城。著名的遵义会议使遵义市名扬海内外。

1）遵义会议会址

位于遵义市老城红旗路（原子尹路）80 号，是一座坐北朝南的二层楼房，为中西合璧的砖木结构建筑。1935 年红军长征途中，中共中央在这里召开了政治局扩大会议（即遵义会议），这次会议为完成震惊世界的“二万五千里长征”奠定了胜利的基础，为中国共产党历史上一个生死攸关的转折点，遵义因此而闻名。遵义会议纪念馆是一处反映中国革命历史的重要场所。

2）仁怀

位于赤水河畔，是“国酒茅台”的产地，也是红军长征“四渡赤水”的征战地。仁怀的国酒文化城是全国规模最大的酒文化博物馆。

3）赤水风景区

位于赤水市，面积 300 多平方千米，境内海拔高差 1 500 米。风景区内有以红军四渡赤水、酒乡文化为主体的人文景观。赤水风景区有森林约 2 600 公顷，楠竹约 1 800 公顷，大小河溪 350 多条，湖塘水库 790 多处，以及神奇的丹霞地貌景观，被誉为“千瀑之市，桫椤之国”。十丈洞瀑布是黔北胜景。万年石伞、渡仙桥、转石奇观、石顶山、竹海、大白岩等景观均引人入胜。

4）梵净山自然保护区

位于贵州东北部的印江、松桃、江口三县交界处，因山上多梵寺，故名梵净山。梵净山自古就是佛教名山，历代在山下山上修建了大量的庙宇，但众多庙宇已毁之殆尽。

梵净山素有“黔山第一”之称，它以雄伟壮丽的峻岭险峰、五彩缤纷的奇花异树、闻所未闻的珍禽异兽令人神往。1987 年，梵净山列入联合国“人与生物圈”自然保护区网。

5）中国侏罗纪公园

位于赤水金沙沟桫椤国家级自然保护区的实验区，距赤水城区 40 千米，面积 38 平方千米，是世界上唯一的侏罗纪地球史迹自然生态园林。园内开辟了甘沟、大水沟、两岔河三个景区，以“古生物活化石”桫椤为主体景观。

3. 安顺游览区

安顺市是贵州省中西部城市，建于明代，地处滇黔要道，素有“滇之喉、黔之腹”之称，自古为黔中商业重镇。

1）黄果树瀑布

位于镇宁布依族苗族自治县西南 15 千米的白水河上，是我国最大的瀑布，也是世界著名瀑布之一。景区呈现出典型的亚热带岩溶地貌，奇峰林立，溶洞密布，江河纵横，瀑布众多。其中较大的地面瀑布 18 处，地下瀑布 4 处，组成罕见的岩溶大瀑布群。

黄果树瀑布落差 67 米，宽 83. 3 米，巨大的水流从悬崖上飞流直下，形成宽大水帘，直泻水深 17 米的犀牛潭，溅起的水珠高达 100 多米，气势磅礴，在阳光映照下闪现出五彩长虹。黄果树瀑布水击岩石，响声如雷鸣，声闻数里外，十分壮观。夜晚瀑布溅珠凝结下降，洒在黄果树街上，故有“夜雨洒金街”之称。在黄果树瀑布后面岩壁上有一岩洞，全长134米，洞口被瀑布掩盖，故名水帘洞。

黄果树瀑布附近有许多岩溶洞穴，有钟乳石、暗河、暗湖及地下瀑布，可供游人泛舟游览。

2）龙宫风景区

位于安顺市境内，是一处岩溶洞穴，被誉为“亚太奇景”。龙宫面积24平方千米，是串珠式暗湖溶洞群，有水溶洞、洞穴瀑布和旱溶洞等独特的岩溶地貌，地下河全长15千米，穿越大小20多座山，串联90余个洞穴。其周围还有田园山寨、山野峰峦、嶙峋石林及丰富多彩的民族风情。

3）格凸河风景区

位于紫云县境内，总面积56.8平方千米。“格凸”一词为苗语，意为“圣地”。格凸河风景名胜区集岩溶、山、水、洞、石、林组合之精髓，融雄、奇、险、峻、幽、古为一身，构成一幅完美的风景图画，是一个喀斯特自然公园，总面积70平方千米。其主要景点有悬棺洞葬、古河道遗迹、竖井和洞中苗寨等。

4）屯堡古镇

位于平坝县天龙镇，地处西进云南的咽喉之地，在元代就是顺元古驿道上的一个驿站，名叫饭笼驿。由于军事地理位置重要，从明代开始为驻军重地。历代的屯兵留下了大量的历史遗迹，主要有明朝的兵器加工场、烽火台残垒、古城墙，清朝修建有垛口、炮台、瞭望哨的龙眼山屯。

5）织金洞风景名胜区

位于织金县境内，面积450平方千米，分为织金古城、织金洞、裸结河峡谷、洪家渡等四个景区。

织金古城始建于1382年，三面环山，一水贯城，城内有清泉71处，庵、堂、庙、寺50余处，其中财神庙以结构奇特著称。

织金洞属于高位旱溶洞，是我国大型溶洞之一，全长10千米，面积30多万平方米，两壁最宽处173米，垂直高度多在50～60米，最高达150米。织金洞分为“迎客厅”、“万寿宫”等10个景点，拥有40多种岩溶堆积形态，各具特色，被誉为“岩溶博物馆”。洞外有地面岩溶、峡谷、溪流、瀑布等自然景观，还有布依族、苗族、彝族等少数民族风情。

4. 黔南游览区

黔南布依族苗族自治州拥有保存完好的喀斯特森林地貌，自然生态原始古朴。自治州首府都匀市是全国优秀旅游城市。

1）荔波樟江风景区

位于荔波县，面积426平方千米。区内峰峦叠嶂，溪流纵横，原始森林茂密，岩溶地貌形成的山、水、湖、峡谷融为一体，此外还有浓郁的少数民族风情。

2）贵定音寨

位于贵定县盘江镇，背靠观音山，面向瓮城河，是有着600多年历史的布依族村寨，平均海拔1 000米，是黔中最美好的田园民族自然景观之一。音寨布依族传统民居古朴自然，保存完好，其民居建筑风格、布局与自然环境极其融洽。家家户户都在房前屋后种植李树，每至春分，万亩油菜花和千顷雪李花构成了“金海雪山”的奇景。

5. 黔东南游览区

黔东南苗族侗族自治州有着独具特色、原汁原味的民族文化，被誉为“世界上最大的原生态民族博物馆”。黔东南苗族侗族自治州首府凯里市是贵州民族风情最浓郁的地方。

1）西江千户苗寨

位于雷山县，依山傍水而建，吊脚楼层层叠叠，素有“苗都”之称，被誉为“苗族民族文化艺术馆”，是研究苗族历史和文化的“活化石”。

西江鼓藏节（苗年）集中展现了苗族的芦笙、铜鼓、银饰、服饰、挑花刺绣、婚嫁喜庆、斗牛、斗鸡、对歌、年饭等民族风情，闻名四海。

2）大利侗寨

位于榕江县城东面，距县城23千米，主要景观有建于清乾隆五十八年（1793年）的石板古道、风雨桥、侗族四合院，以及独特的晾禾谷仓。村寨四周古木葱茏，体现了侗寨人与自然相和谐的传统观念。

3）卡寨苗寨

位于榕江县朗洞镇，依青山古林而居，小河绕寨而过，吊脚楼民居错落有致，集中成片。卡寨苗寨男性蓄春秋战国古典发式，妇女发式也奇特。卡寨苗寨有着多彩多姿的民族节日，著名的有“苗年”、“吃新节”和“六月六花坡游方对歌情人节”。

4）肇兴侗寨

位于黎平县肇兴镇，占地18万平方米，居民800余户，4 000多人，号称“黎平第一侗寨”。寨子建于山中盆地，四面环山，一条小河穿寨而过。寨中房屋鳞次栉比，错落有致。肇兴侗寨为陆姓侗族，分为5大房族，分居5个自然片区，当地称之为“团”。

肇兴以鼓楼群最为著名，被誉为“鼓楼之乡”。寨中五团，共建有鼓楼五座、花桥五座、戏台五座。五座鼓楼的外观、高低、大小、风格各异，蔚为大观。

5）郎德上寨

位于苗岭主峰雷公山麓的丹江河畔，距凯里市27千米，距雷山县城17千米。郎德上寨依山傍水，四面群山环抱，寨前一条弯弯的河流悠然长卧，寨内吊脚楼鳞次栉比。吊脚楼上装有“美人靠”。寨子中央有一个大芦笙场，还设有“杨大六文物博物馆”，陈列着当年反清时的武器。

6）三宝千户侗寨

位于榕江县城北郊，共2 433户，其中侗族人口占94%，号称“天下第一侗寨”。1958年，国家民委确定为中国侗族语音标准音所在地。侗寨内沿江两岸生长着千年古榕树。该侗寨有最高的“三宝鼓楼”等侗乡标志性建筑，还有萨玛节、吃新节等传统节日。

7）隆里古城

位于锦屏县西南 64 千米处，始建于明洪武十九年（1386 年），为明代重要军事城堡。它是我国南方高原保存最好的古城之一，是贵州生态博物馆之一。

隆里古城周长 1 500 米，高 4 米，宽 3 米。古城内街巷纵横交错，建筑整齐和谐，建筑风格体现了人与自然的和谐，是王昌龄边塞诗派、京城建筑及当地劳动人民智慧结合的体现。

6. 黔西南游览区

黔西南布依族苗族自治州位于贵州省西南部，地处黔滇桂三省（区）结合部，古属夜郎国地域。1982 年 5 月 1 日建州，是年轻的自治州之一。

1）马岭河峡谷风景区

位于兴义市，峡谷长 74.6 千米，具有奇、幽、险、秀、壮的特点。其主要景观有上百条瀑布、10 万平方米悬崖壁画、200 平方千米的奇峰怪石、景色秀美的南盘江湖、猫儿洞人类遗址、万屯汉墓群，以及马别布依寨、那叠红苗山寨的民族风情博物馆等。

2）安龙招堤风景名胜区

位于安龙县城东北隅，分为陂塘、天榜山两处。陂塘景区以荷塘为特色，修建于康熙年间的招公堤横贯于 5 千米的平畴中，有“招堤十里荷塘”的美誉，堤西稻田，堤东荷塘，极富诗情画意。天榜山则以文物古迹为主，有安龙古城、明十八先生墓和兴义府试院等。

11.5　云南省

11.5.1　概况

云南省简称“滇”或“云”，意即“彩云之南”，地处中国西南边陲，北回归线横贯本省南部，与缅甸、老挝、越南毗连，自古就是中国连接东南亚各国的陆路通道。

云南是人类的起源地之一，有开远、禄丰腊玛古猿和生活在距今 170 万年前的元谋猿人。著名的“南方丝绸之路”可追溯到早于“北方丝绸之路”的西汉年代。

云南旅游资源十分丰富，不但有秀丽的热带、亚热带风光，而且岩溶地貌景观发育良好。多姿多彩的自然和人文景观，秀丽的山川景物，悠久的历史名胜，多彩的民族风情，以及宜人的气候，使云南成为驰名中外、引人入胜的旅游和避暑胜地。

云南旅游形成了两大区域：一是以昆明为中心的滇东地区，旅游资源以完美结合的秀丽山水为特色；二是滇西地区，旅游资源以热带风光、原始森林、山川风光和民族风情为特色。

云南省的航空旅游交通发达，有昆明、思茅、西双版纳、保山、昭通、大理、芒市、丽江、中甸等民航机场，其中昆明巫家坝机场为国际机场。铁路以昆明为中心，有贵昆、成昆、南昆等干线。公路以昆明为中心，有G108、G213、G214、G320、G321、G323、G326等国道，出境公路20多条。

云南省的主要旅游线路如下。

（1）云南风光名胜经典之旅：昆明—大理—丽江—香格里拉。

（2）西双版纳风情游：昆明—西双版纳—中缅边境。

（3）昆明名胜游：昆明—石林—世博园。

11.5.2 主要旅游景区及景点

1. 昆明游览区

昆明市位于云南省中部滇池盆地东北部，为云南省省会，是我国西南的高原城市，历史文化名城。昆明市夏无酷暑，冬无严寒，有“春城”之称，是著名的游览胜地。

1）滇池

又名昆明湖或昆明池，位于昆明市西南，距市区4千米，海拔1 885米，面积约300平方千米。昆明湖有盘龙江等20多条大小河流从南注入。西岸有金马、碧鸡二山东西夹峙。湖上烟波浩渺，碧波万顷，风帆点点，湖光山色令人陶醉，素有“高原明珠”之称。其主要景点有大观楼、西山、海埂、白鱼口、郑和公园、石寨山古墓群遗址等。

2）大观楼

位于昆明市小西门外滇池边，是一座具有民族特色的三层建筑，是文人墨客赋诗论文的雅集之地。大观楼以楼前所挂的180字长联闻名于世，上联写滇池风光，下联写云南史迹，为清代学者孙髯所撰写，被誉为“海内长联第一佳作”，为大观楼精华。

3）西山

位于滇池西岸，由太华山、罗汉山、华亭山、凤音山等群峰组成，是昆明最负盛名的游览区。山中有华亭寺、太华寺、三清阁等古刹琳宫，山南的“达天阁—龙门”是西山胜景之冠，它高出滇池300多米，是西山的最高处，在悬崖峭壁上有原石凿刻而成的石道、石蹬、石栏、石室、佛台、佛像等。当地有“一登龙门，身价百倍”之说。

4）海埂

位于滇池之滨，长约3千米，宽100多米。堤南是滇池，堤北是草海。海埂现为海滨公园，是我国体育训练基地。

5）金殿

又名铜瓦殿，位于昆明市东北7千米的鸣凤山上，主殿为青铜铸造，故名。金殿建于明朝万历三十年（1602年），仿湖北武当山金殿样式铸造。其周围建砖墙保护，有城楼、宫门等建筑，称太和宫。现殿为清康熙十年（1671年）平西王吴三桂仿造。殿后有一株明代茶花，每年初春开放，花红似火，与金殿相互映照，格外艳丽。

6）筇竹寺

筇竹寺始建于元朝，后毁于火灾，明清重修。寺内以五百罗汉泥塑群雕而闻名。寺内五百罗汉为清代雕塑家黎广修及其弟子历时 7 年完成。五百罗汉具有浓厚的生活气息，塑像似佛非佛，似僧非僧，有文有武，喜怒哀乐，各具神态，无一雷同，五百罗汉为我国民间雕塑艺术佳作，被誉为“东方艺术宝库中的一颗明珠”。该寺还是中原佛教禅宗传入云南的第一寺。

7）世博园

位于金殿风景区，距昆明市中心 8 千米，面积 218 公顷，植被覆盖率 76.7%，是 1999 年昆明世界园艺博览会的会址。整个展区的山、水、林有机融合，构成良好的自然环境，充分体现了“人与自然”的主题。

世博园主要有中国馆、人与自然馆、大温室、科技馆、国际馆等 5 大主场馆，树木园、药草园、盆景园、茶园、竹园、蔬菜瓜果园等 6 大专题馆，以及国外展区、国内展区、企业展区等 3 大室外展区。

8）碧玉泉

俗称安宁温泉，距昆明市区 40 千米，为我国著名温泉之一。泉水水温 42℃～45℃，可浴可饮，有“天下第一汤”的美称。温泉附近有漕溪寺，寺内有宋代木雕佛像。

9）石林

位于石林彝族自治县境内，距昆明市约 120 千米。石林面积达 3 万公顷，现开辟的游览区有 80 多公顷，是石林最集中的地方，属于一种特有形态的石灰岩地貌，被誉为“天下第一奇观”。其主要景区有大石林、小石林和外石林等。

石林的石峰从几米到几十米不等，千姿百态，如笋如柱，似塔似人。石峰之间还有晶莹的溶蚀湖和迷宫般的地下溶洞，地下暗河，林林总总，令人目不暇接，景色十分瑰丽，还流传着许多传神的命名和神话故事。此外，当地的彝族风情更是增添色彩。

2. 九乡风景区

位于云南宜良县，面积 175 平方千米，由叠虹桥、三脚洞、大沙坝、阿路龙、明月湖、万家花园、阳宗海等七个片区组成，以地下岩溶景观和高原湖泊为主体，融山水风光、民族风情为一体。

九乡溶洞多达上百座，洞体雄伟，暗河幽长，峡谷壮观，瀑布轰鸣，天生桥重叠，边石坝硕大，暗河中有盲鱼，旧石器时期的穴居遗迹尚存，被誉为“岩洞博物馆”。洞外森林茂密，阳宗海高原湖泊水清如镜，万家花园集滇中名贵花卉于一地，阿路龙是古崖刻画的产地。

3. 建水风景区

位于云南建水县，面积 171.5 平方千米，有古城、燕子洞、地下洞、地下岩溶和焕文江、红河的民族风情景区等。该区人文景观丰富，自然景观奇特，历史文化悠久，景观类型多样，被誉为“滇南邹鲁”、“云南名邦”。

区内有以文庙、指林寺、东门楼、双龙桥、文笔塔为代表的元、明、清各代的古建筑；有朱家花园、哈尼草房、彝族古学房为代表的特色鲜明的汉、哈、彝各族民居；有以古洞奇观、百万雨燕巢居、钟乳悬匾及因采燕窝绝技而筑称的燕子洞等；有以朱德故居为代表的革命遗址纪念地；有奇异多彩的云海和气势磅礴的红河峡景观。

4. 玉溪游览区

玉溪地区地处滇中，邻近省会昆明，区内地貌错综复杂，有湖泊、平坝、高山、大川。区内的有抚仙湖、星云湖、杞麓湖等3个高原湖泊，是很好的避暑度假胜地。

1）澄江抚仙湖

位于澄江、江川、华宁三县之间，形似一条葫芦，湖岸长约90千米，最深处151.5米，为云南最深的湖泊，也是我国深水湖泊之一。湖北面平坦开阔，其他三面环山，湖中孤岛如浮舟，湖水碧蓝，景色秀美，素有“秀甲南滇”的美称。湖周围名山胜景很多，是著名的游览胜地。

2）星云湖

位于江川县城北1千米处，与抚仙湖仅一山之隔，一河相连，俗称江川海。湖面海拔高出抚仙湖1米，总面积34.71平方千米，平均水深7米。由于湖水碧绿清澈，波光妩媚迷人，月明之夜，皎洁的月光映照湖面，如繁星闪烁，坠入湖中，晶亮如云，故取名星云湖。

沿湖多温泉，西面的海西村有著名的双井温泉，并排着五处泉眼，从北而南的温度一眼比一眼高，悬殊达8℃～9℃，是星云湖畔理想的沐浴和疗养胜地。

5. 大理游览区

大理市位于云南西部，苍山之下，洱海之滨。唐代的南诏国、宋代的大理国都在此建都。大理是我国历史文化名城和风景名胜区之一，有“东方瑞士”之美称。

1）大理古城

简称榆城，位于苍山脚下，距大理市下关13千米，始建于明洪武十五年（1382年），为国家历史文化名城。

大理城东临洱海，西枕苍山，城楼雄伟，风光优美，规模壮阔，方围12里，城墙高7.5米，厚6米，东、西、南、北原有四座城门，上有城楼。

2）崇圣寺三塔

位于大理古城西，始建于唐代。3座砖塔鼎立于苍山之麓、洱海之滨。主塔千寻塔高69米，为16层密檐式方形空心砖塔。南北两小塔，均高43米，为10层密檐式八角形空心砖塔。三塔形成三足鼎立之势，庄严雄伟，是大理地区古老的文化象征。

3）苍山

又名点苍山，位于大理市西北，全长约50千米，有19座山峰海拔在3 500米以上，南北排列，峰峰相连。主峰马龙峰海拔 4 122 米，山顶终年积雪，银光耀眼，飞云变幻多姿，以“望夫云”和“玉带云”最为奇异。18 条溪水悬流飞瀑，溪水清清，四季不断。“云、雪、峰、溪”被誉为苍山的四大奇观。

4）洱海

位于大理城北，因形如人耳，风浪大如海而得名。洱海南北长 40 千米，东西宽约 7 千米，海拔 1 980 米，为云南第二大湖。湖水与西岸苍山积雪相映，组成大理 4 景“下关风、上关花、苍山雪、洱海月”。

5）蝴蝶泉

位于大理市城北 25 千米的苍山云弄峰东麓，泉池约 7 米见方。泉水从沙石中带着银色水泡，徐徐浮出水面。泉旁有一棵蝴蝶树，每到农历四月中旬，蝴蝶树花开时，蝴蝶闻香而至，从树枝上连串而下，形成一年一度的“蝴蝶会”。

6. 丽江游览区

包括丽江市和玉龙、宁蒗二县，总面积 770 平方千米。1997 年丽江古城列入世界文化遗产名录。

1）玉龙雪山

位于丽江市区以北 15 千米处，南北长约 35 千米，东西宽约 25 千米，主峰扇子陡海拔 5 596 米，是长江南岸第一高峰，也是北半球距赤道最近的现代冰川。玉龙雪山以森林茂密、泉潭众多而著称。其主要景点有玉柱擎天、玉湖倒影、冰塔林、云杉坪、干河坝、牦牛坪、卧鹿坪、蚂蟥坝、古冰川槽遗迹和绿雪坪等。

2）虎跳峡

位于玉龙雪山与哈巴雪山之间，距丽江市区 60 千米，全长 18 千米，分上虎跳、中虎跳、下虎跳三段，迂迴 25 千米，峡谷垂直高差 3 790 米，是世界上最深的峡谷之一。江流最窄处，仅约 30 余米。相传老虎可腾空越过，故称虎跳峡。峡内礁石林立，有险滩 21 处，瀑布 10 条。

3）丽江古城

位于丽江市区，是一个以纳西族居民为主的古老城镇。以四方街为代表的大研镇，有近 800 年的历史，以其古朴的艺术风格和科学的布局艺术闻名于世。

大研镇面积约 1.4 平方千米，始建于宋末元初，是一座没有城墙的古城。丽江古城曾是滇西最著名的商贸中心之一，历史上茶马古道上的重要枢纽，也曾是滇西北的政治、经济重镇。古城内的民居独特，在我国建筑史上占有重要地位。纳西族的民俗风情浓郁，所创造的东巴文、纳西古乐、白沙壁画等有较高的历史文化价值。

4）泸沽湖

位于宁蒗彝族自治县，距县城 72 千米，深林幽湖与少数民族古朴风俗融于一体。摩梭人独特的走婚习俗，仍保留着母系氏族时的风俗，被称为神奇的东方女儿国。

7. 迪庆游览区

迪庆藏族自治州位于云南省西北部，为“香格里拉旅游线路”的腹地。“迪庆”在藏语中意为“吉祥如意的地方”。由于地处青藏高原东南边缘、横断山脉南段北端，“三江并流”的腹地，形成独特的融雪山、峡谷、草原、高山湖泊、原始森林和民族风情于一体的景观，为多功能的旅游风景名胜区。2003年三江并流列入世界自然遗产名录。

1）白水台

位于香格里拉（中甸）县东南101千米处，海拔2 380米，其造型酷似一层层梯田，面积3平方千米，是中国最大的泉水台地之一。

白水台是中国纳西民族文化的发祥地之一。相传纳西族东巴教的第一圣祖丁巴什罗从西藏学习佛经回来，途径白水台被其美景吸引，留下来设坛传教，因此白水台成为了纳西族东巴教徒的神圣之地。

2）纳帕海

位于香格里拉（中甸）县城西北部8千米，海拔3 266米，面积约31.25平方千米。它是中甸县最大的草原，也是最富于高原特色的风景区之一。每当秋季来临，有许多飞禽光顾，如黑颈鹤、黄鸭、斑头雁等。

3）碧塔海

距离香格里拉（中甸）县城32千米，海拔约3 539米。“碧塔海”是藏语，意思是“像牛毛毡一样柔软的海”。湖面东西长约3 000米，南北平均宽700米，为断层构造湖。

4）噶丹松赞林寺

位于香格里拉（中甸）县城以北5千米处，建于1679年，是云南藏传佛教的首寺。噶丹松赞林寺的汉语名称是归化寺，占地33万平方米，筑有坚固、厚实的城垣和5道城门。大寺为5层藏式雕楼建筑，大殿可容纳1 600人。寺内现有僧侣700余人。

5）三江并流风景区

位于云南西北横断山脉地区，金沙江、澜沧江、怒江三条大江在云南境内并靠奔流400多千米，最近处直线距离仅66千米，这种景象世所罕见，加之山野峡谷，形成地貌奇观。景区内藏族、纳西族、傈僳族等少数民族聚集地民俗风情浓厚。风景区分金沙江、澜沧江和怒江、独龙江3个区，景区内高山雪峰横亘，梅里雪山连绵数百里。

6）梅里雪山

位于德钦县东北10千米处，由平均海拔6 000米以上的13座山峰组成，最高峰卡格博峰，海拔6 740米，为云南省的第一高峰。卡格博峰在藏语中意为“雪山之神”，是藏传佛教的朝觐圣地。每年的秋末冬初，西藏、青海、四川、甘肃的大批香客都千里迢迢赶来朝拜。

8. 腾冲地热火山风景区

位于云南西部边陲，西北与缅甸接壤，地跨我国地势一、二级阶梯，亚欧板块和印度洋板块碰撞区，构造运动强烈，岩浆活动频繁，地热资源丰富。腾冲县素有“地热之乡”之称。火山群规模大，保存完好，形态各异，被誉为“天然的地质自然博物馆”。

景区内分布着热泉、汽泉、矿泉 80 多处及 90 多座火山堆。著名的景点有黄瓜箐热气沟、澡塘河热泉、大滚锅沸泉等。

9．瑞丽江—大盈江风景区

位于云南德宏傣族景颇族自治州，与缅甸接壤，面积 659 平方千米。瑞丽江、大盈江江水荡漾，白鹭、野鸭群飞，两岸岩石千姿百态，树葱竹翠，缅寺、古塔众多，别具风姿。温泉遍布全景区。

风景区内为傣族、景颇族、阿昌族、德昂族的主要居住地，民族风情浓郁。瑞丽傣族村寨的田园风光被誉为“天然农村公园”。还有几处对外开放的口岸，充满奇特的异国情调。

10．西双版纳游览区

位于云南最南部，以神秘的原始热带季雨林和优美动人的傣族风情著称。西双版纳古称“勐巴拉纳西”，意为“美好、理想而神奇的乐土”。风景区以景洪市为中心，包括勐仑、勐遮和澜沧江一线。澜沧江一线有“孔雀之乡”的橄榄坝、小白塔、仙人洞、大宗河瀑布、虎跳石等景点及多种野生植物群落。

西双版纳居住着傣、哈尼、瑶、佤、基诺等十几个少数民族。其中傣族造型独特的竹楼民居，富于傣族特色的佛寺、佛塔，独特的傣族传统风俗成为吸引游客的重要民俗风情。

思考题

1．分析西南旅游区旅游地理环境的基本特征。
2．西南旅游区的旅游资源有什么特色？
3．西南旅游区有哪些世界遗产？
4．四川三大旅游区域各有什么特点？分别有哪些主要旅游城市和旅游景点？
5．重庆两大旅游区域各有什么特点？有哪些著名景点？
6．长江三峡旅游线有哪些著名旅游景点？
7．贵州旅游资源有什么特色？有哪些著名的岩溶景观？
8．云南两大旅游区域有什么特点？分别有哪些著名旅游地和景点？
9．以合理、便利为原则，请设计一条包含西南旅游区世界遗产在内的旅游线路。

第12章 西北旅游区

西北旅游区包括甘肃省、宁夏回族自治区、新疆维吾尔自治区和内蒙古自治区，地处我国西北边陲，是一个少数民族聚居的区域。本区与蒙古、俄罗斯、哈萨克斯坦、吉尔吉斯斯坦、塔吉克斯坦、阿富汗、巴基斯坦、印度等国接壤。本区地处偏远，经济不够发达，旅游业起步较晚，但旅游资源独特，发展潜力很大。

12.1 旅游地理特征

12.1.1 旅游地理环境特征

1. 旅游自然环境

1）地貌类型齐全，高山与盆地相间

西北地区地势东西呈现出两种不同的特征。东部是较为平坦的高原和河套平原，西部可以概括为“三山夹两盆”的地势特征，形成了一个各类地貌齐全、高山与盆地相间排列的地表结构。

新疆的地形中间为天山山地，北部是阿尔泰山山地，南部有昆仑山脉。天山与阿尔泰山之间是准噶尔盆地，天山与昆仑山之间是塔里木盆地。阿尔泰山海拔3 200～3 500米，分布着大面积的现代冰川，西南坡气候比较湿润，有大面积的草原和森林。天山海拔一般超过4 000米，永久积雪和冰川规模较大，有现代冰川和冰积湖，平行山脉之间夹有许多断陷盆地，如吐鲁番、伊犁和哈密等盆地。准噶尔盆地和塔里木盆地内风沙地貌典型，有风蚀洼地、风蚀城堡、雅丹地貌和风蚀蘑菇等，观赏价值高。

甘肃全境大部分海拔在1 000米以上，以乌鞘岭为界分两部分，东部是陇东、陇中、陇南高原，西部是祁连山地、北山山地及山地之间狭长的河西走廊。河西走廊又称甘肃走廊，是黄河以西通向西方的交通要道，自古为兵家必争之地，长城及重要关隘修筑于这一带。

内蒙古基本上处于内蒙古高原上，海拔在1 000～1 300米，地势开阔坦荡，起伏和缓，很多地方是一望无际的原野。整个高原分为呼伦贝尔高原、锡林郭勒高原、乌兰察布高原、鄂尔多斯高原和阿拉善高原等部分。东部多宽浅的大盆地，西部戈壁沙漠面积较大。境内大小湖泊众多，多属于内陆湖，著名的有呼伦湖、贝尔湖、乌梁素海、岱海等，而且多短小的内陆河。

宁夏地跨内蒙古高原和黄土高原，地形以山地、高原为主，平原占四分之一。其南部是著名的黄土高原，北部有银川平原，是河套平原的一部分，地势平坦，灌溉便利，盛产稻麦，被称为“塞上江南”，并与山地高原景观形成强烈对比。

2）温带大陆性气候

西北地区深处内陆，四周有高山阻隔，海洋湿润空气仅能影响小部分地区，加之盆地效应明显，成为干旱性大陆气候。其特点是光照长，热量资源丰富，气温变化大，干燥少雨，多风沙天气。所以，本区以戈壁沙漠景观为主，山地迎风坡降水较多，形成森林、草原等自然景观

该地区气温变化剧烈，气温年差达35℃以上，日差可达11℃～16℃，在沙漠地区日差可高达30℃，呈现出“早穿棉袄午穿纱，围着火炉吃西瓜”的奇妙场面。由于干旱少雨，年降水仅有几十毫米甚至几毫米，因而广布黄土、戈壁、沙漠，而且多大风天气，尤其是春天，经常有飞沙走石天气。山谷隘口由于“狭管作用”，风力更大，可达12级以上，如阿拉山口、老风口、达阪城、七角井等地，都是有名的风口。

2. 旅游人文环境

1）悠久的丝路文化

丝绸之路曾盛极一时，留下了数量巨大、种类丰富的历史遗物和遗迹，有着很高的历史价值和艺术价值。丝绸之路沿线有高山、大河、沙漠、戈壁等自然风光及长城、古道、城堡、烽燧等遗迹。军事设施以明代嘉峪关、汉代阳关和玉门关、秦长城遗址最为著名。该区的宗教石窟艺术占有突出地位，著名的有敦煌莫高窟、麦积山石窟、炳灵寺石窟和克孜尔千佛洞等，是我国石窟艺术最集中的地区。古“丝绸之路”上曾有过众多的“小国”和许多赫赫有名的城池，现都已成为废墟，如楼兰古城、米兰古城、高昌故城、交河故城等。许多历史名人如张骞、李广、班超、高适、岑参、林则徐、左宗棠等都留下了有关的故事与遗迹。

2）民族风情多姿多彩

西北地区是我国少数民族聚居的地区，除维吾尔族、回族外，还有哈萨克族、蒙古族、柯尔克孜族、锡伯族、塔吉克族、乌孜别克族、塔塔尔族、俄罗斯族、东乡族、保安族、裕固族、藏族等40多个少数民族。本区少数民族风格的特征是热情、奔放、欢乐、勇敢。别

具一格的庭院建筑，帐篷陈设的华丽，副食的鲜艳夺目，饮食的鲜美独特，都令人流连忘返。

3）独特丰富的地方物产

在独特的气候条件下，在肥沃的绿洲上生产着丰富的土特产，尤其是其瓜果，由于气温的昼夜变化大，有利于瓜果糖分的积累，所产的瓜果特别甜，质量特别好，名闻中外。如甘肃的白兰瓜和醉瓜、吐鲁番的葡萄、鄯善的哈密瓜、库车的香梨、伊宁的苹果、叶城的大籽石榴、阿克苏的薄皮核桃、阿图什的无花果、库马的白杏等。

药材也是本区重要的土特产，如陇南的当归、大黄、党参等，宁夏有“红、黄、蓝、白、黑”五宝，即枸杞、甘草、贺兰石、滩羊皮、发菜。手工业品有甘肃的酒泉夜光杯、天水雕漆、洮砚；宁夏的仿古地毯、贺兰石刻；新疆的壁挂、乐器、首饰等。

12.1.2 旅游资源特征

1. 自然景观粗犷而神秘

本区独特的地形和气候形成了坦荡草原、千里戈壁沙漠、原始森林、巍巍雪山等气势磅礴的自然景观，按其特色可分为沙漠戈壁景观、雪山森林景观、草原绿洲景观等三大类。这些景观还具有神秘、粗犷而富于变化的特征，如戈壁沙漠的风蚀地貌丰富，有风蚀洼地、风蚀长丘、风蚀城堡、雅丹地貌、风蚀蘑菇和风蚀柱等，而处于河西走廊等大风口，在长期风蚀作用下，地层被侵蚀、磨蚀成状如城堡、楼阁宫殿等形态，高低起伏，犹如一座古城废址的沙漠奇景，成为了最具吸引力的自然奇景。

2. 丝路古迹引人入胜

在悠久的“丝绸之路”上，有风光壮丽的高山、大河、沙漠戈壁，有引人遐思的长城、古道、城堡、烽燧，还有艺术荟萃的石窟、佛龛和文物。古迹、沙海、绿洲组成了一道奇特的风景线。这一切都吸引着人们去探寻历史的痕迹。

3. 民族风情诱惑力强

本区是我国少数民族分布第二多的地区，不同民族的民风民俗构成了不同的民族风情。维吾尔族能歌善舞，服饰鲜艳，还有欢乐剽悍的民间文体活动“叼羊”和“姑娘追”。回族的“花儿会”和清真食品别具一格。蒙古族一年一度的盛会“那达慕大会”。所有这些都是旅游吸引力产生的根源。在宽广辽阔的内蒙古草原，绿浪翻滚，一望无际，呈现出“天苍苍，野茫茫，风吹草动见牛羊”的美丽画卷，游人在观赏草原风光之时，体验到草原牧民的生活，参与充满浪漫色彩的旅游活动，具有很强的诱惑力。

12.2 宁夏回族自治区

12.2.1 概况

宁夏回族自治区简称“宁”，位于中国中部偏北，黄河上游中段。宁夏地势南高北低，黄河自西南流向东北，贯穿全境。宁夏回族自治区是我国回族的主要聚居区。

宁夏类型多样的自然景观、独特的历史环境和民族风情，构成了宁夏丰富多彩而又富有鲜明特色的旅游资源。根据旅游资源特征，宁夏旅游以银川为中心，分为银川、吴忠、中卫、固原等四个游览区。

银川河东机场有开往中东、东南亚的国际航班。包兰铁路穿越宁夏，中宝铁路与欧亚大陆桥的陇海线相接。宁夏境内有 G109、G110、G211、G307 等国道。

宁夏回族自治区的主要旅游线路如下。

（1）西夏文化探密游：西夏王陵—贺兰山岩画—三关口明代长城—居延文化遗址—甲渠后宫遗址—阿拉善王府—延福寺—玉皇阁—纳家户清真寺—海宝塔。

（2）丝路寻踪游：青铜峡—沙坡头—同心清真大寺—须弥山石窟—固原博物馆—六盘山。

12.2.2 主要旅游景区及景点

1. 银川游览区

银川市位于宁夏平原中部，是宁夏回族自治区的首府，自古是塞上名城。其境内沟渠纵横，林木成行，稻田遍布，素称“塞上江南”。

1）西夏王陵

位于银川市西约 30 千米的贺兰山平缓坡地上，是西夏历代帝王的陵墓所在地。西夏王陵东西宽 4 千米，南北长 10 千米，面积 40 平方千米，有西夏陵园 9 座，陪葬墓 70 余座。西夏王陵地面建筑只剩有遗址，但留下的建筑材料和西夏文、汉文碑刻及出土的金银首饰、铜牛、石马等殉葬品，对研究西夏文化艺术具有重要的价值。

2）海宝塔

位于银川市北郊海宝寺内，俗称北塔，是罕见的独特佛塔。塔的始建年代不详，经历代多次重修。现塔 9 层 11 级，高 54 米，属于砖结构的仿楼阁式建筑，由塔基、塔座、塔身、塔刹组成，呈正方形。塔身四面中间突出一脊梁，形成“十字折角”的平面，为“亚”字形，使上下层次分明，每层每面正中设券门，并向外突出，棱角分明，对比强烈，其艺术风格为我国古塔所罕见。

3）承天寺塔

位于银川市老城西南隅，俗称西塔，因在承天寺内，故名承天寺塔，属于西夏遗存建筑。现存塔是清嘉庆二十五年（1820年）按西夏造型风格重建。该塔为八角形楼阁式砖塔，12层，高64.5米，有木梯登临至各层。塔顶呈圆锥形，用绿色琉璃砖砌成。该塔现为宁夏博物馆。

4）贺兰山

位于银川市西北部，南北长200千米，东西宽15～50千米，海拔高度在2 000米以上，最高峰马蹄坡海拔3 556米。远远望去，整个贺兰山脉宛如奔驰的骏马，而蒙古语称骏马为“贺兰”，故名贺兰山。

贺兰山名胜古迹有西夏王陵、小滚钟口、贺兰庙、笔架山、拜寺口双塔、宏佛塔及大批岩画等，为宁夏著名的游览胜地。

5）镇北堡西部影城

镇北堡本是明朝弘治年间，朝廷为了巩固边防而在贺兰山东麓修建的屯兵用的城堡。是运用“覆土建筑”的方法，用石夯成的“土围子”，充满着原始的黄土地气息，现在成为西部影城。从20世纪80年代以来，已有《牧马人》、《红高粱》、《边走边唱》、《红河谷》等十几部有重要影响的电影大片在此拍摄。游客在此处能欣赏到一种荒凉、原始、粗犷的美感。

2. 吴忠游览区

吴忠市位于宁夏回族自治区中部，是回族主要聚居地之一，是历史悠久的塞上古城，主要景点集中在青铜峡沿线。

1）一百零八塔

位于青铜峡市黄河西岸峡口山的陡峭山坡上，塔依山势从上而下按一、三、五、七奇数排列成十二行，形成总体为三角形的大型塔群，以塔的总数108而得名。塔群最上端是一个特大、实心、覆钵式的喇嘛塔，用砖砌成，外敷白灰，底为八角须弥座，顶为宝珠式。其余各塔形制相同，但形体较小。一百零八塔是我国古塔建筑中唯一的大型塔群。

2）牛首山寺庙群

位于青铜峡市南20千米处的黄河东岸。因其主峰小西天（文华峰）和大西天（武英峰）南北耸峙，宛若牛首而得名。牛首山的古寺庙群初建于唐代以前，分“西寺”和“东寺”两部分，是宁夏境内建筑规模最大的古寺庙群。

东寺庙群分布在山崖和幽谷之中，以金宝塔寺为中心有19座庙宇；西寺庙群枕山面河，依山势而建，由万佛阁、净土寺、观音殿等26座庙宇组成。每年农历3月15日的庙会，香烟缭绕，众僧云集，游人香客，熙熙攘攘，热闹非凡。

3）同心清真大寺

位于同心县城南2千米处。相传始建于明初，为中国传统古典建筑风格，建筑面积2 870平方米。大殿宽敞，可以容纳千余人同时礼拜。

同心清真大寺还是一座具有光荣革命历史的文物建筑。1936年，中国工农红军西征时，曾在此召开各界代表大会，并成立第一个县级回民自治政权——陕甘宁省豫海回民自治政府。

3. 中卫游览区

中卫位于宁夏回族自治区西部，地处黄河前套之首。中卫历史悠久，文化古老，是塞上重镇，素有“塞上小江南”的美称。

1）沙坡头

位于中卫城西20千米的腾格里沙漠东南边缘，由腾格里大沙漠和黄河、绿洲组成，是集旅游探险和科学考察于一体的沙漠旅游胜地。该地沙丘屹立，高达百米，悬若飞瀑，如从天降。这里可以体验响沙，进行“沙浴”，观赏立式沙障、麦草方格和绿色长城等治沙成果。

沙坡头是我国三大鸣沙之一，盛夏滑沙时会发出一种奇特的响声，如洪钟巨鼓，沉闷浑厚。

2）中卫高庙

位于中卫城北面，始建于明代正统年间，分保安寺和高庙两部分。保安寺在前面，后面为高庙。主体建筑和辅助建筑之间，多用飞桥相连接，布局十分紧凑。

4. 固原游览区

固原市位于宁夏回族自治区南部，是回族主要聚居区之一。固原历史悠久，是历史上的交通枢纽、军事要镇，为古丝绸之路东段北道必经之地。

1）须弥山石窟

位于固原城西北55千米处的六盘山北端，海拔1 700米。须弥山石窟开凿在山的东麓，始于北魏时期，经隋、唐、宋、明各个朝代，共有100多处石窟艺术造像。现存20余窟，主要分布在俗称“大佛楼”、“子孙宫”、“圆光寺”、“相国寺”、“桃花洞”等5个山崖上，蜿蜒约2千米，是我国古代文化遗产的瑰宝。

2）秦国长城遗址

位于固原城北约5千米的明庄附近，残高2～4米，最高达15米，墩台处高达20～25米。城垣外侧的护城壕宽达20～25米，深5米，城墙两侧散落着菱形纹饰的战国瓦片。

3）六盘山生态植物园

位于六盘山泾河源景区的龙泉谷，海拔1 900～2 590米，总面积390公顷，以森林生态旅游、科普教育、植物保护、科研教学为主要功能。基本形成了以中国花卉文化、中草药文化、森林生态文化为主题的特色区域景观。

12.3 甘肃省

12.3.1 概况

甘肃省简称“甘”或“陇”，有汉、回、藏、东乡、裕固、保安、蒙古、哈萨克、土、撒拉、满等民族。甘肃地处内蒙古、青藏、黄土高原交会地带，地域狭长，因大部分在渭河和黄河上游以西，故称“河西走廊”。

由于旅游地理位置较好，区际交通也较方便，丝绸之路横贯东西，留下了相当数量的文化古迹。浓厚的历史文化色彩与特殊旅游产品构成了本区的旅游特征。

甘肃旅游形成了三大区域：一是以兰州为中心的东线游览区；二是以天水为中心的南线游览区；三是以嘉峪关、敦煌为中心的西线游览区。

甘肃省有兰州中川、敦煌、嘉峪关、庆阳等民用机场。兰州是西北最大的铁路枢纽，陇海、兰新、兰青、包兰等铁路干线交汇于此。兰州市内有4条国道干线通过，通往各旅游景点间的公路四通八达。

甘肃省的主要旅游线路如下。

（1）敦煌、嘉峪关（酒泉）、兰州之游：敦煌—嘉峪关（酒）—兰州。

（2）“丝绸之路”大漠风情游：兰州—嘉峪关—敦煌—坎儿井—天山天池。

12.3.2 主要旅游景区及景点

1. 兰州游览区

兰州市位于陇中黄河沿岸的兰州盆地，是甘肃省省会。兰州市古代曾称“金城”，已有两千年的历史，因城南有皋兰山而更名为兰州。自古以来，兰州是中原通往西南、西北的交通要塞，也是古代“丝绸之路”上的重镇。

1）甘肃省博物馆

位于兰州市七里河区，是甘肃省规模最大的综合性博物馆，建筑面积18 000平方米。馆内设有丝绸之路甘肃文物精华展、甘肃革命史展、魏晋壁画墓展、黄河古象展等陈列展室。馆藏文物75 000多件，尤以彩陶文化和石窟艺术珍宝闻名遐迩。博物馆内保存着目前世界上个体最大、骨骼最完整的剑齿象化石和作为中国旅游标志的青铜奔马。

2）白塔山

位于兰州市黄河北岸，海拔1 700米，山势起伏，为历代军事要地，山下有气势雄伟的金城关、玉迭关、王保保城等。“白塔层峦”为兰州八景之一。

白塔寺始建于元代，塔身为七级八面，高约17米。外层通抹白灰，刷白浆，故俗称白塔。

3）五泉山

位于兰州城南皋兰山北麓，海拔 1 600 米，相传是西汉骠骑将军霍去病与匈奴作战屯兵之地，因人、马无饮水，霍去病著鞭戳地，地下顿时涌出惠泉、掬月泉、摸子泉、甘露泉、蒙泉五股泉水，因而得名。其中蒙泉和惠泉在五泉山东西两侧山崖上，称为东、西龙口，清流泄池，瀑布垂空，景色天然。

山上多寺院楼阁，主要建筑是崇庆寺，寺内保存着金代高 3 米、重 5 吨的铁钟和明代高 5 米多、重 5 吨的铜佛。现五泉山被辟为五泉山公园，在此登高可鸟瞰兰州市容。

2．天水游览区

天水市古称成纪，位于甘肃省东南部，是一座历史悠久的古城，历代人文荟萃，境内文物古迹众多。因相传华夏始祖伏羲氏诞生于此，又有“羲皇故里”之称。

1）麦积山石窟

位于天水市东南 30 千米的麦积区境内，是我国四大著名石窟之一，也是闻名世界的艺术宝库，是丝绸之路上的佛教圣地。

据记载，麦积山石窟开凿造像始于后秦时，以后不断开凿、重修。麦积山石窟艺术以其精美的泥塑艺术闻名中外。目前保存有洞窟 194 个，其中有从 4 世纪末到 19 世纪的历代泥塑、石雕 7 200 余件，壁画 1 300 多平方米，系统地反映了我国泥塑艺术发展和演变的过程，填补了现存十六国到南北朝时期泥塑艺术作品的空缺，被称为“东方雕塑馆”。

麦积山石窟周围风景秀丽，气候冬暖夏凉，是我国著名石窟中自然环境最佳的石窟。

2）仙人崖石窟

位于天水市东南 65 千米处的麦积山风景名胜区，麦积山石窟的东北方向，为佛、道合一的石窟寺庙。仙人崖由三崖、六寺、五莲山组成，有明清殿宇 27 座，以及北魏、宋、明、清塑像 197 尊，壁画 83 平方米，永乐年间的铜佛像 5 尊。

3）伏羲庙

位于天水市秦州区西关，占地 247 公顷，建于明正德十六年（1521 年），是全国最大、最早的伏羲庙。每年的农历五月十三日，当地举办“天水伏羲文化节”。

4）刘家峡水库及炳灵寺石窟

刘家峡水库建于 1974 年，高峡平湖，景色秀丽。

炳灵寺石窟位于刘家峡水库库尾，永靖县黄河北岸的积石山峭壁上，包括上下二寺和中间大寺沟三部分组成，长 2 千米。石窟开凿于西秦建弘元年（420 年）至明清时期，现存龛、窟 183 个，大小石雕像和泥塑 700 多尊，壁画 900 多平方米，大型摩崖石刻 4 方及石碑、墨书、石刻造像题记等，都是极其宝贵的传统文化遗产。在修建刘家峡水库时，炳灵寺石窟一部分属于水库淹没区，为了保护这批文物，在窟前修建了长 350 米、高 20 米的防水石堤，这更为石窟增添了不少光彩，使其成为了兼有山湖之胜的旅游地。

3．嘉峪关游览区

嘉峪关游览区包括嘉峪关市及其周围的酒泉、张掖等地的旅游景点。

1）嘉峪关

嘉峪关是丝绸古道上的重要旅游城市，古老的丝路文化和雄浑的长城文化在这里融为一体，交相辉映，加上皑皑雪峰、莽莽戈壁及独特的自然环境和民俗风情，形成了丰富多彩而又独具魅力的人文和自然景观。

嘉峪关关城位于嘉峪关市域最狭窄的山谷中部，地势最高的嘉峪山上。嘉峪关是明代万里长城西端终点，它是古“丝绸之路”的必经关隘，是东西方经济文化交流的要道。嘉峪关关城始建于明洪武五年（1372 年），因地势险要、建筑雄伟而有“天下雄关”之称。关城两侧城墙横穿戈壁，雄踞南北两山之间，形势险要，自古为军事咽喉重地。关城东、中、西三座城楼巍然对峙，气势轩昂。关城四角各有一箭楼，南北两边城墙各有敌楼一座。相传当时工匠们不仅提出了布局精巧的设计方案，而且精确地计算了用料，工程结束后，仅多出一块砖。这块砖被后人放在重关的小楼上。登关城远望，长城似游龙蠕动，若断若续，忽隐忽现，雄浑景观令人为之气壮。

悬壁长城位于嘉峪关城北 8 千米处，属嘉峪关军事防御体系的一部分。悬壁长城始筑于明嘉靖十八年（1539 年），原长 1 500 米，为片石夹土墙，现存 750 米，其中有 231 米的黄土夯筑城墙攀援于高 150 米、倾斜度为 45°的山脊上，似长城倒挂，铁壁悬空，所以得名“悬壁长城”。

2）酒泉

酒泉市位于河西走廊酒泉盆地之中。相传霍去病出征匈奴获胜，汉武帝赏御酒一坛，霍去病把酒倒入泉中，请大家都品尝御酒，故称为酒泉。酒泉名产夜光杯历史悠久，久负盛名。

酒泉公园，又称泉湖公园，位于酒泉市东 2 千米处，因园中有酒泉而得名，已有 2000 多年的历史，现为一座集古典园林、天然湖、文化游憩、趣味娱乐于一体的综合性公园。园内有清代的“西汉酒泉胜迹”和“汉酒泉古郡”石碑，以及左宗棠手书“大地醍醐”匾额。

丁家闸魏晋壁画墓位于酒泉果园乡丁家闸村，是河西走廊首次发现的十六国大型壁画墓葬，以其磅礴的气势而著称。

3）张掖

张掖位于河西走廊中部，张骞、班超、法显、唐玄奘等都曾途经张掖前往西域，留有大量的历史文化古迹，为国家历史文化名城。

大佛寺位于张掖市区西南隅，以拥有全国最大的室内卧佛而闻名，现为张掖市博物馆所在地。张掖大佛寺始建于西夏永安元年（1098 年），原来规模很大，但到 20 世纪 40 年代，寺内建筑大部分已毁，现存建筑有大佛殿、藏经殿和土塔 3 处。大佛殿是寺内的主体建筑，正中塑释迦牟尼佛的卧像，身长 34.5 米，肩宽 7.5 米，脚长 5.4 米，是全国现存最大的一尊室内泥塑卧佛。

木塔寺，原名万寿寺，位于张掖市县府南街，现张掖中学校园内。寺与塔初建于北周或更早一些，现存木塔重建于1926年，高32.8米，全塔没有一钉一铆，全靠头拱。木塔寺内现为张掖市民俗博物馆。

七·一冰川位于肃南裕固族自治县境内的祁连山中，是距城市最近的冰川，并以发现的日期“七·一”命名。冰川旅游区域约有4平方千米，景观奇特。远望似银河倒挂，白练悬垂；近看则冰舌斜伸，冰墙矗立，冰帘垂吊，冰斗深陷，神秘莫测。

4. 敦煌旅游区

敦煌市位于河西走廊西端，已有2000多年的历史，是国家历史文化名城。它是古代丝绸之路的重要驿站，也是历史上著名的边防重镇和佛教东传中原的第一站。

1）莫高窟

俗称“千佛洞”，位于甘肃省敦煌市城东南25千米的鸣沙山东麓崖壁上，是我国著名的四大石窟之一，也是闻名世界的艺术宝库。莫高窟始建于前秦建元二年（366年），南北长1 600多米，现存洞窟492个，壁画45 000多平方米，彩塑2 400多尊，包括4世纪至19世纪1 500年间的作品。另有唐、宋木结构建筑五座，莲花柱石和铺地花砖数千块，是一处由建筑、绘画、雕塑组成的综合艺术宝库。

莫高窟不愧为我国现存规模最大、内容最丰富的石窟艺术宝库，也是世界上保存最完整的艺术宝库之一，于1987年列入世界文化遗产名录。

2）鸣沙山

位于敦煌市城南6千米处，东西长约40千米，南北宽20千米，沙峰起伏。人登沙山顶巅下滑，沙砾随人体坠落发声。风绕山吹过，沙山轰鸣作响，如金鼓，似雷声，是我国三大鸣沙之一。“沙岭晴鸣”为敦煌八景之一。

3）月牙泉

位于鸣沙山北麓，南北长100米，东西宽25米，形如一弯新月，故称月牙泉。“月牙晓彻”为敦煌八景之一。相传端午节登鸣沙山，观月牙泉，可以消灾避难，医治百病，这一民俗相沿至今。

4）敦煌古城

位于大漠戈壁中，融千年河西、西域民俗于一体。城内由北宋时期的高昌、敦煌、甘州、兴庆和汴梁5条主要街道组成，被称为中国西部建筑博物馆，现成为拍摄古代西部边塞、军事题材的影视拍摄基地。

5）玉门关雅丹魔鬼城

位于玉门关西85千米处，是一处典型的雅丹地貌群落，东西长约25千米，南北宽约1～2千米，当地俗称魔鬼城。这座特殊的“城堡”有城墙、街道、大楼、广场、教堂、雕塑等，形象生动，惟妙惟肖。

12.4　新疆维吾尔自治区

12.4.1　概况

新疆维吾尔自治区简称“新”，地处中国西北部，欧亚大陆中心，古称西域。新疆维吾尔自治区与蒙古、俄罗斯、哈萨克斯坦、吉尔吉斯斯坦、塔吉克斯坦、阿富汗、巴基斯坦、印度等国接壤，边境线长达5 600多千米，占全国陆地边境总长度的四分之一，是我国边境线最长的省区。

新疆面积166.49多万平方千米，是我国面积最大的一个省区，也是一个多民族聚居的地区。新疆维吾尔自治区自然景观宏伟，民俗各异，历史上是西域之地，石窟、故城遗址多处，对游客有强烈的吸引力。

新疆旅游形成四大区域：一是乌鲁木齐地区，包括乌鲁木齐和天山天池等旅游城市和景区，旅游资源以边城风情、湖光山色、草原牧场为特色；二是新疆东部地区，以吐鲁番盆地为中心，旅游资源以丝路文化为特色；三是新疆南部地区，以喀什为中心，旅游资源以自然环境、名胜古迹和民俗风情有机融于一体为特色；四是阿勒泰地区，包括阿勒泰市、喀纳斯湖等旅游城市和景区，旅游资源以原始和神秘文化为特色。

新疆是我国航空线路最长、航站最多的省份，乌鲁木齐、喀什、和田、阿克苏、库车、库尔勒、且末、伊宁、阿勒泰、克拉玛依、塔城和富蕴都建有机场。铁路有兰新、南疆等铁路干线。兰新铁路西段连通了我国与欧洲大陆的铁路，形成了一条东起江苏连云港，西至荷兰鹿特丹的交通干线。新疆的主干公路有乌伊公路、乌喀公路、兰新公路西段、中巴公路、天山独库公路、库伊公路，另外与周边国家开通了25条国际客货联运线路。

新疆维吾尔自治区的主要旅游线路如下。

（1）人间仙境喀纳斯之旅：乌鲁木齐—布尔津—喀纳斯—乌鲁木齐。

（2）天池吐鲁番之旅：乌鲁木齐—天山天池—南山牧场—吐鲁番。

（3）丝绸之路民俗风情之旅：乌鲁木齐—库尔勒—民丰—和田—喀什—阿克苏—库车—吐鲁番—乌鲁木齐。

（4）寻梦罗布泊之旅：乌鲁木齐—迪坎儿村—龙城—罗布泊—洛瓦寨—米兰镇—尉犁—乌鲁木齐。

12.4.2　主要旅游景区及景点

1．乌鲁木齐游览区

乌鲁木齐市位于天山中部北麓，是新疆维吾尔自治区的首府，蒙古语为“优美的牧场”

之意。这里绿洲雪山与风俗民情交相辉映，是天山北麓的边塞明珠，丝绸之路北新道的必经之地，具有西部城市的独特风韵。

1）红山

位于乌鲁木齐市中心，乌鲁木齐河东岸，因山岩呈红褐色而得名。山体长约 1.5 千米，最高处海拔 910 米，山势陡峭，气势雄伟。登山远眺，市内全景一览无余。红山头有一座灰色实心砖塔，与对面雅玛里克山的砖塔相对，人们也称它们为“镇龙塔”。

2）天山天池风景名胜区

位于阜康市城南博格达峰的西北山腰上，海拔 1 980 米，是典型的冰碛湖，湖水由高山雪水汇集而成，清澈晶莹，绿如碧玉，素有“天山名珠”的美誉。

天池分大、小天池。小天池一池绿流，湖面如镜，湖水从悬崖峭壁的裂缝中喷出，飞流直下，形成美丽的瀑布，传说小天池曾是王母沐浴的瑶池。大天池四周云杉挺拔，塔松苍翠，幽雅清静，极富诗情画意。天池四周群山环抱，白雪皑皑，山美湖丽，迷人欲醉。天池是盛夏的天然避暑胜地。冬季湖面冰冻，又是理想的高山溜冰场。

3）博格达峰

位于阜康市，海拔 5 445 米，山上终年积雪，人称“雪海”，为观赏冰川、雪峰的游览胜地，很适合开展登山旅游。

2. 吐鲁番游览区

吐鲁番市位于新疆东部吐鲁番盆地中心，是兰新铁路和南疆铁路的交汇点，也是丝绸之路北道上的一个重镇。吐鲁番以“瓜果之乡”驰名中外，以无核白葡萄最著名。坎儿井、葡萄园、火焰山和艾丁湖是吐鲁番旅游的精华所在。

1）艾丁湖

位于吐鲁番盆地洼地中心，湖面低于海平面 155 米，是我国陆地最低点，也是世界著名的低洼地之一，仅次于死海（-415 米）。艾丁湖的大部分湖面已变成深厚的盐层，上有薄水，景象十分奇特。

2）火焰山

火焰山是吐鲁番盆地中部由红色砂岩构成的低山，东西长达 100 千米，南北宽 10 千米，海拔 500 米，山上寸草不长，飞鸟不停，在阳光照射下红砂岩熠熠发光，犹如熊熊烈火，因而得名。

3）坎儿井

坎儿井是我国西北特有的古朴灌溉系统，已有 2 000 多年的历史。吐鲁番的坎儿井最多，共有 1 100 多条，总长达 3 800 千米。坎儿井所灌溉的绿洲，与戈壁形成鲜明的对比。

4）葡萄沟

位于吐鲁番市东北，距城市中心 10 千米，系火焰山西侧的一个峡谷，南北长 8 千米，沟谷狭长平缓。沟谷西岸崖壁陡峭，沟内溪流环绕。溪流两侧葡萄架遍布，葡萄藤蔓层层叠叠，绿意葱葱。

5）交河古城

位于吐鲁番市西 10 千米的亚尔孜沟中，长约 1 650 米，最宽处 300 米。因河流分流城下，故名。唐代安西督护府最初设在此地，后逐渐废弃。交河古城由于雨水稀少而得到很好的保护，城内的官府、民宅、佛塔、寺院等遗迹仍清晰可见。

6）吐峪沟

位于鄯善县境内，东距吐鲁番市 55 千米，是佛教和伊斯兰教的圣地。吐峪沟千佛洞古称“丁谷寺”，是吐鲁番地区建窟较早、保存早期壁画较多的石窟，共有 94 个洞窟，现存 45 个，沟东 21 个，沟西 24 个。现有 8 个洞窟还残留少量有回鹘文题记的壁画。

3. 南疆游览区

1）喀什

喀什市位于新疆西南部，为南疆第一大城市，也是我国最西部的一座古老的维吾尔族聚居的城市。它是古代丝绸之路上的要站，具有 1 000 多年历史。本市主要景点有艾提尕尔清真寺、楼兰古城遗址、和田和罗布泊等。

艾提尕尔清真寺位于喀什市内，始建于 1426 年，是我国最大的清真寺，为世界穆斯林所瞩目。寺内礼拜殿全长 160 米，可同时容纳六七千名穆斯林做礼拜。每年伊斯兰教的“肉孜节”、“古尔邦节”到来时，寺前教徒云集，一片欢腾景象。

香妃墓位于喀什市东 5 千米的浩罕村，是一座规模宏丽的伊斯兰教墓园。墓地由大门楼、小礼拜寺、经堂、大礼拜寺及陵墓组成。香妃为新疆喀什人，乾隆皇帝的妃嫔之一，死后葬于河北遵化清东陵裕妃园寝之中。喀什人民怀念香妃，坚称其葬于此墓，故称香妃墓。

2）和田

位于塔里木盆地西南部，为古于阗国所在地，是西域最早的佛教中心。许多高僧，如晋代法显、唐代玄奘，都曾在此留有足迹。美玉、丝绸、地毯并称和田三大特产，名扬中外。丝路玉石参观、沙漠古城探险是和田的特色旅游。

3）楼兰古城遗址

楼兰是西域古国之一，位于塔里木盆地的罗布泊中，地处丝路要冲。楼兰古城在汉晋时期盛极一时，随着自然条件的变迁，古城逐渐荒废，掩盖在黄沙之中。20 世纪初，古城遗址被发现。古城约呈四方形，边长 330 米，总面积 10 万平方米，城墙残高约 4 米，一条古河道贯穿城中，城中残留主要建筑多分布在古河道两侧。

古城内到处可见古代陶器、漆器、玉器和丝毛织品残片，散存大量古代中外钱币，如汉五铢钱、王莽钱和大月氏贵霜王朝的钱币等，为研究古丝绸之路和楼兰兴衰提供了重要依据和线索。楼兰消失于雅丹地形和沙丘中，牵动着人们西去探索游览的情思。

4）罗布泊

位于塔里木盆地东部，若羌县的北部，是古代的一个大湖泊，面积约 3 000 平方千米，水草丰美，后因为修建大西海子水库，罗布泊得不到河水补给而干涸。

罗布泊地区发育着极为典型的雅丹地貌，淡黄色的沙丘鳞次栉比，逶迤起伏，气势雄伟，形态万千，形成奇特的景观。罗布泊的雅丹地貌和古城遗迹成为现代重要的体验旅游目的地。

4. 阿勒泰游览区

1）阿尔泰山

阿尔泰山是我国现代冰川的主要发育地区之一，又是西伯利亚动植物区系在我国的主要分布区，在科学研究上有重要价值。同时，这里湖光山色秀美，为理想的避暑和疗养胜地。

2）喀纳斯湖

位于布尔津县北部的阿尔泰山间，海拔1 370米，有众多诱人之谜。喀纳斯意为“美丽、富饶、神秘的湖”。湖南北长24千米，东西宽9千米。这里主要有喀纳斯湖怪、云海佛光、变色湖奇观、千里枯木长堤、羊背石、“图瓦人”村落等景观。

3）额尔齐斯河

这是我国唯一流入北冰洋的河流。发源于阿尔泰山西南部的喀依特河和库依尔特河汇合成为额尔齐斯河，从富蕴县城附近出山口后折而西流，流入哈萨克斯坦境内的斋桑泊。

12.5 内蒙古自治区

12.5.1 概况

内蒙古自治区简称“蒙”，地处我国北部边疆，北与蒙古和俄罗斯交界，国境线长4 221千米。除内蒙古东北部属于大兴安岭山地外，其余部分基本上在内蒙古高原上。内蒙古自治区是一个少数民族聚居区，境内有蒙古、汉、达斡尔、鄂温克、鄂伦春、回、满、朝鲜等30多个民族。

内蒙古地区旅游资源绚丽多姿，由草原、古迹、沙漠、湖泊、森林、民俗“六大奇观”构成，别具北国风采、塞外情韵，而蒙古族的风情又是本区民族风情的灵魂。

内蒙古旅游形成两大区域：一是以呼和浩特、包头为中心的游览区，旅游资源以古迹、草原风光为特色；二是以大兴安岭山地、呼伦贝尔、锡林郭勒为中心的东部游览区，旅游资源以林海、草原风光为主，加之民族风情。

内蒙古民航发达，有呼和浩特白塔、包头、赤峰、海拉尔、锡林浩特、乌兰浩特、通辽等机场，其中呼和浩特白塔机场是国际机场。全区有京包、包兰、滨洲、集通、京通、集二线等铁路干线联通区外和俄罗斯、蒙古等国。公路以呼和浩特为中心，有贯通全区的高速公路和国道组成的公路网，开辟了与蒙古、俄罗斯边境的客运路线。

内蒙古自治区的主要旅游线路如下。

(1) 奇异之旅：乌兰察布草原—呼和浩特—包头—鄂尔多斯。

(2) 贡格尔草原风光之旅：贡格尔草原—达里诺尔湖—白音敖包。

(3) 内蒙古草原沙漠旅游线路：呼和浩特—辉腾锡勒大草原—敖包山—昭君墓—包头。

12.5.2 主要旅游景区及景点

1. 呼和浩特游览区

呼和浩特市位于大青山南麓上默川平原东北端，南临黄河，为内蒙古自治区首府。“呼和浩特”是蒙语，意为“青色的城市”。呼和浩特是祖国北疆的一座塞外古城，是内蒙古旅游的主要集散地。

1）昭君墓

位于呼和浩特旧城南10千米的黑水河岸，是西汉末年远嫁匈奴的王昭君之墓。每当春暖花开的季节，蒙汉各族人民常到这里来游览和瞻仰。昭君墓高33米，墓草青青，古木参天，青翠秀丽。

据传深秋时节各处草木皆枯，唯有昭君墓上坟草青青，远望墓表黛色溟濛，因此称为“青冢”。唐朝诗人杜甫到此，曾留下“一去紫台连朔漠，独留青冢向黄昏”的诗句。昭君墓现已辟为公园。园内苍松林立，花卉繁茂，凉亭精巧，景色秀丽，历代碑文整齐排列，王昭君与呼韩邪单于的塑像并肩而立。墓旁建陈列馆，介绍有关昭君的历史文献和出土文物。

2）成吉思汗陵

位于呼和浩特西南的伊金霍洛旗，面积1 500平方米，主体是中央纪念堂，高20米，下部为八角形，蒙古包式的穹庐顶上覆盖着藏蓝、桂黄色琉璃瓦，正中塑巨大成吉思汗坐像，两廊绘有精美彩绘。东殿是成吉思汗用过的宝剑、马鞍等遗物。每年6月都要举行一次成吉思汗祭典。

3）大召寺

位于呼和浩特市玉泉区大召前街，是明清时期内蒙古地区最早建立的喇嘛教寺庙。其汉语名为“无量寺”，蒙语称“伊克召”，意为“大庙”。因寺内供奉有一尊高2.5米的纯银佛像，故又有“银佛寺”之称。西藏的三世达赖喇嘛曾亲临大召寺为银佛主持开光法会。大召寺的宗教文物众多，其中银佛、龙雕、壁画堪称“大召三绝”。

4）格根塔拉草原

位于乌兰察布市四子王旗查干补力格苏木，距呼和浩特150千米。旅游点设在四子王旗历代王爷居住的王爷府附近，因此俗称四子王旗王府旅游点。格根塔拉全名为“格根塔拉皎色隆”，在蒙古语中意为“夏营盘”或“避暑胜地”。在这里，游人可观赏到美丽的草原风光，了解塞北草原的风土人情。

2. 包头游览区

包头市位于内蒙古自治区中部，有“草原钢城”之称。包头的蒙语是“包克图”，即

“有鹿的地方”。

1）五当召

位于包头市东北50千米的五当沟，其本名叫巴达嘎尔庙。五当是蒙语，意为“柳树庙宇”。因为召庙建筑在柳树沟，所以习惯称为五当召。

五当召创建于清康熙年间，是黄教派喇嘛庙，为内蒙古第一大召。五当召占地面积20万平方米，殿宇和房屋2 500多间，主要建筑物分布在山谷中心突出的山坡上。

庙宇设有神学院，分轮学部、哲学部、医学部、教义学部4大部分。最主要的建筑物是苏古沁独宫，为三层楼大殿，全庙性的集会都在这里举行，殿内每根立柱都用彩色龙纹栽绒毯包裹着，地上铺设地毯，墙壁绘有彩色壁画。全部建筑采用藏式，是研究宗教神学、建筑艺术的珍贵资料。

2）响沙湾

位于库布其沙漠中段，宽60米，高40米，天气晴朗时，人从沙丘下滑或用手拨动沙子时，沙子就会发出轰鸣声响。

3）梅力更

位于包头市西，是一处集山水、古迹和民族风情于一体的综合性旅游景点。这里山势险峻，松柏成林，顽石峭壁遍布其中。山间有高达60多米的不抱图瀑布十分壮观。梅力更召是国内唯一使用蒙古语念经的黄教喇嘛庙，建于清康熙十六年（1677年），占地24 000平方米，寺内供奉的弥勒佛像约13米高，整个寺院庄严肃穆。

4）昭君岛

位于包头市南30千米处，南临黄河，与鄂尔多斯昭君坟隔岸相望，因岛上有怀抱琵琶的昭君雕像，因而得名。岛上自然环境优美，登上观景楼，南望是广阔浩渺的黄河，北面是茂密的芦苇荡，游人泛舟其间，可以领略到江南水乡的风光。

5）美岱召

位于包头市以东80千米处，始建于明朝庆隆年间，它是喇嘛教传入蒙古的一个重要的弘法中心。美岱召依山傍水，景色宜人。其建筑更有独特的风格，仿中原汉式，融合蒙藏风格而建，是一座“城寺结合，人佛共居”的喇嘛庙。美岱召总面积约4 000平方米，寺内有大量的壁画，大雄宝殿内释迦牟尼历史壁画及蒙古贵族拜佛场面的壁画都完好无损。

6）土默川

位于包头以东，呼和浩特以南。土默川即古时的“敕勒川”。因有阴山、贺兰山在北、西两面阻挡寒流风沙，蓝天碧净，气候温和，更得黄河灌溉之便，农牧业发达，在历史上享有盛名。脍炙人口的《敕勒川》所赞颂的就是这里。这里现在是内蒙古草原风情旅游的主要地区。

3. 呼伦贝尔游览区

呼伦贝尔市地域辽阔，风光旖旎。水草丰美的草原，纵横交错的河流，星罗棋布的湖泊，组成了一幅绚丽的画卷，为国家草原旅游区。

1）呼伦湖

位于满洲里市东南30千米处，它是呼伦贝尔大草原的标志之一。呼伦湖面积2 315平方千米。当地称为达赉湖，“达赉”为蒙古语，意为大海，达赉湖即“大海一样的湖泊”。

湖周围的呼伦贝尔草原水草丰美，是我国最佳的天然牧场。泛舟湖上可充分领略草原上的湖泊风光，夏秋时节气候凉爽，是避暑的理想场所。

2）扎兰屯

位于大兴安岭南部的雅鲁河畔，是呼伦贝尔市岭南交通枢纽。扎兰屯风景秀丽，气候宜人，有“内蒙古小杭州”之称，是一个冬暖夏凉的避暑防寒胜地。

3）嘎仙洞

位于鄂伦春自治旗，因洞内发现了鲜卑石室而成为众多考古学家关注的焦点。鲜卑石室就是鲜卑族的祖庭，大约2 000年前，鲜卑族从这里南下，越过长城，在中原大地上建立了北魏王朝，历时148年。

4）莫尔道嘎国家森林公园

位于大兴安岭北麓，额尔古纳市境内，公园占地面积578万公顷，是国内最大的森林公园之一，分为龙岩山、翠然园、原始林、激流河、民俗村、界河游等六个景区。莫尔道嘎国家森林公园独具北国特色，保存着我国最后一片寒温带针叶原始林景观，享有“南有西双版纳，北有莫尔道嘎”的赞誉，以林海、松风、蓝天、白云和冰峰雪岭为特色。

4．锡林郭勒旅游区

锡林郭勒系蒙古语，意为丘陵地带的河。锡林郭勒盟位于内蒙古自治区中部，北与蒙古国接壤，边境线长达1 095千米，有二连浩特和珠恩嘎达布其两个陆路口岸，是我国连接蒙古国、俄罗斯和中亚、东欧各国的重要大陆桥。

1）元上都城遗址

位于锡林郭勒盟正蓝旗敦达浩特东约20千米，是一座元代古城遗址。元上都始建于元宪宗六年（1256年），当时命名为开平府，元世祖中统五年（1264年）正式称为上都，又名上京。上都古城由外城、内城和宫城组成，呈方形，每边长2 200米，街巷整齐划一，城市布局具有中原传统的风格，规模宏大。现仅存建筑物台基。

2）阿巴哈纳尔旗

即锡林浩特所在地，以草原风光为其特色。清代曾在这里建有贝子庙，现仅存部分殿宇。庙宇附近逐步发展成为新兴城市，即锡林浩特市。

3）查干诺尔湖

位于锡林郭勒盟阿巴嘎旗西南部，周围是浑善达克沙地和阿巴嘎台地。查干诺尔是蒙古语，意思是“白色的湖泊”。查干诺尔湖面积约200平方千米，与附近的巴润查干诺尔、胡舒音诺尔、廷克木音高毕、宝楞查干诺尔共同组成一个湖泊群落。查干诺尔的补给水源是东侧的昌都河和西侧的恩格尔河、灰腾河。

5. 乌兰察布旅游区

乌兰察布市位于内蒙古自治区中部。乌兰察布系蒙古语，为“红色崖口”之意，因清初会盟于红山口而得名。乌兰察布市北与蒙古交界，国境线长 104 千米。

1）希拉穆仁草原

位于包头市达尔罕茂明安联合旗，面积 1 000 平方千米。希拉穆仁为蒙古语，意为“黄色的河”。希拉穆仁草原旅游点，俗名“召河”，因在希拉穆仁河边有处清代喇嘛召庙“普会寺”而得名。寺院原为呼和浩特席力图召六世活佛的避暑行宫，建于乾隆三十四年(1769 年)。这里是内蒙古开辟最早的草原旅游点。

2）百灵庙

位于达尔罕茂明安联合旗百灵庙镇，始建于清康熙年间，原名广福寺，后因该寺的建造者为喀尔喀右翼旗贝勒，故俗称贝勒庙。

百灵庙周围风景秀丽，庙前是一条清澈见底的小河，风和日丽之时，常有一群群百灵鸟在附近婉转鸣啼，百灵庙这一名称也就得以流传下来。

思考题

1. 分析西北旅游区旅游地理环境的基本特征。
2. 西北旅游区的旅游资源有什么特色？
3. 西北旅游区的自然景观有哪三大特色类型？
4. 简述“丝绸之路”旅游线概况。
5. 简述我国四大佛教石窟概况。
6. 甘肃省有哪些著名的旅游地和旅游景点？
7. 简述新疆四大区域旅游的特色及著名旅游景点。
8. 内蒙古两大旅游区域有哪些主要旅游地和旅游景点？
9. 请以“丝绸之路”为题材，写一篇导游辞。
10. 请以甘肃的佛教石窟为题材，写一篇导游辞。

第13章 青藏旅游区

青藏旅游区包括青海省和西藏自治区。该旅游区位于我国西南部，横断山脉以西，喜马拉雅山以北，昆仑山、阿尔金山和祁连山以南，其西部和南部分别与印度、尼泊尔、不丹、缅甸等国家接壤。该区绝大部分居民是藏族。本区地广人稀，经济落后，但旅游资源很有特色，具有强烈的神秘色彩，对游客有着巨大的吸引力。

13.1 旅游地理特征

13.1.1 旅游地理环境特征

1. 旅游自然环境

1）“世界屋脊”，绵延起伏的冰雪高原

青藏旅游区位于青藏高原上，平均海拔在4 000米以上。青藏高原是世界上海拔最高的高原，素有“世界屋脊”之称，世界最高峰珠穆朗玛峰被誉为“世界第三极”。该区内高原、盆地、谷地等众多地貌形态与山脉交错分布。

在宽广无垠的青藏高原上绵延耸立着数条海拔1 000～2 000米的巨大山系，有无数在雪线以上、超过7 000米的高峰。由于地势高、气温低，许多山峰终年积雪，冰川发育。高原冰川面积34 000多平方千米，约占我国冰川总面积的80%。雪山冰川在阳光照射下，银光四射，景色蔚为壮观，故有“冰雪高原”之誉。

2）河流密集，湖泊棋布

青藏高原为亚洲和我国许多大河的发源地或流经地，如长江、黄河、澜沧江、怒江、雅鲁藏布江等。同时，青藏高原湖泊众多，湖泊总面积 3 万多平方千米，以内陆湖、咸水湖为多。青海湖是我国最大的咸水湖，纳木错是我国第二大咸水湖。湖滨地形坦荡，牧草丰美，有着优良的牧场，也是野生飞禽走兽栖息的场所。

3）独特的高原气候

青藏高原由于地势高，形成了独特的高原气候，年温差不明显，但日温差较大，故有“一年无四季，一日有寒暑”之说。由于海拔高，空气稀薄，大气透明度高，拉萨被誉为“日光城”。

4）多样的自然景观

青藏高原由于海拔高，一般表现为高山草甸、草原和高寒荒漠景观。而在喜马拉雅山东段南坡，雅鲁藏布江大拐弯以下的河谷地带，因纬度低，海拔低，北有高山阻挡，南面开敞，西南季风长驱直入，呈现出热带雨林、季雨林风光，生物资源极为丰富。青藏高原因高差巨大，从上而下有热带到极地的各种自然风光。

2．旅游人文环境

1）古老的宗教文化

公元 7 世纪初，佛教传入西藏，经过与当地的原始宗教苯教的碰撞与融合后，形成了具有强烈地方色彩的藏传佛教，即喇嘛教。藏传佛教在西藏曾两度兴旺，派生出一系列教派，宁玛派（红教）、萨迦派（花教）、噶举派（白教）和格鲁派（黄教）称为藏传佛教现有的四大教派，其中黄教影响最大。由于宗教盛行，在当地有很多壮观的宗教建筑，如拉萨的布达拉宫、大昭寺、小昭寺和日喀则的扎什伦布寺等，它们在社会上享有极高的地位。寺庙不仅是宗教活动场所，也是政治、经济、文化、艺术、教育的集中地。寺庙是青藏高原历史和文化的浓缩和凝集点。

2）多姿多彩的民俗风情

青藏高原聚居着众多的少数民族，其中藏族人口最多。藏族的服饰、建筑风格、生活习俗、传统节日及文化艺术内涵深蕴。藏族的民俗风情成为该区重要的独具特色的旅游资源。

13.1.2　旅游资源特征

1．冰雪和探险旅游极具特色

青藏高原山峰高耸入云，气势磅礴，许多山峰终年积雪，形成巨大的冰川。形态奇异的冰川在阳光照耀下，景色蔚然壮观。冰雪资源同样也成为人们高山滑雪、科学考察的理想之处。

三江源区、阿里无人区、雅鲁藏布大峡谷等自然景观，因起地势奇险，神秘莫测，成为了探险和科学考察的重要场所。

2．宗教文化为重要的旅游资源

青藏高原的文化具有浓厚的宗教色彩。信仰藏传佛教在本区具有普遍性，许多习俗和民族节日或多或少都与宗教有关，宗教渊源极为深厚。佛教的传播和发展在该地区留下了大量的宗教寺庙。外来艺术的影响同本民族艺术的交融，产生了独具特色的西藏佛教艺术。它们成为本区重要的旅游资源。

3. 藏乡文化为旅游的重要源泉

藏族是本区的主要民族，有着悠久的历史文化，形成了独具特色区域文化。在藏族浩繁的文献中，保存了大量的有关历史、地理、天文、哲学、医学的著作，还有大批文艺作品。例如，藏族民间英雄史诗《格萨尔王传》是世界上最长的史诗，结构宏伟，情节奇特，语言优美，艺术地再现了古代社会一群正义勇敢的英雄豪杰。此外，藏族的歌舞、壁画、雕塑、建筑等，都构成了藏乡丰富多彩的民族文化艺术。藏族文化是旅游的重要源泉。

13.2 西藏自治区

13.2.1 概况

西藏自治区简称“藏”，位于中国的西南边疆，青藏高原的西南部。西藏自治区的南部和西部与缅甸、印度、不丹、尼泊尔等国接壤，是中国西南边陲的重要门户。西藏是以藏族为主体的民族自治区，其他民族还有回族、门巴族、珞巴族等。

西藏被称为宗教圣地，原始自然宗教苯教和佛教，都曾在这里流传。佛教在西藏形成了独具特色的藏传佛教。

西藏不仅有世界屋脊奇异的地质地貌和独特的自然风光，而且有别具一格的人文景观，仅寺庙在历史上最盛时就有2 700多座，还有不少宫殿、园林、城堡、要塞、古墓、古碑等。

西藏旅游形成以拉萨和日喀则为中心的两个旅游区域。

西藏有拉萨贡嘎和昌都邦达两个民用机场，其中拉萨贡嘎机场辟有国际航线。青藏铁路于2006年7月1日开通。公路已形成了以拉萨为中心，川藏、青藏、新藏、滇藏、中尼公路为主干线的公路交通网。

西藏自治区的主要旅游线路如下。

（1）黄金观光线路：拉萨—江孜—日喀则—萨迦—定日—聂拉木—樟木口岸。

（2）圣地朝圣线路：拉萨—日喀则—阿里。

（3）东线环游线路：拉萨—林芝—山南。

（4）后藏探秘游：拉萨—日喀则。

13.2.2 主要旅游景区及景点

1. 拉萨游览区

拉萨市位于藏南谷地、雅鲁藏布江支流拉萨河北岸，是西藏自治区首府。“拉萨”在藏语中意为“圣地”和“佛地”。拉萨是西藏自治区的政治、经济、文化中心，国家历史文化名城。拉萨市全年无雾，日照充足，素有“日光城”之称。

1）布达拉宫

位于拉萨市西北角的玛布日山上，是举世闻名的宫堡式建筑群。相传七世纪时松赞干布与唐联姻，为迎娶文成公主始建，明代由达赖五世重建。从山南麓奠基直达山顶，累积13层，相对高度117米，建筑面积13万平方米，是西藏自治区保存最完整、规模最宏大的古建筑群。布达拉宫现为全国重点文物保护单位，1994年列入世界文化遗产名录。

布达拉宫分为白宫和红宫两部分。白宫有寝室、经堂、客厅和书库等建筑，为历代达赖起居生活之处；红宫是布达拉宫的主楼，为历代达赖的灵塔殿和各类佛堂。红宫内有8座祭堂，每座祭堂各有金塔一座，塔里安放着从五世达赖到十三世达赖的尸身。

布达拉宫整个建筑群风格体现了藏汉文化的融合，同时宫内还保存有大量历史文物和艺术价值极高的壁画，包括历代中央政府敕封西藏地方政府领袖和僧俗官员的诏书册印、贝叶真经和许多工艺珍品。

2）大昭寺

位于拉萨老城区的中心位置，八廓街围绕大昭寺而展开。大昭寺总面积2 500多平方米，有殿堂20多个，殿高四层，上覆金顶，具有唐代建筑风格，兼有尼泊尔和印度的建筑艺术特色，别具一格。寺内有300多尊佛像，其中最珍贵的是在正殿供奉的由文成公主从长安带来的释迦牟尼镀金铜像。大昭寺门外有一株唐柳，相传是文成公主亲手所植，称之为“公主柳”。

大昭寺前有一座唐蕃会盟碑，碑高4.76米，用汉藏两种文字刻载，此碑成为千余年来汉藏人民团结友好的历史见证。大昭寺和唐蕃会盟碑是全国重点文物保护单位。

3）小昭寺

坐落在拉萨古城以北，与大昭寺相距约1千米，占地4 000平方米。相传与大昭寺同时开工，同时竣工，同时开光。据说它是由文成公主主持修建的，寺庙取名“甲达热木齐祖拉康”，意为“汉虎神变寺”。拉萨人叫做“热木齐”，意思就是“汉人的”。

寺内原供奉的释迦牟尼12岁等身像，系文成公主由长安携带进藏，后被移至大昭寺，而将另一尊释迦牟尼8岁等身像移至小昭寺，成为小昭寺的主圣。

4）哲蚌寺

位于拉萨市西郊10千米处的根培乌山上，海拔3 800米，占地面积约20万平方米，寺内有7个扎仓（僧院），是藏传佛教格鲁派三大寺庙之一。哲蚌寺建于明代永乐十四年

(1416年)，名为“白登哲蚌寺”，后简称“哲蚌寺”。藏语“白登”意为“祥瑞、庄严”，“哲蚌”意为“堆积大米”。

哲蚌寺东南500米处的半山腰上有一座小寺，叫乃穷寺，是历史上西藏著名的佛教高等学府，现在是西藏佛学院。

5）色拉寺

位于拉萨布达拉宫北面3千米巨石峥嵘的色拉乌孜山脚。与甘丹寺、哲蚌寺合称“拉萨三大寺”。色拉寺全称为“色拉大乘洲”，“色拉”在藏语里是“野玫瑰”的意思。其主要建筑有措钦大殿、3个僧院（麦扎仓、吉扎仓、阿巴扎仓）及29个康村等，占地约11万平方米。寺内保存着上万个金刚佛像，大殿和各扎仓经堂四壁保存着大量彩色壁画原作。最著名的塑像就是大殿里的“马头明王”像。

寺东和寺南有普布觉寺、米琼热尼库寺、贡巴萨寺、帕奔岗寺、扎西曲林寺、曲桑寺、嘎丽尼姑寺；寺后还有珠康日却、色拉却顶寺等。

5）罗布林卡

位于拉萨新城区的西边，附近的街道也因它而命名。罗布林卡在藏语中总称为“宝贝园林”，建于18世纪40年代，占地36万平方米，建筑以格桑颇章、金色颇章、达登明久颇章为主体，是西藏规模最大、风景最佳、古迹最多的园林。这里曾被历代达赖用作夏天办公和接见西藏僧俗官员的“夏宫”。

6）八廓街

位于拉萨老城区，是围绕大昭寺的一条环形街道，也是拉萨最古老的街道。它是拉萨老城区藏族建筑的典型代表，也是拉萨古城的代表。

7）羊八井

位于拉萨和纳木错之间的那曲地区，距拉萨市87千米，系念青唐古拉山南缘的一个狭长断岩盆地，长近90千米，宽1～10千米，面积450平方千米。羊八井地热资源丰富，种类多样，规模宏大，有温泉、热泉、沸泉、喷泉孔、热地、水热爆炸泉和间歇温泉等。羊八井地热田一带总弥漫着白色雾气，地热田产生的巨大蒸汽团从湖面冒起，如人间仙境。

8）念青唐古拉山

位于拉萨以北100千米处，最高处海拔7 117米，终年白雪皑皑，云雾缭绕，雷电交加，神秘莫测。雪山高高地矗立在草原和重重峡谷之上，其北沿是纳木错。

念青唐古拉山和纳木错是西藏最引人注目的神山圣湖，吸引着成千上万的信徒、香客、旅游者前来观瞻朝拜，成为世界屋脊上最大的宗教圣地和旅游景观。

9）纳木错

位于拉萨市当雄县和那曲地区的班戈县之间。纳木错是西藏三大神湖之一，也是藏传佛教的著名圣地，“纳木错”在藏语中意为“天湖”。纳木错湖面海拔4 718米，总面积为1 920多平方千米，是世界上海拔最高的咸水湖，也是我国的第二大咸水湖。

湖中有5个岛屿，传说它们是五方佛的化身，其中最大的良多岛面积1.2平方千米。此外，还有5个半岛，最大的是扎西半岛，岛上分布着许多奇形怪状的岩洞，纷杂林立着无数石柱和奇异的石峰，怪石嶙峋，奇异多彩。

2. 日喀则游览区

日喀则地处西藏自治区西南部，南与尼泊尔、不丹接壤，边境线长1 753千米。日喀则地区也称“后藏”。日喀则市是西藏第二大城市，为历代班禅的驻锡地，已有600多年的历史，是全地区政治、经济、文化中心。

1）扎什伦布寺

位于日喀则市城西的尼色日山坡上，始建于明正统十二年（1447年），建筑面积近30万平方米，是藏传佛教格鲁派在后藏地区的最大寺院。“扎什伦布”在藏语中意为“吉祥须弥山”。该寺是班禅四世及以后历世班禅的驻锡地，

扎什伦布寺是西藏最大的寺庙之一，与拉萨的哲蚌寺、色拉寺和甘丹寺，以及青海的塔尔寺和甘肃南部的拉卜楞寺并列为藏传佛教格鲁派的六大寺庙。

2）白居寺

位于江孜县城东北隅，距日喀则东约100千米，海拔3 900米。白居寺是汉语名称，藏语简称“班廓德庆”，意为“吉祥轮大乐寺”，

白居寺始建于明宣宗宣德二年（1427年），是一座塔寺结合的典型藏传佛教寺院建筑，代表了13世纪末至15世纪中叶后藏地区寺院建筑的典型样式，也是唯一一座完整保存到今天的寺塔，因而有“西藏塔王”之称。

3）萨迦寺

位于萨迦县奔波山上，建于北宋熙宁六年（1073年），是藏传佛教萨迦派的主寺。“萨迦”在藏语中意为“灰白土”。

萨迦寺建筑在仲曲河两岸，故称萨迦南寺和萨迦北寺。全寺共有40余个建筑单元，总面积14 760平方米，是一座规模宏伟的寺院建筑群，为全国重点文物保护单位。

4）江孜古城

位于年楚河上游，距日喀则市90千米，是一座历史悠久、名胜集中的历史名城。江孜原称“杰卡尔孜”，简称“杰孜”，后逐渐变音为江孜。元朝（1206—1368年）时修建白居寺，各方信徒云集，遂形成西藏历史上的第三大城镇。

在江孜城南4千米的班觉伦布村，保存着西藏唯一完整的封建领主庄园——帕拉庄园。江孜还保留着1904年的抗英炮台。

5）孜布日神山

位于定日县境内，海拔5 500米，也叫飞来山。当地群众每年都要环绕神山转经，求神保佑。孜布日神山上有大量的昆虫化石，具有科考价值。

6）珠穆朗玛峰

为喜马拉雅山脉的主峰，地处中尼边界的东段，北坡在西藏定日县境内，南坡在尼泊尔境内，海拔8 844.43米。“珠穆朗玛”在藏语中意为“神女第三”。珠穆朗玛峰地区拥有4

座8 000米以上、38座7 000米以上的山峰，故誉称“地球第三极”。珠峰脚下发育了许多规模巨大的现代冰川，刀脊、角峰、冰斗等冰川地貌分布广泛。

3．山南游览区

山南地区位于冈底斯山至念青唐古拉山以南的河谷地带，雅鲁藏布江中游，地处西藏南部边陲，是藏民族的摇篮和文化发祥地。

1）雅砻河风景名胜区

地处藏南雅鲁藏布江中游河谷地带，以泽当镇为中心，面积约1 580平方千米，有10大景区58个景点，为国家级风景名胜区。除雅拉香布山海拔6 635.8米外，其余地带海拔高度在3 450～3 600米之间。雅鲁藏布江奔腾于高山深谷之中，水流湍急，景象壮观，世所罕见。江河两岸地势平坦，气候宜人，土地肥沃，村庄毗连，一派典型的藏南田园风光。

2）昌珠寺

位于雅砻河东岸的贡布日山南麓，距乃东县城约2千米，属格鲁派寺院，为全国重点文物保护单位。在藏语中，“昌珠”的意思是“鹰鸣如龙吼”。传说建昌珠寺的地方以前是一个湖泊，湖中常有一五头怪龙作乱，松赞干布为除此害，变成一大鹏鸟与怪龙进行了多次殊死搏斗，最后将妖龙的五个头一一啄了下来。因此，这座镇妖之寺的名字就叫作了“昌珠寺”，以纪念松赞干布降伏妖魔。

3）羊卓雍错

位于浪卡子县和贡嘎县之间，湖水面积638平方千米，海拔4 441米，湖岸线长250千米。羊卓雍错藏语意为“碧玉湖”，与纳木错、玛旁雍错并称西藏三大圣湖，是喜马拉雅山北麓最大的内陆湖泊。羊卓雍错湖水蓝天相映，景色秀美。

4．林芝游览区

林芝地区位于西藏自治区东南部，雅鲁藏布江中下游，南部与印度、缅甸两国接壤，素有“西藏江南”、“东方瑞士”、“高原生态绿洲”、“人间香巴拉”等美誉。

1）雅鲁藏布大峡谷

位于雅鲁藏布江中下游林芝地区。雅鲁藏布大峡谷全长504.6千米，极值深度6 009米，是世界上最大的峡谷。从八一镇开始，经尼洋河与雅鲁藏布江交汇处到大峡谷拐弯处，全长约100千米。这里是山地生态系统最完整的垂直植被组合，有壮观的跌水、雄伟的雪山、丰富的宗教传说等自然和人文景观。

2）太昭古城

原名江达，位于拉萨至林芝公路的左侧，距拉萨仅200千米，是川藏古道及青藏古道中路、东路的交汇点，所以这里又称为唐番古道驿站，在唐代时成为西藏的重要城镇之一，清朝时成为边疆重镇。

清朝时，四川将军赵尔丰被派遣入藏，后因镇压辛亥革命，慈禧太后下令赵尔丰撤回内地，于是赵尔丰奉“太后诏书”返回，由此得名“太昭村”。

3）南迦巴瓦峰

即苯日神山，位于雅鲁藏布大峡谷拐弯内侧的米林县和墨脱县境内，海拔7 782米，在世界高峰中排第15位。“南迦巴瓦”在藏语中意为“燃烧天杵般的山峰”。

南迦巴瓦峰被《中国国家地理》杂志评选为“中国最美的山峰”。观赏南迦巴瓦最好的地点有两处，一处在达林村，另一处在派镇转运站到直白的路上。

13.3 青海省

13.3.1 概况

青海省简称“青”，位于青藏高原东北部，是长江、黄河、澜沧江的发源地，被誉为“江河源头”、“中华水塔”。青海省80%以上的地区在海拔3 000米以上，和西藏共同形成了“地球第三极”独特的自然景观。

青海省境内名山逶迤，雪峰耸立，江河众多，绿野绵延。原始淳朴的自然环境、雄奇独特的自然景观、古老神秘的文化遗产、风格迥异的民族风情，构成了一幅幅原始、纯净、雄浑、壮观、神奇的迷人画卷，成为游人流连忘返的旅游胜地。

青海省有西宁曹家堡机场和格尔木机场，其中西宁曹家堡机场是青藏高原上重要的空中交通枢纽。铁路有兰青、青藏干线，经由西宁横贯全省，此外还有宁大铁路线。公路以西宁为中心，有甘青、青藏、宁张、宁临、宁果等干线公路。

青海省的主要旅游线路如下。

（1）环青海湖旅游线：青海湖—鸟岛—沙岛—日月山—倒淌河—小北湖—三角城遗址—伏俟城遗址—沙陀寺—佛海寺—风察大寺—卧佛山。

（2）唐蕃古道旅游线：日月山—倒淌河—赛宗寺—黄河源头第一桥—鄂陵湖—扎陵湖—托素湖—措日尕什则山—巴颜喀拉山口—竹节寺—歇武寺—结古寺—文成公主庙—通天河—尕尔寺。

（3）黄河源头游：西宁—塔尔寺—共和—温泉—玛多—错日尕泽—源头—巴颜喀拉山口—共和—日月山。

13.3.2 主要旅游景区及景点

1. 西宁游览区

西宁市位于青海省东北部湟水谷地，为青海省的省会，是我国西北地区进入青藏高原的交通要道，兰青、青藏铁路在此交接，这里也是青藏、青新公路的交点。西宁市夏季气候凉爽宜人，是理想的避暑胜地。

1）东关清真大寺

位于西宁市东关东大街，始建于明洪武十三年（1380年），距今已600多年，是西宁市最大的一座古建筑，也是市内伊斯兰教的主领寺，我国最大的清真寺之一。清真大寺建筑宏伟，可容纳3 000多人做礼拜。星期五“主麻日”和每年的“古尔邦”等节日礼拜仪式均在此举行。

2）塔尔寺

位于湟中县鲁沙尔镇，是我国喇嘛教黄教最大寺院之一，也是西宁市最著名的游览胜地。塔尔寺建于明代，距今400多年，因黄教创始人宗喀巴降生此地而著名，为全国重点文物保护单位。

塔尔寺的建筑具有高度的艺术水平和独特的民族风格。油塑、壁画、堆绣称为塔尔寺“三绝”。

2. 格尔木游览区

格尔木市位于素有“聚宝盆”之称的柴达木盆地的中南部，南临昆仑山脉，北临察尔汗盐湖。格尔木市是西部旅游枢纽及重要集散地。

1）万丈盐桥

位于柴达木盆地南部察尔汗盐湖之上，南距格尔木市约60千米，公路就像一座桥浮在卤水上面，盐桥全长为32千米，折合市制可达万丈，横跨整个察尔汗盐湖，素称“万丈盐桥”。它是举世罕见的一种路桥，也是柴达木盆地的一大奇观。

2）察尔汗盐湖

位于柴达木盆地，是中国最大的盐湖，也是世界上最著名的内陆盐湖之一。其海拔2 670米，面积5 800平方千米，盐层厚度2～20米。已有3 000多年开采史的茶卡盐湖，既可观赏盐湖风光，又可参观采盐作业。

3）昆仑山口

昆仑山脉的昆仑山口海拔3 170米，峡谷地带有宽阔的牧场，牛羊肥壮。两旁的山峰上，冰封带、融冰带层次分明，形成奇特的大自然高原景观。

3. 青海湖游览区

青海湖位于青海省东北部大通山、日月山、青海南山之间，是我国最大的咸水湖，也是我国最大的内陆湖，面积4 583平方千米，古称西海，蒙语称“库库诺尔”，意为“青色的湖”，故称青海湖。青海湖中蕴藏着巨大的生物资源，盛产湟鱼。

青海湖景色秀丽，风光优美，是青海省最大的自然风景区。浩瀚的湖面一望无际，群山雪峰之中，天水一色，浑然一体，极为神奇。湖中的鸟岛面积仅0.11平方千米，栖息着各种候鸟约10万只，世所罕见，为我国著名的候鸟保护区。

4. 三江源自然保护区

长江、黄河、澜沧江均发源于青海境内，这三条大河的源头相距很近，地处青藏高原腹地，主要在青海省境内。据测算，长江总水量的25%、黄河总水量的49%和澜沧江总水量的15%都来自这一地区，所以这里素有“中华水塔”之称。

为了保护生态，涵养水源，2000年8月三江源自然保护区正式成立。保护区总面积31.6万平方千米，平均海拔4 000多米，是目前我国面积最大、世界高海拔地区生物多样性最集中的自然保护区，也是我国海拔最高的天然湿地和三江生态系统最敏感的地区。江河源头神奇而瑰丽，山势巍峨，冰峰冰塔林立，是一个晶莹的冰雪世界。

1）通天渡

位于通天河下游的玉树藏族自治州与四川、西藏紧相毗邻的直门达峡谷，是唐蕃古道上一座有名的古老渡口，以险要至极而闻名于世。

2）文成公主庙

位于玉树藏族自治州首府结古镇约10千米的白纳河（又称柏沟）口，是纪念文成公主的活动场所。

3）巴颜喀拉山

位于青海中部偏南，为昆仑山脉南支，西接可可西里山，东连岷山和邛崃山。这里是长江与黄河的分水岭，北麓的约古宗列渠是黄河源头所在，南麓是长江北源所在。巴颜喀拉在蒙古语中的意思是“富饶青（黑）色的山”。

4）阿尼玛卿山

阿尼玛卿山和西藏的冈仁波齐、云南的梅里雪山和玉树的尕朵觉沃并称为藏传佛教四大神山。山呈西东南走向，黄河在这里来了个180度大拐弯后向东南流去，主峰玛卿岗日正在大拐弯中央。阿尼玛卿山有18座海拔5 000米以上的雪峰突兀在莽莽高原之上，山上冰雪连绵，终年不化。

思考题

1. 分析青藏旅游区旅游地理环境的基本特征。
2. 青藏旅游区的旅游资源有什么特色？
3. 青藏旅游区的主要宗教建筑有哪些？
4. 青海有哪些著名游览胜地？其主要特点是什么？
5. 青藏铁路的开通使得西藏旅游业进入“黄金期”。请介绍一下西藏的概况及主要旅游地和景点情况，以及应注意的事项。

参考文献

[1] 王勇. 中国旅游地理. 北京：对外经济贸易大学出版社，2006.
[2] 庞规荃. 中国旅游地理. 北京：旅游教育出版社，2003.
[3] 朱耀廷. 中华文物古迹旅游. 北京：北京大学出版社，2004.
[4] 李娟文，游长江. 中国旅游地理. 大连：东北财经大学出版社，2000.
[5] 周进步，庞规荃，秦关民. 现代中国旅游地理. 青岛：青岛出版社，2000.
[6] 陶犁. 旅游地理学. 昆明：云南大学出版社，1995.
[7] 杨桂华. 旅游资源学. 昆明：云南大学出版社，1994.
[8] 李孝聪. 中国区域历史地理. 北京：北京大学出版社，2004.
[9] 刘振礼，王兵. 新编中国旅游地理. 天津：南开大学出版社，1996.
[10] 邹海晶. 旅游地理. 北京：高等教育出版社，1995.
[11] 赫维人，潘玉君. 新人文地理学. 北京：中国社会科学出版社，2002.
[12] 王昆欣. 旅游景观鉴赏. 北京：旅游教育出版社，2004.